叢書・ウニベルシタス　1100

ラカン

反哲学3 セミネール 1994–1995

アラン・バディウ
ヴェロニク・ピノー 校訂
原 和之 訳

法政大学出版局

ラカン——反哲学3 セミネール 1994–1995

目次

凡例

一、本書は Alain Badiou, *Le Séminaire. Lacan. L'antiphilosophie 3. 1994-1995*, texte établi par Véronique Pineau, Fayard, 2013 の全訳である。

二、翻訳のなかで採用した記号法は以下の通り

〈 〉――原文で大文字で始まる表現。

「 」――原文でギユメ(引用符)で囲われた部分、および引用であることが明らかなイタリック体の語や文。

［ ］――原文の引用部にバディウが付した補足。

〔 〕――訳者による補足。

傍点――原文中のイタリック体による強調

なお、原文の語や文を示す場合には、丸括弧に入れて示した。

三、註はすべて訳註である。各章末に掲載する。

四、既訳があるものはそれを参照しつつも、原著者の引用の文脈を考慮して訳者があらためて訳し直したり、表記をあらためたものがある。

ラカンを取り上げた一九九四－一九九五年度のセミネールについて

前世紀の五〇年代末以降、ラカンは私の知的道程の、必要不可欠でもあれば近づき難くもある道連れだった。「必要不可欠」というのがなぜかといえば、私は彼のうちに、〔一方で〕自由な〈主体〉のモチーフ——私はサルトルに影響を受けた若かりし頃、熱狂的にこれを取り入れたのだった——と〔他方で〕形式的構造の孕む力《プレグナンツ》というモチーフ——こちらは私が久しい以前からプラトンに対して抱いていた称賛の念と、数学への嗜好、そして知的なシーンを席巻し始めていた構造主義の潮流によってもたらされた——これら二つのモチーフを総合する手立てを見出していたからである。「近づき難い」というのがなぜかといえば、ラカンは絶えず、プラトンとアリストテレスから、デカルト、カント、ヘーゲルあるいはキルケゴールを経由してハイデガーにいたる哲学者たち「と共に〔＝を用いて〕（avec）」仕事をしていたとはいえ、自分が哲学者として同定されることを——彼の思考システムが形を成すにつれて次第に強く——拒んだのみならず、精神分析のディスクールと哲学のディスクールの間の甚だしい距離を誇示することに執着し、最終的に自らの立場を、反哲学者の立場として要約するに至ったからである。反哲学者という名称は一八世紀に由来するが、ラカンはこの名称を甦らせた。厳密な実践は——すなわち分析の臨床は——現実的なもの（le réel）であり、ラカンの思考はこれを後ろ盾としているのだが、ラカンは哲学のうちに、あらゆる現実的なものをなしですませることができるという思考の自負しか見て取ることができなかったのである。

以下に読まれる〈セミネール〉に乗り出すより前に、私はラカンについてたいへん多くのテクストを書いてきたが、これは一九六六年から六八年にかけての『分析手帖（*Cahiers pour l'Analyse*）』誌[*1]への参加に遡る。これらのテクストのうち最も重要なものは、「哲学と精神分析」という総題のもと、私の著書『諸条件（*Conditions*）』（スイユ社、一九九二年[*2]）に見出されるだろう。再読してわかるのは、それらのテクストが、〈主体〉の純粋な教説に関するほとんどすべてのものに対する留保なき称賛と、主体を存在の現実的なものと象徴秩序の構成《アジャンスマン》の双方に結びつけることに関するほとんどすべてのものに対する根強いためらいとの間を、どのように揺れ動いているかということである。論争の核心は結局、諸真理の存在（l'être des vérités）と呼びうるようなものに関わっていた。

加えて、これは些細な点ではないが、次の点を指摘しておこう。『存在と出来事』の最終章——省察三七——のタイトルは「デカルト／ラカン」となっている。つまり私は、自分の存在論大全（ma somme ontologique）を結ぶに際して、〈主体〉のカテゴリーの絶え間ない再生——私はこれに参画しているつもりなのだが——にあたり最も大きな役割を果たした人々のうちの二人に対する、私の逆説的な結びつきを述べているのである。[*3]

こうした一筋縄では行かない《コントラリエ》忠実さ、あるいは人をいらだたせるような《コントラリアント》忠実さ、と言うべきかもしれないが、そうした忠実さが今日まで維持されているということを何よりもはっきりと証示しているのが、私の第二の「大きな」体系的概論である『諸世界の諸論理』（スイユ社、二〇〇六年）[*4]でラカンが占めている、戦略的なポジションである。この概論の第七巻および最終巻は、諸真理の「体（corps）」、つまり一定の諸世界における、諸真理の具体的（＝物質的）な現実存在という、大変難しい問題を取り上げている。これについて特に参照先となる著者として、第七巻の第二部をまるまる割いて論じられているのが、他でもないラカンである。私は体（corps）の主体的諸機能をめぐるラカンの教説に関しては、ほぼ全面的に彼が正しいと認めているが、彼が〈絶対〉を、彼の言い方で言えば「哲学の端緒における誤り」[*5]と見なしているところは抹消しなくてはならない。哲学は、彼によれば「主体の開口部を縫合」しようと汲々としている、というのである。まったく、つき合いにくい道連れではないか、ラカンという御仁は。

一九九四－一九九五年度の〈セミネール〉は、最も著名な反哲学者をまさに取り上げた四部作に組み込まれている。この四部作を締めくくったのが反哲学の根本的な伝道者、すなわち聖パウロであったのに対し、まず取り上げられたのは現代の反哲学者たち、つまりニーチェ（一九九二－一九九三年度）、ウィトゲンシュタイン（一九九三－一九九四年度）そしてラカンであり、これらの三人は古典的反哲学者の三人組、パスカル、ルソーそしてキルケゴールに対置されていた。この三人組については、おそらくいつかセミネールを行うことになるだろう。彼らは十分それに値するし、そもそも既に私の著作のなかで頻繁に召喚されている。

ラカンに関しては、問題だったのは彼の反哲学の諸根拠についての検討をあらためて詰めてゆくということであって、彼の仕事のたどった全体的な行程を提示するということではなかった。そのため、一番用いられたテクストは、ラカンの後期の「作風（manière）」のもの、すなわち象徴的なものに対して現実的なものを、代数に対してトポロジーを特権化しつつ、分析経験を構造化するにあたって論理学――シニフィアンの論理学としての論理学――よりもむしろ結ぶことと切断することの間、迷宮と中断の間、縺れあった杣径と危うい林間地の間の弁証法を出発点としようとする作風に属しているものとなっている。そこでは重大な変化として、晦渋な享楽（l'obscure jouissance）が戦略的な役割を果たすようにもなっているのだが、これに対して彼の企ての最初の部分では、ラカンはむしろ欲望を、その対象の厳密な象徴的規定に訴えることで遊離しようとしてきた――それを要求から区別しようとしてきた――のであった。

以下にご覧になるとおり、ここでの論争には絶えず、名人《メートル》のさまざまな創意を前に、不意を突かれて驚く瞬間が混じり合っている。時として藪のように縺れた議論のなかを、どうにかこうにか進んでゆくこともある。しかしわれわれは多くの決定的な定式に出会うのだ。こうしたことばの宝庫全体のうちから一つ、私が心にとめておきたい定式は、治療の目的とは「無力を不可能にまで高めること（d'élever l'impuissance à l'impossible）」である、という定式である。ラカンが久しい以前に、全く異なった用途のために見出していたものではあるが、これはまさに――究極の逆説なのだが――私が長きにわたって探し求めてきた定義になりうるかもしれない……すなわち、哲学の定義に。

アラン・バディウ、二〇一三年二月

訳註

＊1 『分析手帖（*Cahiers pour l'Analyse*）』はアルチュセールの弟子であるパリ高等師範学校の学生らが中心となって組織した「認識論サークル（Cercle d'épistémologie）」が発行した雑誌。ジャック＝アラン・ミレール、ジャン＝クロード・ミルネールらと共に、バディウもこれに参加していた。Cf. 坂本尚志「構造と主体の問い――『分析手帖』という「出来事」」上野修・米虫正巳・近藤和敬編『主体の論理・概念の論理――二〇世紀フランスのエピステモロジーとスピノザ主義』（以文社、二〇一七年）一六九―一九四頁。

＊2 Alain Badiou, *Conditions*, Paris, Editions du Seuil, 1992.

＊3 Alain Badiou, *L'être et l'événement*, Paris, Editions du Seuil, 1988.

＊4 Alain Badiou, *Logiques des mondes : L'être et l'événement 2*, Paris, Editions du Seuil, 2006.

＊5 Jacques Lacan, *Autres écrits*, Paris, Editions du Seuil, 2001, p. 204.（以下「AE」）

第Ⅰ講　一九九四年一一月九日

今年は、現代の反哲学について一昨年はじめた一連の講義の仕上げをしたいと思います。われわれは現代の反哲学を創始するニーチェの立場からはじめ、昨年はウィトゲンシュタインの立場を検討しました。そしてラカンで締め括りということになります。

そのためわれわれは、互いに結びついた二つの課題に取り組まなくてはなりません。

第一の課題はもちろん、どのような意味でラカンが反哲学者なのかを立証するということです。他の二人とは違って、彼自身がそう公言していますから、この課題は容易なものになっています。ご存じの通り、結局のところ、現代的な意味における反哲学を同定するということはつねに、私がその素材《マチエール》とその行為《アクト》と呼ぶよう提案しているものを規定するということを前提としています。[*1] このあと進んでゆく中で再び触れる機会があると思いますが、この点について確認しておくと、われわれはニーチェ的な素材《マチエール》を芸術的なものとして同定しましたが、他方でその行為《アクト》は極度に政治的《アルシポリティック》でした。そしてウィトゲンシュタインに関しては、われわれは彼の素材《マチエール》を、究極的に言語的であるものとして、或いはより正確には論理＝数学的なものとして同定したわけですが、その一方でその行為《アクト》の方は極度に審美的《アルシエステティック》なものとして考えられなくてはなりませんでした。ですから最初に行われるべき証明は、ラカンにおける反哲学的な素材《マチエール》と行為《アクト》を同定するということに関わるでしょう。困難な点は――例によって、ということです、それが最重要の点なのですから――行為《アクト》の問題のほうに関わるでしょう。私が示した命題はご存じですね――謎めかしたりはしませんでしたから――証明はそうではないにしても、定理の方はあらかじめよく知られています。ラカン的な行為《アクト》は、極度に科学的《アルシシヤンティフィック》な性格を持っている、というのがそれですね。以上が第一の問題群です。

第二の課題は、ラカンが反哲学者というだけでなく、現代の反哲学の締め括り（clôture）であると考えられうるのはなぜなのか、その理由を明らかにするということです。というのも、もしラカンが現代の反哲学の締め括りとして同定されるとすれば、この反哲学は、単に哲学に対する反哲学的な関係を前提としているだけでなく、明らかに反哲学そのものにたいする反哲学的な関係を前提としているからです。締め括られるものにたいする、独特の、規定された関係によって支えられていないような締め括り条項（clause de clôture）はありません。ラカンが、ニーチェが開始した現代の反哲学に対して、締め括りの位置にあると言うこと、これは独自のテーゼであり、根拠を示すことが求められているわけですが、その根拠は知られている限りで最後のものである、という経験的な事実であってはなりません（というのもその場合、それが締め括りの位置にあると言う理由はないことになるからです）。そうではなく、反哲学の諸問題に対するラカンの位置が、じっさい締め括りを問題にすることができるようなものである、ということの上に根拠づけられなくてはならないのです。締め括りの問題は、それが何に対して開く締め括りなのかという問いを立てるとするならば、いっそう複雑なものとなります。というのもあらゆる締め括り（clôture）は、また同時に開始（ouverture）でもあるのですから。要するに、ラカンが現代の反哲学を締め括る存在だと主張するならば、すぐさま次のような問いが現れてきます。すなわち、その締め括りが、思考の一般的な布置の中で、何に対してわれわれを開くものであるのか、という問いです（こうした問いの背景にはもちろん、この締め括りが、哲学においてわれわれを何に対して開くかという問題を提起したいという、私の個人的な傾きがあります）。つまり、ラカンによる反哲学の締め括りが、哲学において開かれるものに関していったい何を証言しているのか、ということです。

以上が、今年解決しようと企てている、非常に明確に定式化された諸問題の、核にあたる部分です。これらの問題とはすなわち次のような問題です。

- 「素材」と「行為」という点から見たときに、ラカンの反哲学が持っている独自の性質。
- それがどのような意味において、反哲学に対する締め括りとなっているのか、という問い。
- そして哲学の観点から見て、この締め括りが何に対してわれわれを開くものであるのか、という問い。あるいはニーチェに関して私がすでに用いた比喩で言えば、締め括りとしてのラカンの反哲学によって、哲学にはいったい何が遺贈されたのか。[*2]

今日は大変特殊な点から始めたいと思います。これは主観的な次元にかかわる点です。反哲学には、繰り返し現れる、ひとつの主観的な特徴がみられますが、私はこれを、自ら行うディスクール〔＝言説〕に対する主観的な態度としての、勝利の先取りされた確信と呼ぼうと思います。たとえば『この人を見よ』のニーチェをご覧ください。「いつの日か、私の哲学は勝利するだろう」[*3]。ここに見られるのは、厳密な意味における、勝利の先取りされた確信です。『レトゥルディ』のラカンはこう言っています。「勝利するのは私ではなく、私が仕えるディスクールである」[*4]。そしてウィトゲンシュタインの『論理哲学論考』の序でも、調子は異なっていますが主観的には同一のものです。「これに対して、私がここで公にする思考の真理は、不可侵の、決定的なものであるように思われる」[*5]。これら三つの言表のうちには、勝利の先取りされた確信という主観的な態度が聞きとれます。

この点については、二点コメントをすることができます。第一のコメントは、反哲学的な主体性が一般に、現在形の勝利の主体性であるということです。私が言うことは真理である、私が繰り広げ、証示し、提示し、配置するものは、真理の領域のうちにある、というわけです。この点から見ると、呼びかけは現在形であると同時に非時間的です。反哲学にはいつも——この点はかなり強調してきました——あるずれた時間性をもった固有の主観的次元があります。この時間性はここで、抗しがたい不可避の性格をもった勝利の先取りのうちに与えられているのです。反哲学的なディスクールは勝利するだろう、というわけです。

それから第二のコメントは、この確信が何から成るのかを考えてみてもよいだろう、ということです。この確信は、そうご想像の向きもあるかもしれないのですが、安易な批判や、主観的な思い上がりから結果するものではありません。ラカンのフレーズをご覧ください。「勝利するのは私ではなく、私が仕えるディスクールである」。実際には、ここにあるのは、たいへん反哲学的な、奉仕という次元です。つまりディスクールは、提示というよりもむしろ奉仕の対象なのです。またそこには自我ないし主体の省略《エリジオン》があって、その結果まさに先取りされた確信が出現しているのです。

ニーチェの場合においてさえ——われわれはこの点を二年前にすでに示しました——事情は同様です。知っての通り——そしてこれが、今年われわれが言うことになる全ての事柄を、その効果によって刻印している相違点なのですが――ニーチェは、自らの行為の舞台に、自分自身が絶対に登場しなくてはなりませんでした。ですから彼のほうはどうしても、ある意味で「私が勝利するだろう」と言わなくてはならなかったのです。というのも彼は、自らの行為のぽっかり口を開けた地点において、一種のもの（chose）のようにして到来しなくてはならなかったからです。そしてそもそも行為の開口部におけるそうした到来を、われわれは彼の狂気と呼びならわしてきたのでした。ニーチェは、二つの世界の間で到来します。ただし彼は忘れずにこう言います。「そこで到来するのは自我ではない」。自我の思い上がりという意味ではない、ということですね。じっさいニーチェはまさにそこ、二つの世界の間で到来するのは運命である、と言っています。『この人を見よ』中の章題をご覧ください。「なぜ私は運命であるのか」でしたね。この問いに答えてはじめて、われわれはこの「私」、運命としての「私」が行為の地点において到来するのだ、と言うことができます。より正確に言えば、行為の地点に到来するのは、一つのもの（une chose）であり、ひとつの何か（un quelque chose）なのです。一八八八年二月一二日の、たいへん力強い手紙を思い出しましょう。これはニーチェがニースの療養所からラインハルト・ザイドリッツに宛てた手紙です。

ここだけの話として、手短に言うなら、私が当代随一の哲学者であり、おそらくそれ以上のものでさえあって、いわば二つの千年紀の間に出現する何か決定的で運命的なもの（quelque chose de décisif et de fatal）であるということ、それはありえないことではありません。*6

つまり「哲学が勝利するだろう」や「勝利するのは私ではなく、私のディスクールである」は、ここで先例のない生起ないし出現というテーマにおいて同じものとみなすことができるのです。その生起ないし出現における「私」、自我とは、一つの次元、一つのパラメーター、ラカンの言い方で言えば、一つの奉仕にすぎません。この、自我から独立して生ずる、不可避な出現とは、ここでは二つの世界、二つのディスクールの時代、ニーチェの言い方で言えば、二つの千年紀の間での、ある何かの生起にすぎないわけですが、まさにその出現の地点において、そうした先例のない生起ないし出現についてはじめて、ひとは勝利の先取りされた確信を持つことができるのです。

余談として申し上げれば、これはウィトゲンシュタインが『論考』の序文で、うぬぼれでも無関心でなく、次のように言うことができた理由でもあります。

私の努力が他の哲学者らのそれとどの程度合致するかという点については、私は何か自分の見解を述べるつもりはない。そもそも私が書いたことの細部については、その源となったものは何もない。というのも私が考えたことが、他の誰かによってすでに考えられていたことがありうるとしても、それは私にとってはどうでもよいことだからである。[*7]

「私が考えたことが、私以前にすでに他の誰かによって考えられていたかどうかは、私にとってはどうでもよいことだ」というこの言表は、先取りされた勝利の確信が、独創性のうぬぼれとも無関係であるということを示しています。独創性は、反哲学者にとって、結局のところ大学的な主題なのです。肝心な点は、独創性という点ではありません。肝心な点は、そのものとして先例がない、あるいは反復不可能であるような出現という点です。従って、他の人々が、私が考えたのとよく似た、あるいは同一のあれこれを言っていたとしても、それはまさしくどうでもよいことなのです。

以上のようなわけで、反哲学の主観的特徴としての、勝利の先取りされた確信は、明らかに行為《アクト》の領域に属しています。まさに行為という点から、この確信は保証されているのです。そして確信が先取りされており、未来形で「私が勝利するだろう」とか「私のディスクールが勝利するだろう」とか言われているのは、行為についてわれわれが確信するのは、ただその諸効果によってのみであるからです。その諸効果の可視的な地点から見たときにはじめて、行為そのものは断絶の確信において把握されるのです。こうしたわけで確信は、行為の中心にありながらも、先取りされた確信でしかありえません。なぜなら行為の諸効果の一般的なシステムにおいて読み取りうる解読結果として、勝利は立証されるからです。

ニーチェにとって、極度に政治的な行為とは、「世界の歴史を真っ二つに分割する」[*8]行為であったということを指摘しておきましょう。これはニーチェの言い回しです。そうした行為はそのものとして、世界の消滅を、脱臼を、そしてまた、彼の言い方で言えば、あらゆる価値の転覆を眼に見えるようにする行為なのです。ウィトゲンシュタインにとっては、極度に審美的な（あるいは極度に倫理的な、と言ってもいいでしょう。それは全くおなじことであり、あるいは区別できないことなのですから）行為は、神秘的要素への通路を開くことになるでしょう。神秘的要素とはすなわち救済の黙して語らぬ原理です。そして救済の沈黙の原理であるかぎりで、この要素もまたそれに従う者の個人的な生にそれが及ぼす効果のシステムの内でしか解読され得ないのです。

ではこうした問題は、ラカンにおいてはどのように提示されているのでしょうか。自分ではなく、自分が仕えるディスクールが勝利するだろう、というあの言表の内でラカンが証言していたような、勝利の先取りされた確信の核とはどんなものでしょうか。それはもちろん、分析的行為です。まさにこの意味で、われわれが辿る道はその全体が、この分析的行為を反哲学的行為の現実的なものとして同定する道だということになるでしょう。これらを同一のものであるとするかどうかという点は、非常に微妙な問題です。それは、精神分析の出現が、ある意味で哲学を終わらせ、その欺瞞を刻み込むものであるのかという問題であり、フロイトという固有名を持った（ニーチェなら「運命的な」と言ったであろう）この出現が、分析的行為の純然たる存在に還元されることになるのかどうかという問題です。周知の通り、分析的行為は固有の舞台を持っています。それは主観的な舞台（scène subjective）であり、そこでは哲学も反哲学も、ただちに問題になることはありません。ちなみに指摘しておくならば、ラカンは反哲学を、分析的ディスクールと単に連結しているもの（la simple *connexion*）として明示していました。

しかしまさにこの「連結している」とは何を指しているのでしょうか。これはわれわれの導きの糸の一つとなるでしょう。もし行為があるとすれば——というのも反哲学的な布置の中心には行為があるはずですから——この行為はどのような仕方で分析的行為と連結しているのでしょうか。そしてこの連結は——さしあたりまだ全く謎めいたものですが——どのようにして勝利の確信の保証となりうるのでしょうか。われわれが辿ることになる道は、残念ながら険しい道で、今日のところはそのぼんやりした輪郭しか提示することができないのですが、行為（acte）の道です——それはラカン的な意味における行為であり、その行為すること（agir）そのものの内で、言い換えればそれが保証する勝利の確信といったものにおいて真に捉えられた行為の道です。この道においては、行為は正確には、真理の領域には属しません。或いはより正確には、行為の内にある説得的なものは、むしろ知という秘められた方策にかかわっています。

このテーゼの正当化はそれだけで込み入ったものですが、私は直ちにこのテーゼを示します。その目的は、そこに哲学との係争案件があることがわかるようにするためです。この案件は、真理と知の、脱分節化でもあるような分節化というところまで進んでゆくことでしょう。昨年私についてきてくださった皆さんのために手短に言うとすれば、真理／知の脱‐関係の問題は、ラカンの反哲学的戦略において、結局のところウィトゲンシュタインにおける真理／意味の関係の問題に比すべき位置を占めているということ、このことをわれわれは見ることになるでしょう。*9

これに関して強く印象に残っているのは――そしてこれは私にとっていわばキック・オフであり、戦端を開く鐘の音であったのですが――一九七〇年の「パリ・フロイト派大会閉会挨拶」の、最後の文です。ラカンはそこで次のように述べています。これはこの演説の、本当に最後の文です。「真理は説得しないことがありうるが、知は行為へと移りゆく（La vérité peut ne pas convaincre, le savoir passe en acte.）」*10。もし今年、私自身と皆さんの両方に対してこの文が意味するところを説明できたとすれば、われわれは当初設定した目的をほぼ達成したということになるでしょう。ですからここでは、これを述べる、あるいは繰り返し述べるだけにします。「真理は説得しないことがありうるが、知は行為へと移りゆく。」行為をこうした知の移りゆき《パス》（「ラカンが考案した、分析家が学派の養成を経たことを認証する制度としての」いわゆるパスについては後で見ることになるでしょう！）*11として区別できるからこそ、ゆっくりと、段階を経て、われわれは次のように言うことが許されるようになります。すなわち行為とはラカンにとって極度に科学的《アルシシャンティフィック》なものなのです。あるいはむしろ――この点は後に見ることになるでしょうが――行為とは漸進的にそのようなものになってきたのです。こうしたわけで、われわれはこの文を、今年われわれが申し上げようとすることの題辞とすることにしましょう。

真理は説得しないことがありうるが、知は行為へと移りゆく。

わたしはこの文を、二つの句読点の間に置くことにしたいと思います。これらはこの後ご覧になるとおり、あまり結びつきのないものですが、しかしわれわれに対して広大な領域を開いてくれるでしょう。まず指摘しておきたいのは、われわれが正確に知っている範囲で申し上げるとすれば、あらゆる反哲学の一般的な運動は、真理という哲学的なカテゴリーを解任するということを含んでいるという点です。さまざまな手段を通じて、真理という哲学的カテゴリーの解任を企てるということは、現代の反哲学——ニーチェに発するそれ——に固有であるとすら言えるでしょう。

この点は、ニーチェにおいては全くはっきりしています。真理のカテゴリーは結局のところルサンチマンのカテゴリーであり、それにぴったりとおさまる典型的な人物像は司祭という人物像である、といった診断を下すことのできるニーチェのテクストはふんだんにあります。最も有名なテクストは、これから引用しようと思いますが、おそらく『偶像の黄昏』中にあるものです。これをハイデガーはたっぷりと注釈しました。[*12] しかしその力をなしているのは、このテクストが真理の廃止を、行為の帰着する先である、ディオニソス的肯定と結びつけているという点です。結局のところすぐれて哲学的な偶像であるような真理の黄昏と、ディオニソス的肯定との間には、身振りの統一性、運動の統一性が実際に存在するのです。この大変よく知られたテクストを思い出していただければと思いますが、その中ではさらに——この点を記憶に留めておいてください——真理は世界と相関したものとされていました。それは世界－真理（le monde-vérité）なのです。ということは、それは知解可能な世界であり、プラトン的な背後世界（arrière-monde）[13]だということですが、しかし究極的には、それは真理のカテゴリーの、哲学的であると同時に「世界」的な身分のことを言っているのです。

ニーチェはこう書いています。

> 世界－真理〔＝真の世界〕を、われわれは廃止した。どんな世界がわれわれには残ったのか。仮象の世界だとでも言うのだろうか……そうではない！　世界－真理〔＝真の世界〕とともにわれわれは仮象の世界もまた廃止したのだ。[14]

それから『ツァラトゥストラ』には、次のような一節が見つかります。

> 真昼《ミディ》、最も短い影の時、最も長きにわたる誤謬の終わり、人類の達する絶頂。[15]

ここにあるのは、行為の感情に最も近いところにあるものです。すなわち何か、廃止――〔弁証法的な〕矛盾でも止揚でもなく、廃止です――であるとともに、それに並置され、同時にそれと区別できなくなっている、最も輝かしく晴れやかな肯定でもあるものです。それは「最も短い影」であると同時に「最も長きにわたる誤謬の終わり」であって、その全てを名指す名が〈真昼《ミディ》〉なのです――〈真昼《ミディ》〉！

じっさい真昼《ミディ》の思考といったものがあります。そしてその思考は、近代を含む長い歴史のなかで、真夜中《ミニュイ》の思考との間で入り組んだ海岸線を形成しています。われわれの取り組む諸問題にとっても、真昼《ミディ》と真夜中《ミニュイ》という、思考において苦境を抜け出すための方策となっている隠喩がどのようなものであるのかを、しっかりと捉えることが大事です。

ニーチェにおいて真昼は、ほとんど行為そのものの名となっています。それは、太陽の垂直性であり、そのとき影はすっかり弱まっています。ただ、あらゆる思考の決断は（哲学的であれ、反哲学的であれ、あるいはそれ以外のものであれ）隠喩的に真昼か真夜中かを選んでいるのだ、と言って差し支えないと思います。あらゆる思考は子午線の思考である、とパウル・ツェランなら言ったでしょうが、[*16] しかし子午線の思考には昼のものと夜のものがあるのです。それは刻まれゆく時のゆらゆらと揺れる均衡のうちにあり、その真ん中にあります。ただ、思考が真昼という意味で時刻の真ん中に位置しているというのと、真夜中という意味でそうであるというのとは、同じことではないのです。

実際には、こうした選択につねに先立つ詩的《ポエティック》な規定があるのだと思います。思考の決断は、さまざまなポイントにおいて、それに先立つ詩的な規定の空間の内にどうしようもなく置かれているわけですが、この真昼と真夜中の問題はおそらく、そうしたポイントのうちの一つです。ある意味で、常に詩《ポエム》のほうから、われわれは真昼と真夜中が思考に対して何を規定しているかを、すでに受け取っているのです。というのも、隠喩を提示するのはまさに詩情《ポエジー》であるからです。詩情は隠喩を、その分割において、その分裂において与えることになります。それは詩的に、真昼の二つの縁《ふち》と、真夜中の二つの縁《ふち》を与えることになるのです。そこにはすでに――ラカンを引用しましょう――ひとつの「縁《ふち》（bord）のトポロジー」があります。[*17] このトポロジーは、真昼と真夜中のあいだでの隠喩的な選択のうちにあり、そしてそのそれぞれの分裂のうちにあるのです。

ではよろしければ、こうした分裂のうちに入ってゆくことにしましょう。この分裂は、いまはわれわれの問題からは離れているように見えますが、あとで役に立つでしょう。たとえば、ヘルダーリンの真夜中とマラルメの真夜中を結びつけ、同時に対立させているものが何か、考えてみましょう。先行する詩的な規定、というところまで来ていたわけですからね。

ヘルダーリンの夜と（彼には昼の問題系もまたしっかりとあるわけですが）、彼に固有の真夜中は、宝庫の時であり、忘却の聖性の時です。実際忘却の聖性においてこそ、思考は真夜中の名の下に凝らされるのです。これに対してマラルメにとっては、真夜中はまさに、決定不能なものの時であり、つまり戯れの時、偶然の時でもあります。これらは実際、たいへん異なった二つの真夜中です。一方の真夜中は宙吊りの真夜中ですが、しかしそれは迎え入れという意味、眠りそのものの中での目覚めという意味における宙吊りの真夜中です。それからもう一方の真夜中は反対に、行為の真夜中です。つまり『骰子一擲』の真夜中なのです。

以下で二つの抜粋を読みますが、これは、このことを響かせておくためであって、単に規定としてではありません。たとえばヘルダーリンのなかから、悲歌『パンと葡萄酒』（F・ガリーグ訳）の第二連をとりあげましょう。これはおそらくヘルダーリンの偉大な夜の詩であると言えます。そこでは夜の思考が働いているのです。おわかりの通り、この夜は追想であり、記憶です。それは覚醒と睡眠とが船縁《ふなべり》を接している（bord à bord）場所なのです。

崇高の極みにある　夜の恵みは　奇跡のように不可思議で　何びとも

どこから　何を　それによって受けるかを知ることはない。
こうして夜は　世界を　そして希望することをやめない人間の魂を動かすが
賢者さえも　それが調えてくれるものをさとらない。なぜなら
それがおんみを深く愛する　至高の神の意志だからだ。それゆえに
おんみには夜よりも　意味が明るく照らす昼が　好ましい。
しかし時として　明晰な眼も　陰影を愛する
そして窮乏におちいるより前に　進んで眠りをこころみる
あるいは忠実な人が　好んで夜を見つめることもあるのだ。[*18]

これこそがヘルダーリン的な夜です。それは、この上なく覚醒しつつ真夜中をくぐり抜けるということです。その真夜中とは、記憶と忘却の宝庫を、限りなく守り番する真夜中なのです。

さて、今度は『イジチュール』のプログラムに現れる、マラルメの夜を取りあげてみますと、これは真夜中の意味の要約のようなものになっているのですが、プログラム全体は「四つの断片」という形式で示されています。

一　〈真夜中〉
二　階段
三　賽の一振り

四　灰となった亡骸の上での眠り、蠟燭を吹き消した後で。

ほぼ次の次第で。

〈真夜中〉の時が鳴る——賽の投げらるべき〈真夜中〉である。イジチュールは、階段を降りて、人間精神から、事物の底へと向かう。彼がそれである「絶対」として。墓——灰となった亡骸、（感情はない、精神もない）、中性的な状態。彼は予言を朗誦し、身振りをする。無関心。階段に、野次の口笛。「あなた方は間違っている」、動揺しない。無限は偶然から出る、あなた方の否定した偶然から。あなた方、数学者たちは、息絶えた——ぼくは投げ出された、絶対として。〈無限〉となって終わるはずであった。ただ、言葉と身振り。あなた方に申し上げることはといえば、ぼくの生涯を説明するためだ。何もあなた方からは残らないだろう——無限はようやくに、一族の手を逃れた、無限で苦しんできた一族だが、——古い空間だ——偶然はない。一族がそれを否定したのは正しかった、彼の生涯——彼が絶対となっているためだ。こういうことが起きたのは、〈無限〉が、相対する〈絶対〉とのあいだで切り結ぶ組み合わせにおいてである。必要なこと——〈観念〉を抽出する。役に立つ狂気。宇宙の一つの行為が、ここで今、演じられたところだ。もはや何もない、息だけが残った、言葉と身振りとが結ばれて、終わる——存在の蠟燭を吹き消す、それによって全てが存在していた蠟燭を。証拠だ。

それから括弧に入れて、こうあります。「（そのすべてを掘り進めること）[*19]」……

以上見てきましたが、それは、こう言ってよければ、二重の真夜中でした。このことははっきりと感じられます。「宇宙の行為の一つが、ここで今、演じられたところだ」の真夜中、骰子を投ずるべき刻としての真夜中と、透明な迎え入れの真夜中、記憶と覚醒が船縁を接している真夜中との間には、可能な真夜中が詩という形で書かれる際の、二つの原初的なやり方と呼べるようなものがあるのです。

一つの哲学が、どのようにしてこうした真夜中の隠喩の二重の可能な規定のもとにありうるのか、この点を理解していただくためには、こう申し上げてもよいでしょう、この二重の真夜中はたとえばヘーゲルにおいては、哲学がもっている夜の次元と簡潔に呼ぶことができるようなもののうちに、その二つの面、二つの縁《ふち》において刻み込まれているのです。ご存じの通りヘーゲルにとってミネルヴァの鳥は、夜になってはじめて飛び立ちます。これは、哲学は全てが生じてしまったときに生じるものであるということです。つまり哲学は、ある意味で、思考の一日の真夜中なのです。こうしたわけで、哲学が完了するのは、歴史そのものがその完成に至ったときです。それとともに、それと同時に完了するのです。しかしいずれにしてもはっきりしているのは、ヘーゲルにとって哲学的真夜中とは、存在の真理が自己へと至ることが備えている、一般的な事後性なのですが、それが同時に意味することになるのは、平穏なものとなった終末であり、つまり精神の生成の完了であり、そして絶対的決断といったもの、何かそのうちで意味の絶対的決断が自己意識へと至るようなものです。哲学のヘーゲル的な夜とはもちろん、精神がそれに固有の歴運的な[*20]（historiales）諸形象のうちへと矛盾を孕んだ仕方で展開していったのが究極の鎮静化に至るということですが、それはまた哲学が、この場合は彼の哲学が、ということですが、絶対的であり、決定的であり、不可逆的であるような決断において決着をつける時でもあります。それは最後の哲学なのです。

では真昼のほうはどうでしょうか。真昼は、ある意味でいっそうわれわれの興味を引きます。真昼もまた、詩の分裂のうちに書き込まれています。それもまた二つの側面をもっているのです。ずっしりと重い鉛のような真昼、うちひしがれていると同時に勝ち誇った真昼、「夏の王、真昼（le midi roi des étés）」[*21]とよびうるようなものがあります。しかしより正確に、ここでわれわれの専念しているものに関して言えば、それは昼光の栄誉のうちに溶解した思考の名としての真昼です。あるいは私の考えていることにもっと近い言い方をするなら、真昼とは、結局のところ存在者の輝きによって存在の空虚を圧倒するということなのです。真昼における存在者の過剰な輝きが、その及ぼす固有の眩惑によって、空虚、存在の退隠そのものが不在となるという結果を引き起こします。そうしてその輝きしかなくなるのです。それは、思考が実はそうした現前の燦然たる輝きの背後に引き退いたものから調和を乱されて離れる瞬間、そうした瞬間の形象としての存在者の輝きです。

この形象に最も執拗に拘ってきた詩人は、おそらくポール・ヴァレリーでしょう。そもそもこのために、ジャン・ボフレはほとんど恒常的に、ハイデガーとヴァレリーの間を、ある種のとりわけフランス的な線で結ぶことができたのです[*22]。ヴァレリーがこの真昼に拘ったのは、彼にとっては現れることと光の共存の問題が、自らの思考装置に本質的な問題であったからです。

いまから最もよく知られていると同時にこの点で最も際立っているテクストのうちの一つを読み上げます。これは『魅惑』という題の詩集から抜粋した、「蛇の素描」の第三連および第四連です。

太陽よ、太陽よ…………　光耀く錯誤よ。

花々が繚乱と咲いて集つてゐる
紺青と黄金色との天幕《テント》の下に
〈太陽〉よ、お前は　死を仮面で覆うてゐる。
窺知《きち》することも出来ないほどの快楽で、
俺の共犯の中で　最も高慢な、
俺の陥穽《かんせい》の中で　最頂点の　太陽よ、
〈非存在〉の純粋性の中に於いて
宇宙は一つの欠陥に過ぎないことを、
人間どもに　お前は悟らせようとしない。

存在に　目醒めの時鐘《とき》を鳴らし
目醒めに　炎を連れてゆく、〈大きな太陽〉、
田園の　欺瞞の色に塗られてゐる
眠《ねむり》の中に　存在を閉ぢ籠める　お前、
魂の薄暗い現在の実相を
肉眼の麾下に隷属させてしまふ
楽しい幻覚を　挑発する太陽よ、
絶対の上に　お前が撒きちらす
虚構が　いつも俺には気に入つてゐた。

おお　炎によつて作られた　影の王者よ。[*23]

「おお　炎によつて作られた　影の王者よ！」これこそがあの真昼です。すなわちこの真昼において、出現そのものにおける、現れることの輝きは、実は影の、本質的な退隠の絶滅であり、それに対して思考はもはや調子を合わせることができないのです。このように構想される真昼は、〈一〉の徴のもとにおかれた思考であると言えるでしょう。だからこそ、「海辺の墓地」でヴァレリーは、詩の冒頭からこうした真昼の形象を、パルメニデスやゼノンの姿と接続することになるのです。[*24] エレア派の思考において、存在と〈一〉は根元的な共属（coappartenance）の関係にあるわけですが、そうしたエレア派の思考[*25]がまさに、そこで思考が消滅するような海辺の真昼によって名指されることになるのです。

　しかし詩の中には、またもう一つ別の真昼があります。はるか以前からそうなのですが、これはそうした詩的な規定が根源的なものであるからです。思考のもう一つ別の真昼があるのですが、こちらは反対に、もっとも重要な決断の真昼です。存在の茫然自失（stupeur）の真昼ではなく、分割（partage）の真昼《ミディ》です。ポール・クローデル、彼が書いた、『真昼《ミディ》に分かつ（*Partage de midi*）』という戯曲を直ちに引用しましょう。分割のうちにありうる真昼とは勿論、存在者の輝かしい現出（apparaître）の、分かたれることのない真昼とは別の真昼です。そのとき、真昼は現実的な出来事の名前となるでしょう。正午のような名前、つまり数なき名前、数ではないような名前となるでしょう。それは、太陽の垂直性以外には何も新たなものを数えることのないような真昼、そうして現実的な出来事の名前となるような真昼です。すなわち、急変する生の名前です。真昼には何か不可逆的なことが起きることになります。そしてその結果、それは一つの名前を担うことになるわけですが、その名前は不動性の、すなわち思考が現出の連続的な輝きにより、存在との適合を失うその固有の様態の名前ではまったくなく、反対に、停止の不可能性の名前なのです。真昼をすぎれば、止まるということは不可能になるでしょう。というのも不可逆的なものこそが、〈真昼〉ということで名指されていたからです。

この極限的な地点について、『真昼に分かつ』第二版の、第一幕の終わりのところを読んでみます。第二版、というのは、その真昼は第二版にしかないからです。第一版では、この場面はまだ真昼ではありませんでした。*26

この戯曲についてご存じない方もあるかもしれませんので、状況について一言申し上げます。『真昼に分かつ』の第一幕は、極東に向かう船上が舞台となっています。この船は、スエズ運河を通過しているところです。登場するのは一人の女性と三人の男性で、女性がイゼ、それからその夫であるド・シーズ、彼女の愛人のアマルリック、そして彼女に恋い焦がれるクローデルはメザという名前で登場します。つまりこの女性は、男たちの組織《システム》に取り巻かれているわけですが、この組織《システム》にとっての問題とは、その完全性（complétude）の問題に尽きます。そして正午《ミディ》〔=真昼〕、この船上で、メザとイゼの愛は、現実的な愛であることが決定的になります。ということはつまり、不可能な愛であることが決定的になる、ということですね。〈真昼《ミディ》〉は、まさにこの現実的なもの《ル・レエル》の到来、この現実的なもの《ル・レエル》の、出し抜けで静かな到来の名前となっているのです。戯曲全体を通して問題となっているのは、この真昼《ミディ》、不可能な現実的なもの《ル・レエル》としての愛の名前であるようなこの真昼《ミディ》が、にもかかわらず一つの分割の場所となりうるのはどのようにしてなのか、という点です。それは不可能なものの地点における愛の現実的なもの《ル・レエル》の分割としての、真昼の分割〔=真昼に分かつ〕（partage de midi）の物語となるでしょう。

第一幕では、なにも明言されることはありません。明らかに、出来事というものは、ニーチェも言うように鳩の歩みでやってくるのです。ただ何も明言されることはないものの、まさに真昼の叫び、正午を告げることになる、船のサイレンが、そうした名指されることのない明言を代理するものとなっています。

イゼ：（揺り椅子に身を伸べながら）ああ、これでほんとに、わたくしたち、スエズを越えてしまったのね。

メザ：もう二度と越えることはないでしょう。

（間）

アマルリック：もうすぐ正午《ミディ》だ。

メザ：いまにサイレンが聞こえるぞ。海の魔物《サイレン》だ。何と変な名前だろう。

イゼ：もう空もなければ、海もない。あるのはもはや虚無だけ。そしてそのただ中で、この船は恐竜のように、怖ろしげに咆哮しようとしているんだわ。

ここでひとこと差し挟んでおきましょう。おわかりの通り、虚無としての真昼という表象が、ここでも繰り返されています。これはすでにヴァレリーにおいてはっきりと現れていたわけですが、しかしこれは正反対の目的を持っています。というのもこの虚無のただ中で、真昼《ミディ》〔＝正午〕が名指そうとしているのは、句切り（la césure）であって、存在者の輝きと現出の持つ存在という基底との不分明さ、といったものでは全くないからです。

メザ：炎の砂漠のなかの、なんという叫びだろう。
イゼ：ブロントサウルスの咆哮がはじまるわ。
ド・シーズ：しーっ！　ご覧なさい。

（彼は指で幕を開く）

イゼ：幕を開けないでったら。
アマルリック：撃たれたみたいに目が眩んでしまった。これはもう日光なんてもんじゃない。
ド・シーズ：これは雷光だ。反射炉の中で煮詰まって、燃え尽きているような感じだ
アマルリック：あらゆるものが怖ろしいほどに見透せる。二枚のガラス板の間の虱のように。
メザ：（窓のそばで）何と美しいのだ。なんと激しいのだ。
光り輝く背中をした海は
押さえつけられ、灼熱の焼きごてをあてられる雌牛のようだ。
そして彼、そう、彼女の愛人と言われるひとは、なんとまあ、美術館で見る彫像、
バール神さながらの姿
こちらはもう彼女の愛人ではない。彼女を犠牲に捧げる死刑執行人だ！
それはもはや接吻ではなく
腹に突き立てられるナイフだ！
そうして一対一で、彼女は返すのだ、突きには突きを。
形もなく、色もなく、純粋で、絶対的で、並外れており、激高している、

強い光に照らし出された彼女が送り返すのは、ただそれだけなのだ。

イゼ：（伸びをしながら）何て暑いんでしょう。あのミニコイ島の灯台までは、まだ何日かかるのかしら。

メザ：洋上に浮かぶあの小さな灯りのことは覚えている。

ド・シーズ：あと何日か、ご存じですか、アマルリック？

アマルリック：本当にわからないんですよ。それに出発してからもう何日たったのかも。忘れてしまいました。

メザ：毎日があまりに似通っているので、まるでただ一つの昼夜をなしているかのようだ。

アマルリック：私はこの小揺るぎもしない、強い陽光が大好きです。とても居心地がいいのです。

私はこの、影のない偉大さが大好きです。

私はここにいて、見ている。

汗をかくこともなく、葉巻をふかしている。満足です。

イゼ：この満足したひとの言うことをお聞きになって。あなたもよ、メザ、
あなたもま－ん－ぞ－く？　私、私は満足じゃないわ。

（彼女は声を立てて笑うが、一種の荘厳な沈黙が
やがて訪れ、そのほうがいっそう力強い）

この笑いが、まさにメザが出来事を名指そうとする直前の瞬間であることに注意してください。すな

わち彼が口にするのは、不可逆ということであり、いかなる場所に止まることも不可能だということです。

メザ：いかなる場所に止まることも不可能なのだ。

ド・シーズ：（懐中時計を引っぱり出して）ほら、時鐘が鳴るよ……

（かなり長い間《ま》があって、鐘が八回鳴る）

アマルリック：八回鳴った。

メザ：（指を上げて）正午《ミディ》だ。

これはまさに、真昼《ミディ》の分割が生じようとするところです。それは真夜中の分割と対称を――ずれた対称性になってはいるものの――なしています。真夜中の分割でもやはり、存在の迎え入れるような不調和のうちにあるのか、あるいは行為の決定不可能性ないし不可逆性の点のうちにあるのか、というあの点が見出されるのです。注意していただきたいのは、クローデルにおいては、しばしば劇作品でそうであるように、分割は舞台上で表現されているということです。アマルリックの真昼は満足しきった真昼ですが、メザの〈真昼〉は不可能を運命づけられています。

ご注目いただきたいのは、ここでもまた――ヘーゲルの真夜中に関して申し上げていたように――完璧に次のように言えるということです。クローデルの真昼には、ニーチェの真昼が存在するのが透き見えるのですが、このニーチェの真昼は、同時に二つの真昼から構成されています。すなわちメザの真昼とアマルリックの真昼であって、イゼはその二つの真昼の間で宙吊りになっているのです。ニーチェの真昼は、それら二つのいずれかに完全に還元することはできません。ただアマルリックのほうがメザよりも、よりニーチェ的である——通俗的な意味でということですが——とは言えるでしょう。このニーチェの真昼とは一方で、肯定の絶対的で差異なき統一性です。つまりニーチェのテーゼのうちの一つで、それによればディオニソス的な真昼とは、価値を区別することなしにさまざまなことを肯定しなくてはならない、ということでした。言い換えれば、それはあらゆる評価のプラスとマイナスを区別しないということです。というのもそのすべてが、何らかの仕方で全面的に肯定されなくてはならない、というわけですから。つまり、真昼は全面的な肯定を名指すことになります。しかし他方で、真昼が名指すのはまた、もちろん生の絶対的な可動性、すなわち絶えることのない出来事でもあります。すなわち、そうした肯定がそれ自体としては、それをその同一性において支えるようないかなるものも持たず、生の多様性、可能ないかなる中断もありえないような増殖でもあるということです。ニーチェの真昼、それは権力への意志であると同時に永劫回帰でもあります。真昼はそれらを二つながら名指すのでなくてはなりません。すなわち常に創造的であるような肯定の全面的な手段としての権力の意志と、そうした肯定が在るものの全体を回帰させようとする固有の様式としての永劫回帰です。

こうして真昼《ミディ》と真夜中《ミニュイ》の操作の詩的・哲学的な規定についてざっと見てきたわけですが、その上で、次のような問いが出てくるでしょう。ラカンはいったいこの問題にどう関わってくるのだろうか。あるいはこの問いを問うもう一つのやり方があります。すなわちラカンは真昼《ミディ》の人なのだろうか、それとも真夜中《ミニュイ》の人なのでしょうか。

たしかにそれは、彼を導く隠喩であるというわけでは必ずしもありません。ラカンにおいて隠喩の現象は本質的であり、隠喩の重要な理論もあります。しかしそれは彼のことを導く隠喩ではないのです。〔彼を導いているのは〕むしろ、いってみれば連結であり、かばん語であり、あるいはマテームです。しかしいずれにしても、真理について彼が、それは半ば言われる《ミディット》（mi-dire）ことしかできない、とはっきり述べているのは、もちろん偶然ではありません。真理の半言《ミディール》といったものがあります。またもしこれが『レトゥルディ（*L'Etourdit*）』で述べられる固有の仕方を取り上げるとすれば、以下がそのフレーズそのものです。「真理については半言《ミディ》しかない（De vérité il n'y a que mi-dit）」[*27]。ええそうです！ でしょう？ これは偶然ではあり得ません。真理というものについては、半言《ミディ》しかない、ということは。半言《ミディ》はもちろん、m、i、d、i、tと綴ります。ご想像の通り、ラカンがもしこのフレーズを読み上げたとすれば、彼はきっとこの半言《ミディ》（midit）は真昼《ミディ》（midi）でもあると言ったことでしょうし、これは次のような形で述べてもよいと言ったことでしょう、真理というものについては、真昼《ミディ》（＝半言）（mi-di(t)）しかない、と。問題は、こうして真昼《ミディ》に結びつけることが、真理を尊重するということになるのかどうかという点です。本質的にこれは、真理（la vérité）についての言表なのでしょうか。それとも本質的にこれは、言うこと（le dire）についての言表なのでしょうか。これは修辞的疑問に思われるかもしれませんが、しかしそうではないのです。そして、とりわけ真理と言いうるもの（Le dicible）とのあいだのウィトゲンシュタイン的な連結について申し上げてきたすべてのことを思い出すとすれば、その疑問は修辞疑問ではないということになるでしょう。そして反哲学的伝統の全体が、真理（la vérité）、言うこと（le dire）、そして行為（l'acte）の間のあの関係（反哲学的仕掛けの大がかりな三角測量）についての、種別的かつ特異な語りによって支えられている、ということを思い出していただければ、この疑問はそうではない〔修辞的ではない」ということになるでしょう。既にわれわれは、この点をパスカルにおいて示す機会がありました。*[28] 言うこと、真理、行為の三角測量が、パスカル的装置を、そして結局のところあらゆる反哲学の装置を構成しているのです。したがって非常に重要になってくるのが、真理が真昼《ミディ》に連結され、その二重の意味に捉え込まれるにあたり、それが真理のほうに重きが置かれるべき言表なのか、あるいは言うことのほうに重きが置かれるべき言表なのかという点です。そうするともちろん、われわれはまた、真理は害になる〔=夜《ニュイ》〕(nuit)というのが本当なのだろうか、あるいは半分害になる〔=夜《ニュイ》〕(nuit à demi)、というのが本当なのだろうか、と考えることにもなります。真理は半ば《ミ》-害になる〔=真-夜《ニュイ》中〕(mi-nuit)ものなのでしょうか。

まさにこれが、われわれの出発点となる問題です。というのも真理という哲学的カテゴリーを解任するということは、あらゆる反哲学の根本動向に属しているからです。思い出していただきたいのですが、反哲学において、哲学的な意味での真理に関する目的とは、この真理を論駁するということではなく、その信用を失墜させる(discréditer)ということです。まさにそのために、反哲学的な論争は、厳密に言えば哲学的な論争ではなくなっているのです。反哲学にとって問題なのは、真理というカテゴリーが有害であると示すということです。要するに、半《ミ》-言《ディ》〔=真-昼〕(le mi-dit)が害になる〔=夜《ニュイ》〕(nuit)のだと示すということなのです。

これは、創設者ニーチェにおいて、まったく明白です。しかしまたウィトゲンシュタインにおいてもおとらず明らかですし、とりわけウィトゲンシュタイン的な生成(devenir)においてはそうです。思い出してください。反哲学を特徴付けるのは、それが一つの治療法(une thérapeutique)であるということでした。それは批判ではなく、まさに治療法なのです。問題なのは哲学を批判するということではなく、哲学から人間を癒すということです。人間はそれによってひどく病んでいるのです。ニーチェの言い方にしたがえば、人類のプラトン病（la maladie-Platon）を治すということですし、ウィトゲンシュタインにとっては単純に、哲学病（la maladie-philosophie）を治すことです。この病とは、さまざまな不条理な、意味を持たない命題を発しようとする性向であり、これが解明されなくてはなりません。かくして、「真理は害になる」という問題は、ここで単なる言葉遊びから来ているのではなく、反哲学にまったく構成的な問題となっています。ラカンは、真理については半《ミ》‐言《ディ》（＝真‐昼）（mi-dire）しかないのと同様に──ある意味で──真理は半《ミ》害する《ニュイ》（＝真夜中）（minuit）ものである、と言ったのでしょうか──ラカンはそのように言うに至ったのでしょうか、あるいは彼がそう言うだろう、そう言っただろう、あるいはそう言ったかもしれない、と想定することはできるでしょうか。この点には謎が残りますが、これは別の問題に移行するにあたっての手がかりになっています。

ウィトゲンシュタインにおいて、真理の解任は『論考（*Tractatus*）』ですでに明らかです。ここでも序文をあらためて取り上げますが、そこでわれわれはやや狂気を帯びた主観的な尊大さを目の当たりにします。しかしこれは反対に、一つの誠実さとして、文字通り理解しなくてはなりません。反哲学者たちにおいてはつねにこれが問題です。明らかに狂気の徴とおもわれるものを、誠実さとして理解しなくてはならないのです。ウィトゲンシュタインはこう書いています。

したがって私は、問題をその本質的な部分については決定的に解決したものと考えている。なのでもし私がこの点で間違っていないとすれば、第二にこの仕事の価値は、それらの問題が解決されたときにいかにわずかなものしか達成されないのかを示したことだということになるだろう（クロソウスキー訳)。

このテクストは、私が先ほど真理について引用していた文のすぐ後に現れます。その全体をバリバール訳で改めて提示しましょう。

これに対して、私がここに公にする思考 - 真理は、侵し得ない、決定的なものであるように思われる。したがってわれわれは、本質的な点については、考察した全ての問題を、決定的に解決したと思っている。そしてもしそうであるとするならば、これが意味しているのは第二に、この仕事の価値は、これらの問題の解決が、どれほど僅かなものにすぎないかを示しているという点に存する、ということである。*29

真理というカテゴリーの解任は、次のような仕方ではじまります。私は真理の概念を純化した。私はその哲学的な意味を消去した。私はあらゆる問題を、根本的に、そして決定的に解決した。そしてこうした全てを行うことによって、ひとは自分がほとんど何もしていない、ということに気づく。ここから「それらの問題が解決されたときにいかにわずかなものしか達成されないのか」という言い方が出て来ます。つまり、ウィトゲンシュタインのテーゼは二重になっています。第一に、哲学的な意味における真理というカテゴリーは有害なのだが、それはそのカテゴリーが無意味と結びついているからである。しかし第二に、たとえ真理の反哲学的なカテゴリーを提案することで、真理というカテゴリーを無意味から解き放ったとしても、いずれにしてもそれはたいした重要性を持たない。つまりそこには真理というカテゴリーの二重の批判があります。第一に、それは哲学において不当な地位を僭称しているのですが、そのことは不条理性（l'absurdité）の領域に属するものであるということ。そして第二に、それを正すことでわれわれが解決できるようになるのは、結局のところ興味を惹かれることのないような諸問題でしかないということ。本質的なことがなされないままになっているのであり、この本質的なものとは、行為の領域に属するものであって、真なる命題の領域に属するものではもはやないのです。いまその時間はありませんが、やろうと思えば真理というカテゴリーの解任が反哲学において、常にこの二重の意味を持っているということを示すこともできるでしょう。真理という哲学的なカテゴリーは有害であるということを示し、それに加えて次の点を示すこともできるでしょう。すなわち、もしそこから、それが持っている有害なものを取り去ったとしても、残念ながら、それはやはり大して興味深いものとは思われないだろうし、行為の決定的な方策に関して広範な射程を持つものとは思われないだろう、ということです。

この点に関して、ラカンについてはなにが言えそうでしょうか。問題は——すぐにおわかりと思いますが——はるかにいっそう複雑です。はるかにいっそう複雑というのは、ラカンは真理というカテゴリーを復活させ、そしてある意味で改めて基礎づけたと完璧に主張することができるからです。もちろん、これを改めて基礎づけようとするなかで、真理の哲学的カテゴリーの解任の運動が見出されるわけですが、同時にラカンはこのカテゴリーをくぐり抜けるのでなくてはなりません。彼がなすこのくぐり抜けにおいて、彼は真理の哲学的カテゴリーを退け、かわりにもう一つ別の概念を採用して、これを分析的行為の場所そのものに据えます。したがってラカンのことを、真理というカテゴリーをそのものとして中心的な逆境の位置におく反哲学者であると言うことはできません。ラカンは反対に、このカテゴリーとの間に、長期間にわたる、一筋縄ではいかない媚態《コケットリー》の関係を取り結んでいます。そして繰り返しになりますが、彼はそのカテゴリーを改めて基礎づけた人だと主張することは、十分可能なのです。

　しかし私はここで、次の点を立証してみましょう。これについてはフランソワ・バルメスが哲学コレージュでの研究の枠内で、ラカンに関してその道を開いたのだということを特に指摘したいと思います。すなわち一九七〇年代以降――これを目印としましょう――長きにわたる、そしてところどころ空白のある運動によってまさに、真理（la vérité）の解任が行われ、これが知（le savoir）を利することになった、あるいは真理の遠ざけが行われ、これが知を利することになった、ということです。すべてが考え直されなくてはなりません。「〔これこれ〕を利する（au profit de）」とはどういうことでしょうか。ラカンにおいてある概念が別の概念よりも優位を占めるということは、どのようにして成立するのでしょうか。この遠ざけ（cet écartement）とは何でしょうか。これらは徐々に、われわれのプロセスの本質的な題材となってゆくことでしょう。

　私が思うにこの問題は、二つの言表のかたちではっきりと述べられています。これらの言表を私は、一九七三年の『セミネールXX　アンコール』[*30]から取りましょう。これら二つの言表についてはラカン自身、調和させるのが難しいと感じていました。最初の言表は、一九七三年五月一五日になされたものです。つまりスイユ社で公刊された、ジャック＝アラン・ミレールによるテキスト起こし《トランスクリプション》の第一〇回で、タイトルは「ひもの輪（Ronds de ficelle）」、一〇八頁〔邦訳二一五頁〕になります。これは以下のように定式化されています。「知られ得ない存在関係があります（Il y a du rapport d'être qui ne peut pas se savoir）」[*31]。もう一つの言表は、三月二〇日、第八回から抜き出したもので、この回はジャック＝アラン・ミレールによってまさに「知と真理」と題されています。八四頁〔邦訳一六二頁〕ですが、このなかでラカンは、分析の特性、すなわちそれを同定するものとは、「真理についての一つの知が「分析の経験から」構成できる」ということだと宣言しています。

つまり二つの言表とは、「知られ得ない存在関係（du rapport d'être）がある」と「真理についての一つの知が構成されうる」です。なぜ、これらを調和させるということが、そんなに込み入っているのでしょうか。またなぜ、それらは緊張関係を維持しているのでしょうか。もちろんわれわれは、この知られ得ない存在関係とは、まさに真理に関わるのだと言いたい誘惑に駆られます。その点でこの関係は、知における穴をなすのだ、そうしてそれは、何か知られることのできないもの、知られざること（l'insu）の領域にどうしても属してしまうようなもの、無意識を含む、なんでもお望みのものとつながっているようなものからかすめ取られているのだ、というわけです。しかし他方で、分析の特性はまさに、真理についての一つの知が構成されうるということです。したがって私の考えでは晩期ラカンのもっとも奥深い瞬間の一つである〔両者の間の〕緊張関係は、次のような仕方で言い表されると言ってよいでしょう。一方で、真理は知られざる限りにおいて至高であり、知られ得ない存在関係があるのだが、この場合、知られざるもの（l'insu）についての学問（discipline）は、まさに真理という語彙としっかり結びつけられている。しかし他方で、分析の特性とは、真理についての一つの知を構成するということであり、これはすなわち――こう申し上げなくてはなりません――知られざるものについての一つの知を構成するということです。これは避けがたいことであって、結局のところフロイト的です。分析とはまさに、無意識の知を明るみに引き出すということなのです。しかしもし分析の特性が、真理についての知としての知られざるものの知（un savoir de l'insu）を構成するということであるとするならば、まさに知が最重要のものになります。というのも知は結局、分析的行為が関係するものになるからです。

　実際われわれが立証しようとしているのは、この緊張関係、この謎の鍵が、ラカンにおいては一つの名前を持っているということです。すなわち「マテーム（mathème）」です。それがまさに、一方で、知られ得ない存在関係があるということと、他方で、にも関わらず真理についての一つの知があるということ、こちらはつまり、知られざるものについての一つの知があるということであるわけですが、これら二つのことを同時に、そしてエクリチュールによって――それこそが肝心な点です――考えうるようにするものについて、ラカンが考案した名前なのです。この意味で、かなり遡及的かつ先取り的に言えばということではありますが、ただマテームだけが、私がすばらしいと思っている一つの言表、一九七〇年の「パリ・フロイト派大会閉会挨拶」にも見られる一つの言表の意味を与えてくれるのです。この言表はつぎのように言っています。「知はわれわれのディスクールの真理をなしている」[*32]。われわれが述べたばかりのすべてのことからして、これは自明な文というわけにはいきませんが、しかしまた私が指摘していた、数年後の日付を持つ〔二つの言表の〕緊張関係との関わりで中心となるものです。

　われわれはこのあと進んでゆくなかで、一九七〇年代のラカンから出発して、知と真理の間の、この驚くべきジグザグの道程を説明することを目指します。この点はさきほど申し上げましたが――これは私の最初の謎めいた定式でした。すなわち知の移りゆき《パス》としての、「われわれのディスクールの真理をなす知」としての分析的行為です――それは何だということになるのでしょうか。この点の理解が、七月には大いに進んだということになっているかどうかはわかりません。しかしいずれにしても、分析的行為は、そのラカン的な捉え方においてはまず、主体に想定された知の失墜です。分析主体が分析家に想定するあの知の失墜なのです。行為そのものの内に行為があるためには、知っていると想定された主体（sujet-supposé-savoir）というあの形姿が失墜するということがあるのでなくてはなりません。分析家の主体に想定された知が維持され補強されている限り、行為は作用しないのです。行為――その賭金となっているのは、分析主体、「病人」がそうならなくてはならないような〈主体〉なのですが――行為とはつまり、分析家が保持していると想定することを止めなくてはならない一個の知を引き受けるということです。しかし想定され得ない知とは何を意味しているのでしょうか。想定され得ない知が意味しているのは、伝達され得る知、そしてできれば全面的に伝達され得る知であり、つまり、誰にであれ全面的に伝達され得ることにより、一個の主体の特異性にもはや捕らわれていないような知、分析家の位置《ポジション》にもはや捕らわれているのではないような知です。

もし分析的行為といったものがあるはずだとするなら、それは同じ一つの運動において、主体に想定された知の解任であると同時に全面的に伝達され得るような知の引き受けであるようなものであることでしょう。これはもちろん、ニーチェにおける、「二つの千年紀の間の何か決定的で運命的なもの」の出現を思い起こさせます。つまり二つの時代の間の何か、失墜する何か、主体に想定されず、したがって肯定的に伝達され得るような何かの出現です。そうです、それは私に、何か一般に反哲学的な行為の母型《マトリクス》に属するようなものを想起させます。そこではつねに、真理は〔日蝕、月蝕といった意味での〕蝕の状態に（en éclipse）しかないということがわかります。というのも行為はこう言ってよければ、想定された知と想定され得ない知の間（l'entre-deux）であるからです。真理は知を同定する二つの仕方が重なって生じる、蝕の状態においてのみあるのだ、というわけです。もちろん真理はそこにあるのでなくてはなりません。では「真理がそこにあるということ」とは、何を意味しているのでしょうか。この点はあとでわかるでしょう。しかし真理がそこにある固有の様態は結局のところ、行為という点から見ると、主体に想定された知と、想定されず伝達可能な知という、知の二つの同定の重なりによって生じる蝕の状態にあります。つまり結局のところ、一方が知を、想像的ということも含めて主観的〔＝主体的〕であるとする同定、他方が非人称的なものとする同定、これら二つの知の同定の、蝕の状態にあるということです。しかし非人称的な知とは、ラカンにとってはマテームであるか、さもなくば無なのです。

このことは、今度はわれわれに、マラルメの真夜中のことを範例的な仕方で想起させます。〔そこでは〕何かが起き、それによって非人称的で伝達可能な理念が、そのなかで偶然に帰すべき部分がどんなものであるかはともかく、偶然そのものの理念として、ということはつまり誰であれ個別的な主体に想定されることのあり得ないような知として出現したのでした。つまり、真理が半‐言《ミディット》される〔＝真昼〕(mi-dire) ためには、知がその意味において、半‐害《ミニュイ》される〔＝真夜中〕(mi-nuit) 必要があるのです。私はラカンの言表を、他のいくつかの言表と共に引用したわけですが、このラカンの言表を説明するということ、そしてたぶん――われわれは真昼《ミディ》と真夜中《ミニュイ》の間隙に身を置いているわけですから――〔一方で〕ラカンの意味における真昼〔＝半言〕(mi-di(t)) としての真理と、〔他方で〕結局のところマラルメ的であるような、骰子が投ぜられる刻のあの行為、想定された知を想定され得ない知へと移行《パス》させ、そうして――この場合哲学者はそう言うでしょうが――非人称的な真理を解放するようなあの行為、これら〔真理と行為〕の間には、いかなる連結 (connexions) があるのかを理解するということ。これが今年、われわれの探究の大きな部分を織り成すことになるでしょう。

私はそもそもの始めから、何の保証もなしにではありますが、ラカン的な行為は反哲学的《アンチフィロゾフィック》であると同時に極度に科学的《アルシシャンティフィック》であると断言していました。これは、こちらもまた先取りによってということでしょうか。それとも真理というカテゴリーの解任に関して私がそうしていたように、これらの問題に議論の支えをもとめることができるのでしょうか。私が思うにとりわけ一九七〇年代以降のラカンにおいて――われわれはほとんどこのラカンだけに関心を寄せているわけですが――この点を理解することは、彼における哲学、精神分析、数学（la mathématique）の三者が構成する関係を位置づけることで可能になります。単なる哲学と精神分析の一対一の対決では、一九七〇年以降のラカンの思考空間におけるこの問題を取り扱うことはできないのです。それ以前にも多少は当てはまりますが、しかし一九七〇年以降、これは完全に明白になります。ラカン自身の反哲学的な次元を理解するためには、数学（les mathématiques）を含む三者の関係においてこれにアプローチすることが必要です。[*33] そしてまさにこの三者の関係について、ここでいくつかの目印を示したいと思います。

最初の目印は、『レトゥルディ』から抜き出したものです。そこでラカンはこう言っています。

科学的ディスクールに最も固有の言語であるために、数学は、我らが善良なラブレーが予告していた意識なき科学〔＝良心なき知識〕（la science sans conscience）となっている。この科学は、それに対して哲学者は塞《ブーシェ》がれた（bouché）ままでしかあり得ないような科学である。[*34]

哲学者は数学に対しては塞がれたままでしかあり得ない者である、とする規定に続いて、ラカンの手になる、哲学者についての以下のような註が付されています。これはたいへん重要なものです。

哲学者は主人のディスクールの中に（円周について言われるような意味において：哲学者は丸々していているものでしょう?）書き込まれる〔＝内接する〕。[*35]

よくおわかりですね。哲学者とは、主人のディスクールの中にある、丸いものなのです。哲学者は主人のディスクールのなかで円滑に動いているものである、あるいは主人のディスクールを堂々巡りさせているものである、ということです。「彼はそこで道化〔＝物狂い〕（fou）の役割を演じているのだ」、とラカンは付け加えます。ここで私はうれしくなってしまいます。ご存じの通りラカンは若い頃、〔病院の〕宿直室の壁にこう書いていました。「物狂い〔＝道化〕にはなろうと思えばなれるというわけではない（Ne devient pas fou qui veut）」。もしわれわれが物狂いの役割を演じているとするならば、少なくともこう書き換えられるでしょう。「哲学者にはなろうと思えばなれるというわけではない（Ne devient pas philosophe qui veut）」。悪くないですね。

これ〔哲学者が道化ないし物狂いの役割を演じているということ〕が意味しているのは、彼が愚かであるということではない［とラカンは続けて述べていますが、これは私の眼からすると称賛に値する譲歩です！］――道化〔＝物狂い〕は、使用可能（utilisable）という以上のものでさえある。またそれが意味しているのは、注意していただきたいのだが、哲学者は自分が何を言っているか知っている、ということでもない。宮廷の道化〔＝物狂い〕（fou de cour）には、一つの役割がある。つまり、真理の代理人〔＝プレースホルダー〕であるという役割である。道化〔＝物狂い〕は、無意識とまったく同様の一つの言語として自らの考えを述べることで、真理の代理人〔＝プレースホルダー〕たりえるのだ。彼が無意識状態（l'inconscience）にあるということは、副次的なことだ。重要なのは、その役割が演ぜられるということなのである。

つまり哲学者は、主人のディスクールのなかで円滑に動く者です。彼はそこで、道化〔＝物狂い〕の役割を演じています。すなわち真理の代理人〔＝プレースホルダー〕であって、自分で言っていることに完全に無意識であり、したがって選択の余地なくこの役を演じているのです。

こうしてヘーゲルは「とラカンは結論づけますが、この点は私が予告していた三者の関係という点から見て興味深いところです」、バートランド・ラッセルと同じくらい正しく数学的言語について語っていたのだが、にもかかわらずしくじりをおかしてしまった。というのもバートランド・ラッセルは、科学のディスクールのうちにあったからである。

この最後の指摘がわれわれに示しているのは、数学に関してヘーゲルが、何かラッセルがのちに言うことになることと、実質的に同一のことを述べているということであり、にもかかわらずこの同一性が効果を発揮しないままになっているということです。それはしくじりをおかしたのですが、それはその同一性が、主人のディスクールに内接している円周を起点として発せられたものであるからです。こうして、ヘーゲルは正しいことをのべたのですが、にもかかわらず数学に対して塞がれたままであったのです。

このテクストからいくつかの句切りを取り上げましょう。〔まず〕主人の道化としての哲学者、というわけですが、哲学者が〔自らのものとして〕主張しているのは、意識ある科学（la science avec conscience）です。

それで彼は結果として数学に対して塞がれてしまうことになります。なぜなら数学は模範的な仕方で、意識なき科学となっているからです。ここで皆さんは、哲学者の数学に対する関係をめぐる、ウィトゲンシュタインとのあいだのたいへん精妙な違いに気づかれることでしょう。ウィトゲンシュタインのテーゼは、哲学者は数学について幻想をいだいている、すなわち彼はそこに絶対的に特異な手段を見出せると信じている、というものですが、これはまったくラカンのテーゼではありません。この手段についてウィトゲンシュタインは、それがそこには見つからないということをやがて執拗に示そうとします。哲学者は、ウィトゲンシュタインによれば――プラトン以来――数学〔＝マテームの学〕を実体化するのです。哲学者はそれを、経験からすっかり解き放たれ、言語の人間学に従属せず、したがって普遍的真理の一貫した総体を構成するような、一つの思考の枠組《パラダイム》にしてしまいます。哲学者はそれが数学のうちにあると信じてしまうのです。そしてこれに対する治療法、すなわち反哲学が哲学者の数学に対する関係に介入する仕方――三者の関係がたしかに存在しています――とは、哲学者が数学のうちにあると思っているものが、現実にはそこにないと示すということです。つまり数学が、他の言語と変わらぬ一つの言語だと示すということです。かくしてウィトゲンシュタインにとって、哲学者は数学について幻想を抱いており、その治療法はこの幻想を一掃するという点に存しています。ラカンにとっては、哲学者は数学に対して塞がれてしまっているというわけで、これは同じ関係ではまったくありません。この場合の治療法は、幻想を途絶えさせるということではなく、必要とあれば哲学者の塞がりを除く（débou-cher）ということです。ウィトゲンシュタインは哲学者の精神科医ですが、これに対してラカンは哲学者の配管工なのです。

反哲学は（この点はパスカル以来絶対的に正しいのですが）常に数学（les mathématiques）に対する哲学

の関係、科学に対する哲学の関係に介入します。しかしより特異的には、マテームの学〔＝数学〕（la mathématique）に対する哲学の関係に介入するのです。そしていつでも、反哲学が示すのは、まさにそこ、そうした関係においてはうまくゆかない何かがあるということです。ただウィトゲンシュタインにとっては、数学の側にうまくゆかないことがあります。なぜならな哲学者はそれについて誤ったイメージを持っているからです。それは妄想、一種のパラノイアであって、そのようなものとして治療されなくてはなりません。それは思考の一つの病なのだ、治すことにしよう、というわけです。これに対してラカンにとっては、哲学の側に完全にはうまくいっていないことがあるのですが、それは哲学が数学に対して塞がれているからです。哲学は数学を知ってはいるのですが、理解していないのです。

この一節について最後に指摘しておかなくてはならないのは、哲学は使用可能な（utilisable）ものであるということです。それは、使用可能であるという以上のものでさえあるのです。この「以上のもの」というのは、何を意味しているのでしょうか。私にはわかりません。使用可能であるというばかりではなく、そうではなく……何だというのでしょうか。それは結局のところひとつの知なのでしょうか。とにかく、それは使用可能であるという以上のものです。この「使用可能」の概念は、たいへん重要です。まったく決定的なのです。この点を私は、くぐり抜けること（traversée）のラカン的義務ということで翻訳していました。反哲学は、哲学なしですますことはできません。換言すれば、それは単に使用可能であるというだけではないのですが、それがそうであるのは幸運なことです、というのも実際、絶対にそれを使用する必要があるのですから。そしてラカンは、周知の通り、誰よりもそれを使用してきました。これが、私が横道の操作子（l'opérateur de traverse）と名づけているものです。反哲学的行為そのものが、哲学をくぐり抜け、それにたいして一定数の操作を行うことを必要としています。すなわち真理というカテゴリーの解任であり、ラカンにとっては数学との関わりにおける塞がりを除くということであり、ウィトゲンシュタインにとっては数学的な幻想の終焉です。要するに、反哲学は哲学をくぐり抜ける固有のやり方を構成しなくてはならないのです。それは反哲学にとって、絶対に必要です。そしてまさに哲学は使用に堪え、あるいは使用可能という以上のものであるということが、あらためて述べているのは、まさにそれです。つまり本当にそれを使用する必要があるのだ、ということですね。以上が〔数学、哲学、反哲学の〕三者の関係について、最初にわかる点です。反哲学による、哲学のくぐり抜けの操作を理解し、ラカンがなぜ長きにわたって、ヘーゲルやプラトン、アリストテレス、デカルト、そして他にも数多くの哲学者たち、多くの事柄に対して不幸にも塞がれてしまっている哲学者たちについて語っているのか理解したいと思うのならば、この避けがたい至上命令が何に存するのかを指摘しなくてはならないのです。

私が支えとしたい第二の文は、やはり『レトゥルディ』中にあるものですが、これはたいへんな重要性をもった言表です。しかしここでもまた、その理由は後で見ることにしましょう。よく考えていただこうということで、そのままの形でお示しします。

それ自体、現実的なもののうち教えられるものとして定義されるべき数学化〔＝マテーム化〕可能なものは、諸々のマテームによって定式化されて袋小路に入り込む（en impasse）のだが、そうしたマテームが、現実的なものから取られたあの不在（cette absence prise au réel）と連携するという性質をもつのは、まさにその点において〔いかなる数学化においても性関係が不在であるということにおいて〕である。*36

ここで言う「現実的なものから取られた不在」とは、性関係の不在です。ラカンの問題になっている時期における「現実的なもの（réel）」は、しばしば「性関係はあらぬ（il n'y a pas de rapport sexuel）」ということを意味しています。とにかくここでは、現実的なものから取られた不在として、それは性関係の不在のことであり、そしてより特異的には、いかなる数学化〔＝マテーム化〕のなかにもそれが不在であるということ、書き込み（l'inscription）のうちにそれが不在であるということです。しかしこの点は措くことにして、単純にこの文をどう理解できるか検討した上で、次のように述べるにとどめることにしましょう。すなわち、一つの不在によって規定される現実的なものがあり、それに関しては数学化〔＝マテーム化〕可能なものを定式化するマテームは袋小路に入り込むということです。現実的なものがあり——この場合これは性関係の不在ですが、〔さらに〕「現実的なもののうち教えられるもの」、数学化〔＝マテーム化〕可能なものがあり、そして数学化〔＝マテーム化〕可能なものの袋小路としてのマテームがある。私の考えでは、まさにこの点において極度に科学的なもの《ラルシシャンティフィック》が姿をあらわしており、そこでは行為が——ラカンにとってはひどい定式でしょうが——現実的なものの現実的なもの（un réel du réel）と確かに呼ぶべき何かとして現れてくることになるのです。あまり無理やり進むより前に、もっと正確に、次のように申し上げましょう。〔「現実的なものの現実的なもの」とは〕すなわち、教えられる現実的なものの、書き込み可能な現実的なもの、ということです。マテームは袋小路の地点に入り込むことになるわけですが、この袋小路の地点とは、現実的なものの地点です。つまりマテームは、数学化〔＝マテーム化〕可能なものの現実的な地点へ入り込むことになるのであって、その数学化〔＝マテーム化〕可能なものとは、「現実的なもののうち教えられるもの」なのです。したがってわれわれは、十分な根拠を以て次のように言うことができるでしょう。マテームとは、現実的なものを袋小路として書き込むもののことである。何の現実的なもののうち教えられるものの現実的なものということです。さしあたってはこの定式化でよしとしましょう。このなかで私は「現実的なものの現実的なもの」という表現を提示していますが、そこで二度現れてくる現実的なものが同じ界域《レジスター》にあるのではないということは、まったく明白です。

ここでもウィトゲンシュタインと簡潔な比較対照を行いたいと思います。彼にとって、世界――世界という言葉は現実的なものに相当するものと受け取っておきましょう――世界「について」教えることができる真理とは、現実的なもののうち、その意味が真であるような命題というかたちで言われうることです。世界の意味――世界についての、あるいは世界における一つの真理ではなく、世界そのものの真理であり、したがって生そのものの真理――世界の意味のほうは、現実的なもののうち、真なる命題というかたちでは言われ得ないもののことです。それらはよく考えてみると、たいへん近く、隣接しています。ウィトゲンシュタインにおいても結局、数学化〔＝マテーム化〕可能なものがあります。すなわち、現実的なもののうち、こういってよければ、真理のうちに（en vérité）書き込まれうるものとしての命題もまたあるのです。つまり、世界について何か真であることを言うような命題としての数学化〔＝マテーム化〕可能なもの、ということです。それから、世界の意味があります。すなわち彼の目には真に重要であると見えた事柄、倫理や美学がありますが、そうした事柄は真なる命題の形を取ることができないので、「言い難いもの（indicible）」と言われることになります。世界の意味（言い難い真理）はしたがって、現実的なもののうち、言われることができないので沈黙しなくてはならないものであるようなものだ、ということになります。ラカンは加えてこう言うでしょう。話された言葉《パロール》に属さないものも、書き込み（l'inscription）に、定式（la formule）には属している可能性がある、と。沈黙しなくてはならないものとは、ラカンにとってはまさに、言われ得ず、ただ書き込まれうるのみであるような、現実的なものの現実的なもの（ce réel du réel）です。それがまさにマテームなのです。

ラカンにおいて、現実的なものとして不在のものの中には、その現実的なもののうち教えられるものがある。つまり科学（la science）があります。それから、この現実的なもののうち教えられるもののうちに、その袋小路の現実的なものに属するものがあります。これを私は現実的なものの現実的なものと呼んでいます。そしてこの点においては、厳密に言えば教えられるものはありません。伝達されるものはあるのですが、それは同じことではないのです。したがって構造的には、ラカンのマテームは、まさにウィトゲンシュタインの神秘的要素になります。これはウィトゲンシュタインが、命題の形を取ることができないがわれわれにとって最高度の重要性をもつものをすべて、神秘的要素と呼んでいるからです。こうしてマテームは、ウィトゲンシュタインの神秘的要素のおかれた地点に、正確に位置づけられることになります。ただしそのエクリチュールはあります。マテームとは、ラカンとウィトゲンシュタインのあいだを往還しつつ言うとするなら、書かれた沈黙（du silence écrit）のようなものなのです。

これが、私が先に予告していた、そしてこのあと主張することになるテーゼです。マテームは、一つの知の移りゆき《パス》であるものとしての行為の鍵であるのですが、このマテームとは、極度に科学的なもの《ラルシシャンティフィック》の名前であるということが明らかになるのです。というのも、それは科学の袋小路の位置にあるのであって、科学の中にあるのではないからです。マテームは、極度に科学的なもの《ラルシシャンティフィック》の名前であるということになるでしょう。すなわち現実的なものについて言いうるものの現実的なものを書き込むことができるものであるということになるでしょう。それは現実的なものを言うこと（un dire du réel）ではなく、現実的なものについて科学的に言いうることの現実的なものを書き込むものです——「言いうること」を

「教えられるもの」の同義語として受け取れば、そういうことになるのです。われわれは、現実的なものについて、真であるようなもろもろの事柄を言うことができるわけですが、これが科学です。そしてまたわれわれは――こちらがマテームだということになるのですが――そうした現実的なものそのものについて言いうるものないし教えられるものを現実的なものとして定着することもできるのです。

反哲学的な行為が、その特異な要請ないし本性がどのようなものであれ、つねにこうした捻れを必要としているということ、この点はすでに見ました。すなわち現実的なものの分裂ならぬ――それではあまりに弁証法的だということになるでしょう――現実的なものの二重の出現（une double occurence）で、これは究極的には行為の地点に位置しています。つまりそれは一個の主語〔＝主体〕に割り当てあるいは想定することができないのであり、分類されず、述定的ではないのです。この現実的なものの二重の出現は、捻れとしての行為の地点にあります。ここで捻れは、科学の現実的なものとしての現実的なものと、「現実的なもののうち」マテームとして「教えられるもの」の現実的なものとの間で働いています。この二度にわたる出現とは、科学とマテームであり、すなわち、ラカンのテクストのなかでは正確に、数学化《マティマティザーブル》可能なものとマテームであり、つまり結局のところ数学《マティマティック》（la mathématique）とマテーム（le mathème）です。そしてマテームが極度に科学的《ラルシシャンティフィック》なものであるというのは、それが数学的《マテマティック》なものの現実的なものの地点にあるがゆえに、数学的《マテマティック》ではないからです。もしマテームが数学的《マテマティック》であれば、マテームは科学的なものでしょう。しかしまさに、われわれが先ほど見たのは、捻れがあるせいでマテームは数学的《マテマティック》たりえないということでした。これはまさに、マテームが数学《マテマティック》そのものの現実的なものに関わるからです。そのせいでそれは極度に科学的《ラルシシャンティフィック》なものなのです。

ただもちろん、行為とマテームの間に、一種の相互性があることを立証しなくてはなりません（長い手続きを経ることになるでしょう）。後に見ることになりますが、これは主張することの困難な――しかし私はそれでもこれを主張しようとしているのですが――テーゼを通過することになります。すなわちラカンにとって、分析家の欲望とはマテームである、というテーゼです。これが意味しているのは、ある意味でマテームはまた、対象の位置に来なくてはならないということです。というのは一般的な法則として、何か対象という姿のうちにあるものだけが、欲望の原因たり得るからです。したがってわれわれは、マテームは行為の位置にあり、結局マテームとはラカンが分析家の欲望を引き起こす〔＝その原因となる〕ものについて見出した新たな名前である、と主張するのですから、マテームが対象の位置に来ることができるということを受け入れなくてはならないでしょう。分析家が欲望するのは、ランボーのように、定式（la formule）を見出すことなのです。[37]

この長く盛り沢山の授業の締め括りとして、われわれの次回の出発点を示しておきましょう。私は今日最大限に先取りをして、われわれが願わくばいっそうの正確さをもって進んでゆくことになるであろう、一般的な空間を垣間見ていただこうとしました。われわれは謙虚にそして落ち着いて、厳密な意味における反哲学的操作からあらためて出発することになると思います。そして徐々に段階を踏みながら、息をすることも困難なマテームの高みへと到達することになるでしょう。

われわれが出発するのは、二つの言表からです。最初の言表はすでに示したもので、「哲学者は数学に対して塞がれている」と言うことで簡潔に要約することができるでしょう。第二の言表は、大変興味深い、心躍るような一つのテクストで、『シリセット』第五号に掲載された『エクリ』ドイツ語版への序文のなかに出てきます。これは一九七三年一〇月七日のテクストで（こうしたすべてが持っている時系列的な力動を、完全には見失うことのないようにしましょう)、以下のようになっています。

私の「友人」ハイデガーに関しては[「友人」という語は鉤括弧に入っています。いつかこの一件を完全に取り扱うことになった暁には、想像してみてください――たぶんルディネスコ[*38]はすでにしているかもしれませんが、わかりません――次のような剣呑な問題を、すこし想像してみてください。これらの鉤括弧は、いつの時期に遡るのか。それらは原稿にあったのだろうか。あるいは校正で加えられたのだろうか。「ハイデガー」が悪魔を思わせるようになったのはいつなのか」……

とにかく、次のようになっています。

私の「友人」ハイデガーに関しては[少し前のところで、彼は「私が光栄にも存じ上げているドイツ人」と言っていました。彼は括弧に入れてこう付け加えています。「……(知遇を得ていることをはっきりさせる一般的な言い方だが)」]……

とにかく、こうなっています。

私の「友人」ハイデガーに関しては――私が彼に対して抱いている最高度の敬意からここで言及するのだが――彼がすこしの間立ち止まって検討してみてくれればよいと思っている――この願いを私は報われる期待なしに述べている、彼がそうできないだろうということはよくわかっているのだから——すこしの間立ち止まって、と申し上げたわけだが、次のような構想について検討してみてくれればよいと思っている。つまり形而上学は、政治の穴を塞ぐということを引き受けない限り、決してなにものでもなかっただろうし、続いてゆくことはできないだろう、という構想である。それが形而上学の原動力なのだ。

つまりここでは「友人」ハイデガーの庇護のもとで、哲学についての第二のテーゼが導入されています。このテーゼは、哲学者は数学に対して塞がれている、というテーゼと相関しています。すなわち、形而上学の本質は、政治の穴を塞ぐということだ、というテーゼです。こうしてラカンはハイデガーに、この素晴らしい構想を提示するわけですが、同時に彼は用心して次のように述べてもいます。ハイデガーはそれをいかなる仕方においても用いることはないだろう、というわけですが、これはおそらくまさにハイデガーが、政治の穴を塞ぐということを引き受けるために、すでに代償を支払っていたからでしょう。しかしこのテクストはじっさい、たいへん興味深いものです。もう一方のテクストと対照したときに、このテクストは二つの問題を提起しています。

第一の問題はこうです。「形而上学」という語は、ここで「哲学」とは独立した意味を持っているのでしょうか。ラカンは、政治の穴を塞ごうとしているのは哲学である、とは言わず、形而上学だと言っています。ではラカンは、その点で、形而上学というハイデガー的な操作子を引き受けているのでしょうか。第一の問いはすなわち、「形而上学」にハイデガーが特定し制定したほとんど術語的な意味合いを与えることによって、哲学的思考一般と形而上学の間を区別するべきだろうか、というものになります。

この問いがひとたび取り扱われると、われわれは次のように問うことになります。すなわち「数学に対して塞がれている」ということと「政治の穴を塞ぐ」ということのあいだの連結はどうなっているだろうか、という問いです。政治の穴を塞いでいるからこそ、数学に対して塞がれたままになっている、というのでしょうか。それともその逆でしょうか。あるいはそれらは何ら関係を持たないのでしょうか。もしそうだとするなら、なぜ穴（trou）や塞ぐこと（bouchage）、塞がりを除くこと（débouchage）といった、精神的配管工事の隠喩の、こう言ってよければ強い近接が生じているのでしょうか。この問いが私にとっては最高度に重要であるということは、ご想像いただけるものと思います。というのも私個人としては、これについて二つのことを考えているからです。

まずラカンとは真逆になりますが、私は哲学がまさにプラトン以来、思考におけるその身分規定に関して、数学の塞がりを取り除くものである、と主張しています。そして私がラカンのテーゼに絶対に反対するのは、ラカンが次のように述べる時です。改めて思い出していただくとしますと、

……こうしてヘーゲルは、バートランド・ラッセルと同じくらい正しく数学的言語について語っていたのだが、にもかかわらずしくじりをおかしてしまった。というのもバートランド・ラッセルは、科学のディスクールのうちにあったからである。

私はまったく逆のことを考えています。自分自身に対して塞がれているような思考の場所があるとするならば、それはまさに数学です。それは、自らの存在論的射程を知らないということが、数学にとっては本質的であるからです。したがって、数学は能動的で創造的な、しかし自分自身の存在論的な性質との関わりで塞がった点を持っている真理の方法であるわけですから――ウィトゲンシュタインとは反

対に、私は数学を一つの思考として認めています――私はラカンに抗って、哲学は絶えず、そしてプラトン以来、数学の塞がりを除こうとしているのだ、と主張しているのです。哲学者は数学に対して塞がれている者なのではなく、数学の、自分自身に対する塞がりを取り除こうとしている者なのです。

これと相関して、私が思うに哲学の恒久的なもう一つの使命とは、政治的なものの穴を開き直す手助けをするということです。この穴は恒常的に塞がれているのですが、それは数学の場合のように、ひとりでにそうなるというわけではまったくありません。そうではなく、真の政治が――解放や平等、共産主義、なんでも構いません――要するに真の政治が存在しないようにするためになされる、大変強力な人々のたゆまない努力によって塞がれているのです。

いずれの場合においても、哲学はそれが塞がりを取り除くものと混同されることはあり得ません。哲学は数学とも、政治とも同一視されないのです。哲学は前者の本当の性質を明らかにし、後者が、なお形式的なレベルでということではありますが、その敵に立ち向かう手助けをします。ただ、配管工の比喩には配管工の比喩を、というわけで、私が塞ぐこと（bouchage）や塞がりを除くこと（débouchage）の操作を、ラカンとは全く別のやりかたで位置づけていることはおわかりですね。

私は本当に、こうしたさまざまな、そして厄介な下水管のなかで、よくものが見えるようになりたいと思っています。したがってこう申し上げておきましょう。二週間後は、次のように問うことでわれわれの取り組みをはじめたいと思います。ラカンの反哲学というこの問題において、塞ぐこと（boucher）と塞がりを除くこと（déboucher）のあいだには、どのような連結があるのだろうか、と。

訳註

＊1　バディウによれば、この二つの区別は、ニーチェとワーグナーの関係をめぐってはっきりと現れてくる。反哲学の引き受ける「極度に政治的な《アルシポリティック》行為《アクト》」が創出すべきは「世界を肯定する能力」であり（Alain Badiou, *Nietzsche. L'antiphilosophie 1. 1992-1993*, Paris, Fayard, 2015, p. 101）、ニーチェがはじめワーグナーに期待を寄せたのは、ワーグナーに「肯定を肯定する」ものとしての「偉大な芸術（grand art）」の回帰を認めたからだが、しかしニーチェは結局そこに「否定の否定」としての肯定を、肯定の「弁証法化」を、ニーチェ自身の言い方によればその「演劇化」を見て取らざるを得ず、そのことがワーグナーからの離反を招くことになった（*ibid.*, pp. 192-195）。ニーチェがワーグナーに、めざす「肯定」の姿を見ていた限りにおいて、この離反は「行為《アクト》」そのものの可能性、信頼性をゆるがすものであった。しかし「〔…〕このワーグナー対ニーチェ〔の係争〕が意味しているのは、結局のところ哲学そのものを頼みにしなくてはならぬ、ということだ」（*ibid.*, p. 266）とバディウは指摘する。すなわち反哲学に近似的な営みがある分野に見出されながら、最終的にそれではないものとして反哲学固有の行為《アクト》が規定される、という関係がここには見出されるわけだが、一九九二－一九九三年度のニーチェの反哲学に関するセミネールではこのうち「行為《アクト》」のほうが前景化され、その近似的な実現がみられる分野については「行為に支え、あるいは素材、あるいは現実性（support ou matière ou effectivité）を与える」（*loc. cit.*）もの、といった一般的な言い方で言及されるにとどまっていた。それが「素材（la matière）」と「行為（l'acte）」の区別として定式化されたのは、一九九三－一九九四年度のウィトゲンシュタインの反哲学をとりあげたセミネールである。ラカンについての本セミネールでバディウがラカンの反哲学の「素材」に明示的に立ち戻ることはないが、ウィトゲンシュタインについてのセミネール第四講では、質疑の中でこれが「愛（l'amour）」であると明言されていたことを指摘しておこう。ウィトゲンシュタインについては以下の講義ノートを参照。Cf. « L'antiphilosophie de Wittgenstein par Alain Badiou (1993-1994). (Notes d'Aimé Thiault et transcription de François Duvert) », http://www.entretemps.asso.fr/Badiou/93-94.htm. 最終閲覧日二〇一九年四月六日。

＊2　ニーチェの反哲学に関する一九九二－一九九三年度のセミネールで、バディウは哲学と芸術の関係という問題、とりわけ晩年のニーチェが提起している、哲学と芸術の分離ないし乖離という問題について、ニーチェは何を遺した

のか、その「遺贈（legs）」の中身は何かという問いを立てていた（Badiou, *Nietzsche. L'antiphilosophie 1, op. cit.*, p. 273）。

＊3 『この人を見よ 自伝集 ニーチェ全集15』（川原栄峰訳、ちくま学芸文庫、一九九四年）一六頁。

＊4 AE, p. 475.

＊5 『ウィトゲンシュタイン全集1 論理哲学論考 草稿一九一四―一九一六 論理形式について』（奥雅博訳、大修館書店、一九七五年）二六頁。

＊6 『ニーチェ書簡集II 詩集 ニーチェ全集別巻2』（塚越敏、中島義生訳、ちくま学芸文庫、一九九四年）一三七頁。

＊7 『ウィトゲンシュタイン全集1』、前掲、二六頁。

＊8 アウグスト・ストリンドベルク宛の一八八八年一二月八日付書簡。『ニーチェ書簡集II 詩集 ニーチェ全集別巻2』、前掲、二四九―二五〇頁。

＊9 『論理哲学論考』のウィトゲンシュタインは、真理を「可能な科学的命題の総体」と見なしているが、その一方で彼は「たとえあらゆる可能な科学的問題が答えられたとしても、そのことはわれわれの生の諸問題にはまったく関わりがない」と述べていた（6.52）。バディウは前年のウィトゲンシュタインについてのセミナールで、「われわれの生の諸問題」がすぐれて「意味の問題」であるとしたうえで、そこでは「真理」と「意味」の弁証法がありえず、「真理の体制が、われわれの生にとっては唯一重要であるところの意味の体制と無縁なままにとどまっている」という事態、すなわち「意味と真理の分離《ディスジョンクシオン》」が生じていると指摘していた。前掲の講義ノートを参照。

＊10 AE, p. 305.

＊11 本書第III講註6を参照。

＊12 ハイデガーの講義『ニーチェ――芸術としての力への意志』の「ニーチェによるプラトン主義の転倒」と題された節を参照。Cf. ハイデガー『ニーチェI』（新装版、薗田宗人訳、白水社、一九八六年）二三八―二五〇頁。

＊13 「背後世界（arrière-monde）」という表現については、たとえば『ツァラトゥストラ（上）ニーチェ全集9』（吉沢伝三郎訳、ちくま学芸文庫、一九九三年）の「ツァラトゥストラの説話」中の「背後世界論者たちについて」を参照。

＊14 『偶像の黄昏・反キリスト者 ニーチェ全集14』（原佑訳、ちくま学芸文庫、一九九四年）四七頁。

＊15 この一文は、実際には『偶像の黄昏』からの上記引用部のあとに続く括弧のなかで、「INCIPIT ZARATHUSTRA

「ツァラトゥストラここに始まる」」という表現を従えて現れる。

*16 パウル・ツェラン（一九二〇―一九七〇）はドイツ系ユダヤ出自の詩人。詩論にビュヒナー賞受賞講演「子午線（*Der Meridian*）」（1960）がある

*17 ラカンが「縁《ふち》（le bord）のトポロジー的機能」に言及しているのは、セミネール『精神分析の四基本概念』（小出浩之、鈴木國文、新宮一成、小川豊昭訳、岩波書店、二〇〇〇年、以下「S.XI」）である（二七六頁）。ラカンによれば、主体と〈他者〉の関係は「全面的に裂け目の過程のなかで生み出され」、またその過程は「円環的なものとして分節化される」のだが、そこで成立する「縁《ふち》の過程、循環的過程」に与えられる表現が、幻想《ファンタスム》の定式に現れる小さな菱形であり、これは（〈他者〉への）疎外と（〈他者〉からの）分離を表す二つの矢印の組み合わさったものとして理解される（同前、二八〇頁）。

*18 ヘルダーリン「パンと葡萄酒」『ヘルダーリン全集2』（手塚富雄訳、河出書房新社、一九六七年）一〇九―一一〇頁を参考にしつつ、原文に引用された仏語訳から訳した。

*19 「イジチュール　あるいはエルベーノンの狂気」（渡辺守章訳）、『マラルメ全集I 詩・イジチュール』（筑摩書房、二〇一〇年）一九二―一九三頁。表記の統一等の観点から原文に照らして訳文を改変した。

*20 ハイデガーの「geschicklich」の訳語として用いられる新造語。存在の歴史という観点から見たときの歴史（Geschichte）を指す。ここではハイデガーがこの語に持たせた「運び送ること（Geschick）」と「運命（Schicksal）」という含意を反映した「歴運」という訳語を採用した。

*21 フランスの詩人シャルル＝マリ・ルコント・ド・リール（一八一八―一八九四）の詩「真昼（Midi）」の冒頭。

*22 とりわけボフレの『ハイデガーとの対話』という総題を持つ三巻本を参照。Jean Beaufret, *Dialogue avec Heidegger*, 3 vol., Paris, Editions du Minuit, 1973/74.

*23 『ヴァレリー全集1』（増補版、筑摩書房、一九七七年）二〇三―二〇五頁。

*24 同じく『魅惑』より「海辺の墓地」の最初の二連は以下の通り。「鳩の群れが歩いてゐる　この静かな屋根は、［／］松の樹間《このま》、墓石の列ぶ間に、脈搏《みゃくう》ってゐる。［／］〈午〉《まひる》（Midi）の極は　ここに今　火焔で海を構成する、［／］絶えず繰り返して打寄せる　海を。［／］神々の静寂の上に　長く視線を投げて［／］おお　思索の後の心地よい

この返禮《むくい》。［／］知覚し得ない泡沫の数々の金剛石《ダイヤモンド》を［／］鋭い燦《かがや》きの　何といふ純粋な働きが　閉ぢ込めてゐることか、［／］そして何といふ平安《やすらぎ》が　懐胎されさうに見えるのか。［／］深淵の上に　太陽が身を憩《いこ》ふ時、［／］永遠の素因が生んだ純粋な二つの作品、［／］〈時間〉は閃き　そして〈夢〉はすなわち智慧となる」（同前、二二八―二二九頁）。バディウはこの解釈においてボフレの見解を踏襲している。Cf.『海辺の墓地』の有名な詩節において、今度はヴァレリーが、まさに永遠の夢想者としてパルメニデスを、彼の弟子ゼノンを通して喚起している〔…〕」(Jean Beaufret, *Dialogue avec Heidegger 1. Philosophie grecque*, Paris, Les Editions du minuit, 1973, p. 50. また「海辺の墓地」については *ibid.*, p. 89 をも参照）。

*25 ギリシャ初期の自然哲学者らが、感覚可能な根本物質を想定しつつそれにもとづいて宇宙を論じようとしたのに対し、パルメニデスらのエレア派は感覚のとらえる生成変化を虚偽として否定し、完全な球体として表象されるような不生不滅、不可分、不変不動の唯一の「存在」ないし「ある」ものをわれわれに示す理性こそが真理をとらえるものであると説いた。

*26 第一稿では、該当部分の舞台は夕食前の時刻に設定されている。Cf.『筑摩世界文学大系56　クローデル／ヴァレリー』（筑摩書房、一九七六年）五一―五二頁。

*27 AE, p. 454. AE ではハイフンなしの「midit」と書かれている。

*28 ウィトゲンシュタインの反哲学をとりあげたセミネール第七講の、パスカルにおける、直接に言われうることと比喩によって言われうることの厳密な領域画定に関する議論（前掲、講義ノート）を参照。

*29『ウィトゲンシュタイン全集1』前掲、二六頁。

*30 Jacques Lacan, *Le Séminaire, Livre XX, Encore*, Paris, Editions du Seuil, 1975（ジャック・ラカン『アンコール』（藤田博史、片山文保訳、講談社選書メチエ、二〇一九年））。以下「S.XX」。

*31「存在関係（rapport d'être）」という表現は、ハイデガーの『存在と時間』の仏訳で「Seinsverhältnis」の訳語として現れる。Cf.「現存在は、他の存在者のあいだで現前するにすぎない、一箇の存在者ではない。現存在が存在的にきわだっているのはむしろ、この存在者にとっては、じぶんの存在においてこの存在自身が問題であることによってである。現存在のこうした存在体制には、その場合たほう、現存在はじぶんの存在において、この存在に対して一箇の存

在関係を有していることがぞくしている」（ハイデガー『存在と時間（一）』（熊野純彦訳、岩波文庫、二〇一三年）一一二―一一三頁）。

＊32　AE, p. 302.

＊33　「普遍数学」といった用例中で見られる単数形の « la mathématique » と「数学」を言う一般的な言い方である複数形の « les mathématiques » が文中では現れるが、いずれも「数学」と訳している。ただ文脈によってはこれが「マテーム（mathème）」との関わりで理解されるべき場合もあることを指摘しておこう。

＊34　AE453.「意識なき科学（science sans conscience）」はラブレーの『ガルガンチュアとパンタグリュエル』第二巻第八章からの引用。「とはいえ、賢者のソロモンもいうごとくに、叡智《サピアンス》はよこしまな《マリヴォル》精神には宿らないのだし、良心なき知識（la science sans conscience）は、霊魂の廃墟にほかならないのであるからして、おまえは神に仕え、神を愛し、かつまた畏怖しなくてはいけないのであるぞ」（ラブレー『パンタグリュエル――ガルガンチュアとパンタグリュエル２』（宮下志朗訳、ちくま文庫、二〇〇六年）一一六頁）。

＊35　AE453.「哲学者は丸々しているものでしょう」という部分はAEの原文には現れてこない。初出の『シリセット』誌でも同様であるので（Jacques Lacan, « L'Etourdit », in *Scilicet 4*, Paris, Editions du Seuil, 1973, p. 9）、引用者バディウによる付加と思われる。

＊36　AE, pp. 478-479.

＊37　詩集『イリュミナシオン』に収められた「さすらう者たち」の最後の一文「それで私たちは、泉の水を飲み大道の堅パンをかじりながらさまよい歩いていたが、私のほうは、場所と方式（le lieu et la formule）を見つけようと躍起になっていた」（『ランボー全集』（湯浅博雄訳、青土社、二〇〇六年）二六九頁）への暗示か。

＊38　フランスの精神分析家・精神分析史家。ラカンとハイデガーについて、この一九九四年の時点では以下の論文があった。Cf. Elisabeth Roudinesco, « Jacques Lacan dans le miroir de la philosophie : Hegel, Spinoza, Heidegger (1932-1970) », in *Les enjeux philosophiques des années 50*, Paris, Centre Georges Pompidou, 1989, pp. 87-98. また Elisabeth Roudinesco, « Vibrant hommage de Jacques Lacan à Martin Heidegger », in *Lacan avec les philosophes*, Paris, Editions Albin Michel, 1991 pp. 225-236.

ご記憶と思いますが、前回われわれは、哲学についてのラカンによる二つの言表を対にするところまで来ていました。これら二つの言表とは、「数学とは、哲学者がそれにたいしては塞がれたままでしかありえないような科学である」と「形而上学は、政治の穴を塞ぐということを引き受けない限り、決してなにものでもなかっただろうし、続いてゆくことはできないだろう」です。哲学の側にはたくさんの塞がりがあるということになり、反哲学的な調子は、ここで結局のところ、すでにありありと現れています。

興味深いのは次の点です。すなわちこれらの言表においては、哲学とは別のものが呼び出されているということです。哲学は、一方で数学に対する、他方で政治に対する、特異な関係においてとらえられています。私の語彙で言うならば、これはラカンが殊更に、哲学の二つの条件を呼び出しているということを意味しています。すなわちその政治的条件と数学的条件です。そしてまさに条件として、ラカンはそれらを機能させているのです。ラカンにとっては、哲学者が数学に対して塞がれているということが、哲学の同定そのものにおいて〔哲学の何たるかを規定するにあたって〕大変重要でした。政治の穴塞ぎ（bouche-trou）としての形而上学に関して言えば、私が引用した言表は次のことを示しています。すなわちラカンにとっては、ハイデガーに追随するかたちで、それがほとんどその本質となるということです。形而上学は、政治の穴を塞ぐということを引き受けない限り、決してなにものでもなかっただろうし、続いてゆくことはできないだろう。ついでにということで申し上げれば、このことが意味しているのは、そうした穴があるかぎりにおいてのみ形而上学があるのであって、そうでなければ塞ぐ者としての哲学者（boucheur-philosophe）には塞ぐべき何ものもないということになるだろう、ということです。政治とは、一つの穴なのでしょうか。それはその定義からして穴があいているものなのでしょうか。この点はまた別の問題です。しかしこれにはまたあとで戻ってくることになるでしょう。

予備的な問題として私が今日取り上げたいのは、次の問題です。ラカンが政治の穴塞ぎに関して、「形而上学」という表現を用い、「哲学」を用いなかったということ、このことは特別な意味を持っているのでしょうか。

少々挿入節的に申し上げると、ラクー＝ラバルトが『ラカンと哲学者たち』というコロックで行なった発表、「倫理について——アンチゴネーを題材に」というタイトルの、ソフォクレスの『アンチゴネー』を取り上げた発表で、ラカンについて次のように述べているところがあります。「彼はあるとき、形而上学の穴とは政治である、と言ってはいなかっただろうか」[*1]。これは正確には、ラカンが言ったことではありません。政治とは、形而上学の穴である。確かに、そう言うとラクー＝ラバルトには都合がよいのでしょうが、しかしそれは正確には、ラカンが言ったことではないのです。彼が言ったのは、形而上学は政治の穴を塞ごうと汲々としている、ということであって、この政治の穴が形而上学の穴であるとは言っていないのです。結局のところ、どこに穴はあるのでしょうか。この穴は何の穴なのでしょうか。何に穴があいているのでしょうか。どちらかというと、形而上学が「政治の穴」にとっての栓《ブーション》〔＝塞ぐもの〕になっているような気がしますが、ラカンは直ちにその穴について、それがどのような性質をもつものか、またそれがどのような穴開けから結果するのかを言ってくれるわけではありません。いずれにしても、ラカンはその穴が、形而上学の穴だと言ってはいないのです。

ラクー＝ラバルトのこうした失錯行為は、形而上学が哲学の歴運的運命[*2]（destin historial）であるということを引き受けた上でのものであるわけですが、われわれに次のような点に注意するよう促しています。すなわち、ラカンはここで形而上学と言うことで、いったい何を理解しているのかということです。これは前回指摘したように、この文があらわれるテクストでは、彼の「友人」ハイデガーが〔庇護者として〕言及されているだけに、いっそう注意を要します。つまり、ここで形而上学は、実際ハイデガー的なカテゴリーとして登場しているように思えてならないのです。そもそもラカンはハイデガーに、まさにひとつの忠告を与えています――親愛なる「友」よ、あなたは形而上学がひたすら政治の穴を塞ごうとしていると考えたほうがよいだろう――ただ、ハイデガーがこの忠告をどうするわけでもないということはよくわかっている、というわけです。

ただし一番ありそうなのは、「形而上学」がここで、ハイデガー的な響きにおける「哲学」のかわりに登場している、ということです。ただその場合一つの問いが出てきます。この問いは煎じ詰めればたいへん単純なものですが、しかし私の見るところ、これまで正面から取り上げられたことはありませんでした。この問いは次のようなものです。ラカンはハイデガーの歴運的な組み立て（montage historial）に、明示的にであれ暗示的にであれ、同意しているのでしょうか。これは詰まるところ、次の点を問うことになります。ラカンは、そのやり方はどうあれ、存在の歴史の一カテゴリーである形而上学というハイデガー的なカテゴリーを有効なものとして認めているのでしょうか。もちろん、ラカンが形而上学に関するハイデガーの問題系に内在しているとするならば――私は言っているのは、全体としてのハイデガーにということではなく、私がハイデガーの歴運的な組み立てと呼んでいるこの点に、つまり形而上学というハイデガー的なカテゴリーに〔同意しているか〕、ということです――あるいはまたラカンが自分自身、形而上学の終わり、その締め括り（clôture）という主題と同時代に生きていると考えているとするならば、そうだとするならば、彼の反哲学という問題の意味は変わってきます。まさにこの点が重要なのであって、この問題こそが、ラカンのハイデガーに対する関係に関しては決定的なのです。

この関係についての問いには、よく見られる二つの形式があります。ただしそれらは多少なりとも洗練された、さまざまな仕方で提示されることがあります。

第一の形式は、下級の形式、「大衆紙（people）」的な形式で、ラカンがハイデガーと会食したのはよかったのだろうか、悔い改めていない一般人のナチであり、嫌疑がすっかり晴れたわけではない一般人の反ユダヤ主義者と、彼が酒を酌み交わしたのは、少々軽率ではなかっただろうか、という形を取ります。彼の「友人ハイデガー」を、鉤括弧の有無はともかく、ずっと以前からハイデガーと国家社会主義についてわれわれが知っており、彼も知っていたこと、そしてあらゆる人が知っていたことを知りつつ自分の家に招待したのは、果たしてよかったのだろうか、というわけです。

第二の形式は、次のように述べられます。どのような言い方をすれば、私がハイデガーの反ヒューマニズムと呼んでいるものと、ラカンを調和させることができるのだろうか。これは、その深い意味における反ヒューマニズム、つまり、詩的な地点にまでもたらされた言葉《パロール》による掌握という意味での反ヒューマニズムということであって、そうした掌握において「人間」はもはや時代遅れのカテゴリーとなるのでした。もちろん、ラカンが『ロゴス』という〔ハイデガーの〕テクストをドイツ語から翻訳したことはよく知られています。[*3] しかし興味深いのは、この『ロゴス』というテクストが、ヘラクレイトスの断片五〇をめぐるテクストだということです。

心得るべきとは私をではなく、ロゴスを聴くということだ。そのロゴスから、知において、全てのものについて一が言われる。

そして実際に、このヘラクレイトスの警句およびハイデガーがこれについておこなった注釈の、ラカン的な把握のうちには、ハイデガー型の反ヒューマニズムのかたちと呼べるようなものが認められます。この文脈においては、反ヒューマニズムとは要するに次のような主張に帰着します。聴かなくてはならないのは、けっして私ではなく、私をおののかせ、私を掌握している何かだ。その何かがとる歴運的なかたちが、私を全面的に支配しており、それがここでロゴスの名を得ているのだ。

しかし究極的には、ラカンとハイデガーをめぐる最も本質的な問いは、ロゴスの問い、すなわちある言うこと（un dire）のもつ根源性によって思考が支えられる、その固有の様態についての問いに大いに関わってくるような明示的な引用や参照を、はるかに超える拡がりをもっています。この〔ロゴスにかかわる〕点は非常にはっきりとしているのですが、しかしそれを超えたところで、実際に次のような問題があります。すなわち、ラカンは自分のことを、形而上学の終わりという言表と、そしてということはつまり形而上学というカテゴリーそのものと、どんな形にしても、同じ時代を生きていると思っているのだろうか、という問いです。あるいはさらに言えば、ラカンにおいては、直接的であれ間接的であれ、形而上学というカテゴリーを、自らの締め括り（clôture）に直面した特異な形象として用いるということが行われているのだろうか。そしてそうした観点からすると、ラカンの企てとハイデガーの形而上学の終わりという主題系との間には、つまり、哲学が終焉を迎え、そうしてその系譜が詩人たちに属しているような一つの思考が現れてくる、という主題系との間には、同時代性があるのだろうか、という問いです。

新たな挿入節ということで申し上げるなら、この問いはもう一つ別の問いと結びつけられたときに、われわれが取り組んでいる点に関わるその重要性が明らかになります。このもう一つの問いは、すぐに取り扱うつもりはないのですが、次のようになるでしょう。すなわち、ハイデガー自身が反哲学者ではないだろうか、という問いです。この場合、ラカンのハイデガーとの響き合いといったものは、煎じ詰めるところ、反哲学的な響き合いそのものではないだろうか、ということになります。この点についてわれわれはすでに昨年多少お話ししました。私の考えでは、反哲学の問いが問われる哲学上の大人物が二人います。カントと、そしてハイデガーです。なぜならいずれの場合にも、それまでの哲学的な装置全体の終了宣告があって、それが新しいタイプの思考によって際だたせられているということがあるように思われるからです。〔この新しいタイプの思考とはすなわち〕カントにとっての〈批判〉であり、ハイデガーにとっての〈新しい神〉です。

確かに、哲学の袋小路は（いずれにおいても形而上学として考えられていはするものの）同じ袋小路ではありません。カントにとって問題なのは、批判によって明らかになる、あらゆる理論的な形而上学の不可能性、すなわち「超越論的弁証論」において証明された不可能性でした。哲学の伝統的な言表を安定させて、一貫した一つの知にすることはできない。したがってそれらを主張することは、諦めなくてはならない、というわけです。ハイデガーにおいて、それは存在の歴史が、その本質を汲み尽くすところまできたときにとる姿としての形而上学です。そしてこれがそれ自体、存在の歴史の完成と、思考へと誘うその止揚に向けた合図を送っている、というわけです。ということは両者において、反哲学があるということになるのでしょうか。

いや、そうではありません。やろうと思えば——ただ繰り返しになりますが、これは綿密に行わなくてはなりませんし、そうなると本題から離れた話を長々とすることになってしまうでしょう——やろうと思えば、カントもハイデガーも、私がここで与えている意味では反哲学者ではない、と証明することは可能でしょう。そしてこれには二つの理由があるのですが、その輪郭だけ申し上げましょう。

第一の理由は、カントにおいてもハイデガーにおいても、哲学の把握がなされる空間が依然として顧慮の空間であるということ、歴運的なものであれ、前批判的なものであれ、とにかく顧慮の空間であるということです。これらの著者には、反哲学的な身振りを特徴付けている根元的な信用失墜という特異な操作や調子を認めることはできません。哲学的な問いが依然としてそこから出発すべきものとなっていて、これはその見かけの力を解消するためであるとしても、やはりそうなのです。しかしそこには、哲学を徹頭徹尾、病理的な現象として示すような、あの根元的な乗り越えという命題はありません。これはカントについてすでにあてはまりません。彼は啓蒙時代の人間として、あらゆる古典哲学の合理主義的で科学的な野心を共有していました。そしてハイデガーについては、いっそうあてはまりません。というのも彼にとって、形而上学とは存在の歴史の一時代であって、それが存在の歴史である限り、存在の運命が成就する固有の様式の、本質的で、ある意味必然的な一区分であり続けているからです。そこには運命的な要素があって、これはもちろん不条理性や純粋に病理的なものといった姿では取り扱うことができないのですが、これにたいしてニーチェの司祭、あるいはウィトゲンシュタインの意味を持たない命題は、まさにそうした姿のうちに据え置かれていたのでした。

第二の理由は――この点に関しては今日はここまでにしておきますが――カントやハイデガーには、代替となる行為が厳密に言って存在しないという点に関わります。哲学に打撃を与えると同時に、前代未聞でまったく予期されていなかった別の思考の布置の到来であるような、特異な反哲学的行為がそれとして示されることはありません。ある約束といったものはあるかもしれませんが――これがあてはまるのはハイデガーです――約束という形象は行為という形象と、絶対的に区別されなくてはなりません。さて、これは脇に置いておきましょう。結局のところ――そしてこの点を私は申し上げたかったのですが――私はラカンとハイデガーの間の連結が、反哲学的な身振りそのものの上に基礎づけられていると主張するつもりはありません。

ですから出発点に戻る必要があります。ラカンには、形而上学、あるいはその完成と締め括りの時代に入った歴運的な形象としての哲学についての、把握可能な規定があるのでしょうか。

手始めにということで、一九七〇年の日付を持つ、『ラジオフォニー』の一節から出発したいと思います。いちばん最初のところです……ラカンはそこで、最初の質問に答えて、象徴的なもの（le symbolique）の一般理論に対する言語学の影響を規定しようとしています。質問は以下のとおりです。

『エクリ』でおっしゃっているのは、フロイトが、自分では理解しないままに、ソシュールやプラハ学派の研究を先取りしている、ということでした。この点についてご説明いただけますか？[*4]

われわれの関心から言えば、彼の回答のなかは三つの大変重要な言表があります。ラカンはまず、言語学が、その固有の領域でおさめた成功に言及して次のように言います――これが第一の言表で、正確に分節化する必要があります。

われわれは意味を、ネットワークがそれを保証する限りにおいてのみ認めることによって、それも内容という角度からではなく、効果という角度から認めることによって、この［言語学の］成功を、象徴的なもののネットワーク全体に広げようと考えています。

この第一段階はわれわれにこう言っています。意味とは象徴的なものの効果として考え得るのであり、象徴的なものをネットワークとして規定するということによって厳密に画定することができる。さて、この言表はすでに、意味の問題を舞台にのせており、当然われわれの注意を喚起します。というのも反哲学の問題は、そのかなりの部分が意味／真理の対の問題のうえに成り立っていることをわれわれは承知していますし、おそらくはいっそう明確に今年この点を確認することになるであろうからです。ここでは、意味が、象徴的なものの効果として考え得ると言われています。ラカンは以下のように続けます。

諸シニフィアンの場が成立したりしなかったりするのに応じて、シニフィエは科学的に考え得るものとなったりならなかったりします。この場は、その素材からして、科学によって得られるようないかなる物理的《フィジック》〔＝自然学的〕な場からも区別されるものです。

この第二段階は、次のことを示しています。われわれは、意味がネットワークをなす象徴的なものの効果として考え得るものとなることを承知していますが、ネットワークをなす象徴的なものから、〔ここで〕われわれは諸シニフィアンの場へと移行しています。この場は、もしそれが成立している（il tient）とするなら、つまりそれが共立している〔＝まとまりをなしている〕（il consiste）とするなら、シニフィエを科学的に考え得るものにする。しかし他方で、そしてここでわれわれは形而《メタ》‐上学《フィジック》〔＝メタ‐自然学〕のほうへと向かうことになるわけですが、この諸シニフィアンの場は、その素材という点で、あらゆる物理的《フィジック》〔＝自然学的〕な場から区別されるのだ、というわけです。それは、非物理的《ノン・フィジック》〔＝自然学的〕な場であり、したがって科学が物理的《フィジック》〔＝自然学的〕な場として手に入れるものの領域に属してはいません。諸シニフィアンの場はしたがって物理的ではなく、それが共立していること〔＝まとまりをなしていること〕（sa consistance）――それが非物理的なものであれ、〔場として〕成立しているという事実――が、シニフィエが科学的に考え得るものとなるための掟となっているのです。ここで科学が舞台に登場してきます。この非物理的《ノン・フィジック》〔＝自然学的〕な諸シニフィアンの場が――そしてラカンはこの非物理的《ノン・フィジック》〔＝自然学的〕ということを、つまりそれが科学という手立てによって得られるものではないということをしっかりと明確化しています――共立性〔＝まとまり〕を持つであろう、その度合いに応じてシニフィエは科学的に考えうるものになるだろう、というわけです。この点は、まさに次のような形で理解されなくてはなりません。すなわち、科学というべきもの（de la science）――一つの科学（une science）とまでは申しますまい――あるいはとにかく科学的に考え得るもの（du scientifiquement pensable）が存在するのだが、その条件はまさに科学という意味での物理的〔＝自然学的《フィジック》〕なものではないのだ、ということです。つまり科学的に考え得るものは存在するが、その条件、すなわち諸シニフィアンの場の共立性〔＝まとまり〕は、科学という意味での物理的〔＝自然学的《フィジック》〕なものではないのです。それは物理的〔＝自然学的《フィジック》〕なものでないという、まさにその限りにおいて形而‐上学《メタ・フィジック》〔＝メタ‐自然学〕的なのです。

これをラカンは述べることになります——ラカンは実際こう続けます。

　このことが含意しているのは、脱存在の業《わざ》（fait de désêtre）として捉えられるべき形而上学的な排除（une exclusion métaphysique）です。いかなる意味作用《シニフィカシオン》も、今後は自明と考えられることはないでしょう。

「形而上学的（métaphysique）」という言葉が出てくるのがおわかりですね。ここで考えられている形而上学は、意味作用《シニフィカシオン》の脱存在として現れてきます。この形而上学的な操作によって排除されたのはまさに、意味作用《シニフィカシオン》がそれ自身で共立する〔＝まとまりをなす〕（consister）ことができるということであり、すなわち意味作用《シニフィカシオン》がその意味作用《シニフィカシオン》的な存在において共立する〔＝まとまりをなす〕ことができるということです。「いかなる意味作用《シニフィカシオン》も、今後は自明と考えられることはないでしょう」。これはまさに脱存在の操作です。なぜなら意味作用《シニフィカシオン》は、それが思考されうるという可能性を、その存在から受け取っているとする仮定のもとでは——科学的に、ということになるのでしょうが——考えられ得ず、つまり考えうるもののなかに入ってくることはできないからです。したがって意味作用《シニフィカシオン》が考え得るものとなるためには、意味作用《シニフィカシオン》から存在を引き去る（soustraire）必要があるのです。結局のところ、事柄ははっきりと述べられています。

思考可能性が意味に関わるや否や、思考可能なものの形而上学的《メタフィジック》な条件といったものが存在するのだ、というわけです。こうした意味の思考可能性は、形而上学的な考察を要請しており、この考察はそれ自身、諸シニフィアンの場の共立性〔=まとまり〕と結びついているのですが、そうした思考可能性はやがて、意味の真理（une vérité du sens）を生産するものであると言われるようになるでしょう。しかしその場合言っておかなくてはならないのは、その真理を科学的真理（「科学的に考えうるもの」）として手に入れることができるのは、形而‐上学的《メタ・フィジック》で減算的（soustractive）な操作、脱存在の業《わざ》、一つの排除が行われるという条件のもとでのみなのだということです。

ではアリストテレス的な形而上学の定義との関わりで言えば、ラカンの問題はどのようになるでしょうか。起源にまで立ち戻るつもりはありませんが、われわれは「形而上学《メタフィジック》」を、アリストテレスの立てたその明晰な定義において理解しています。ラカンがここで力強く宣言しているのは、自然学《フィジック》〔=物理学〕は考え得るものを汲み尽くすことはないし、科学的に考え得るものをすら汲み尽くすことはない、ということです。「自然学《フィジック》〔=物理学〕（physique）」という語は、自然のうち科学的に思考しうるものへと到来したものという意味で捉えられていますから、ラカンはアリストテレスと次の点で一致しています。すなわち自然のうち考え得るものへと到来したもの、その総称的な意味において「自然学《フィジック》〔=物理学〕（physique）」と呼ぶことのできるものは、考え得るものを、まさに汲み尽くすことがないということ。そしてしたがって、「メタ‐自然学《フィジック》〔=形而‐上学〕（méta-physique）」といったものがなくてはならない、ということです。

ただもちろんラカンはただちに異を唱えてこう言います。この、意味作用《シニフィカシオン》の思考可能性によって要請されるメタ‐自然学《フィジック》〔=形而‐上学〕において問題なのは、アリストテレスにおいてそうだったような、存在としての存在の学といったものではまったくありません。それどころか、それこそがまさに排除しなくてはならないものでさえあります。というのも、意味は存在のレベルにおいて形而上学的な真理を持つといった考えを、まさに排除しなくてはならないからです。われわれが、意味について考え得るものを見出すことになるのは、存在の側ではなく、反対に非存在の業《わざ》の側です。すなわち存在の排除です。考え得るものとしての意味の考察から存在を排除したときにはじめて、意味が実際に科学的に考え得るものであることが確実になるのです。

それはともかく、こうした減算的な操作、こうした排除がまさに、厳密な意味で、ラカンが形而上学《メタフィジック》と呼ぶものであるということ、すなわちどんなものであれ自然学《フィジック》といったものの支配の下にないものであるということ、このことは際だっています。ということはもちろん、このことはいちばん初めのところで申し上げたことと深く結びついているということです。つまり、意味は、内容としては思考され得ない、ということです。意味は決して内容の領域に属してはいないのです。それが考え得るものである限りにおいて——その存在という問題は脇に置いておきましょう。というのも脱存在の論理のなかに留まる必要があるからです——それが考え得るものである限りにおいて、つまりその存在を排除するという条件の下では、意味は内容の領域に属していません。それは効果の領域に属しているのです。

さて、この分節化は非常に強力で、かつ一貫しています。そしてそれは形而上学《メタフィジック》を（一）アリストテレス的なものとして規定しています。というのも自然学《フィジック》のあと、あるいは傍らにあるものによってわれわれは、自然学《フィジック》が考え得るものをくみ尽すというのは本当ではないと否応なしに考えるようになるからです。それはまた形而上学を、こういってよければ（二）反アリストテレス的なものとして規定しています。これは、問題なのが存在としての存在の学ではなく、またそうなるのがアリストテレスの形而上学の運命であったような、実体（substance）の学ではなおさらなく（実体とは、共立しているもの〔＝まとまりを持つもの〕（ce qui consiste）のうちに身を置いているようなものです）、反対に内容のあらゆる思考可能性を排除し、効果の思考可能性にむしろ与するような、根元的な脱存在の学である、という道を通ってそうなるのです。

形而上学《メタフィジック》に対しては、ラカンの側からは承認と自制の両方があると言うことができます。承認があるというのは、考え得るものを、厳密に自然学《フィジック》の領域のなかにとどめておくことはできないからです。これはこの自然学《フィジック》の語にどのような広がりを与えようともやはりそうなのです。自制があるというのは、たとえ自然学《フィジック》が問題でないとしても、その存在という点から見た意味的な内容が問題となるわけではないし、また存在論が問題となるわけでもない、という意味です。ラカンはこの存在論（ontologie）を、ご存じの通り、hをつけて、（恥＝）存在論（(h)ontologie）と書いていました。彼は別のところで、次のように言うことになるでしょう。「それでもやはり私は、あらゆる存在を飲み込んで（＝恥を忍んで）（toute (h)onte bue）一言申し上げましょう*5」。さて、恥を忍んで（toute honte bue）、この地点からわれわれは、われわれの最初の問いの糸をあらためて取り上げることができます。すなわちラカンとハイデガーの意味における形而上学《メタフィジック》は、同じものだということになるのだろうか、という問いです。

話を端折って結論を申し上げるということで、そうではない、とお答えしてもよいでしょう。というのもラカンにおける「形而上学《メタフィジック》」が位置しているのは、ハイデガー的な意味における形而上学《メタフィジック》の空間の中ではないのです。その理由は些末に見えます。ハイデガーにとって、近代科学、科学的に考え得るものは、まさに存在の歴史としての形而上学によって規定されているのです。つまり科学は、ハイデガーにとっては主体の形而上学に繋がれた形象そのものであるわけですが、これに対してラカンにとっては、意味の科学を推進することが問題でした。あるいはいずれにしても、形而上学〔＝メタ自然学〕的な操作、〔つまり〕存在の歴運性に関わるものでは全くない、脱存在を構成するような形而上学的排除（exclusion métaphysique）を引き受け、これを実践することによって、意味を科学的に考え得るものにするということが問題だったのです。

ご承知の通り、ラカンにとっては科学も、また科学の主体を考え得るものとする条件であるデカルトも、厳密に言えば、彼の理解するような形而上学の登場人物ではないのです。ただ、こうした斜め読みでの検討は多くの問題を脇に除けてしまいますし、そうした検討では、ラカンが哲学に対する操作として企てたことと、ハイデガーの歴運的な舞台装置との間に存在する隔たりを正確に測定する――それを実地に測って実感する――ことはできません。もっとしつこく、厳密にする必要があります。ですからハイデガーを経由して、ここにいる皆さんが、問題の所与をできるかぎりはっきりと見て取れるようにすることにしましょう。

結局のところハイデガーにとって、彼自身が「形而上学の弁別的な性格」と呼んでいるものとは何なのでしょうか。この点は正確に、あらためて見てみる必要があります。というのも哲学の小さな世界では、形而上学の閉め括り（clôture）というテーゼについてたいへんしっかりした合意が成立してしまっているため、結局のところ何が閉じるのか、あるいは開くのかがわからなくなってしまっているからです。

この点については、皆さんに私が大好きなハイデガーのテクストをご覧いただこうと思います。これは、テクストではないという一風変わった利点を持っています。実はこれはノートで、ガリマール社から出版された『ニーチェ』の第二巻のいちばん終わり、第九講におさめられており、「形而上学としての存在の歴史――草案」と題されています。一九四一年の日付を持つノートですね。ほとんど速記録のようなこのテクストで、ハイデガーは、存在の歴史を自分自身に対して語ろうとしています。それは、子どもたちに語る存在の歴史、といった体のものです。子どもたちを眠らせるような魅力をもつおとぎ話になっているかどうかはわかりませんが、それはぎりぎりまで贅肉を削った存在の歴史であり、大変省略的で、時にはほとんど単語を並べただけになっているところもあるものの、同時に大変重要なものです。ハイデガーが物語ろうとしている形而上学の諸操作は、われわれに上で述べたような形而上学の、最終的な弁別特徴を与えてくれるでしょう。

ご存じの通り、最初に――これが「哲学すること（philosopher）」そのもののはじまりです――プラトン的な操作、あるいはプラトン的と呼べるような操作があり、ハイデガーはこれを、イデアによるアレーテイアの征服として描き出しています。つまり、隠れなさ（non-voilement）、脱隠蔽としての真理が、イデアの現前へと際だつこと[*6]（la découpe en présence de l'idée）によって征服されたということです。この一大転換によって、「現前のうちに自らを現すこと」、すなわち存在者の際だち（la découpe de l'étant）が、存在の創設的な開花（éclosion）の運動を無理矢理に支配するものとして打ち立てられることになります。存在の開花、これは存在の隠れなさの形象ですが、そうしたものとして間近な切迫のうちに与えられていたものは、考え得るものの現前のかたちとしての、イデアの際だちの軛に繋がれることになります。その結果、思考の領域において、存在者が存在の運動そのものに対して、その覇権を確かなものとします。これは、存在者に強制されることにより、存在がその「何であるか（ce que c'est）」という形でしか考え得なくなるためです。存在の問いの、その「何であるか」の、ti esti のイデア的な際だちへの一大転換によって、存在は規範的なポジションとなります。この点はとても重要です。開花、自らの本質の自己自身への到来、あるいは非隠蔽の自己自身への回帰という生来の運動であることをやめて、存在は、「何であるか」という仕方で、在るもの（ce qui est）すなわち存在者の奥底にある規範となるのです。

しかし私が根本的だと思う点は、次の点です。すなわちこうした事態が、イデアが一つ〔のイデア〕（une）として数えられる限りにおいて到来したという点です。これが際だちの根本的な操作です。つまり、何かが計数（compte）に至る〔すなわち数えられるようになる〕ということです。こうした計数への暴露は、イデアの際だちのもっとも根本的な規定なのですが、それが何性〔同種の個物に共通するものとしての本質〕（quiddité）としての存在です。何性とはすなわち「これは何であるか」ということですね。「いったいぜんたいこれは何なんだ」というわけです。イデアが〈一〉として数えられる限りにおいて、この、在るものの「何であるか（ce que c'est）」―そしてこれがスコラ学の伝統においては何性と呼ばれるわけですが―のせいで、存在は何性として、つまり存在者の「何であるか（quid）」の規範的な根拠（raison）として考えられるようになるでしょう。

これによってハイデガーは、この運動の全体が、〈一《ラン》〉の引き受けであると主張するようになります。以下に結論にあたる一節を引用しますが、ここからわれわれはラカンへと戻ることになります。

何性（quiddité）の優位が、それぞれの何であるかにおける存在者の優位をその都度もたらす「イデア的な際だちが、変移の運動（mouvement de déplacement）を、すなわち存在者という形象のもとでの、存在の開花の征服を引き起こすことになる」。存在者の優位は、〈一〉（ἕν）から出発して、存在を共通ノモノ《コイノン》（κοινόν）として〔共通の根拠（raison commune）として〕固定する〔つまり固着が生ずる〕。形而上学の弁別的な性格が決定される〔つまりそうした性格は、それによって、まさにそのときに決定される」。統一する統一性としての〈一〉が、存在についてのその後の規定にとって規範的となる。[*7]

存在の歴史の最初期の運動の全体は、われわれをまさにここに導いてきます。形而上学の弁別的な性格とは、〈一〉による存在の集‐立です。[*8]それが形而上学の弁別的性格なのです。これは存在者の優位、存在‐神学の到来、存在の忘却と言うこともできます。ただ、形而上学の弁別特徴という観点から見ると、それは〈一〉による存在の集‐立なのです。つまり、統一する統一性としての思考における〈一〉が、後になされる存在のあらゆる規定にとって、真に規範となるということです。したがって、形而上学の弁別特徴は、〈一〉の問題にそれを送り返さないでは捉えられません。そのためわれわれは、われわれの問いを練り直して次のように言いましょう。ラカンの〈一〉の思考とは、いかなるものなのでしょうか。その受け取られ方は非常にさまざまですが、そのなかでラカンの〈一〉は、存在に関する規範的な一つの立場を決定するものなのでしょうか。精神分析が数え《コント》(compte)、そして語る《コント》(conte)〈一〉は、形而上学的な配置の鍵となる形象として考えられるのでしょうか。この問題だけが、ラカンの装置と、形而上学に関するハイデガーの歴運的モチーフとの間に考え得る、実際の近接の度合いを測る尺度を与えてくれるのです。

残念ですが……残念なことに、〈一〉の問いはラカンにおいて極端に複雑になっています。ラカンにおいてはすべてが複雑だ、とおっしゃるかもしれません。多かれ少なかれそうでしょう。ただ、〈一〉の問題は本当にとても複雑です。私の考えでは、ラカンには極度に複雑な問題が二つあります。すなわち、〈一〉の問題と愛の問題です。これらの問題は相互に結びついています。この点にはあとで行き着くことになるでしょう。それがわれわれのたどる道筋ですから。

私はここで皆さんに、ラカンによる〈一〉の教説を、既製品《プレ・タ・ポルテ》のかたちで示すつもりはありません。とはいえわれわれはここで、形而上学の問題という特殊な道を通ってこれを問うことになったわけですから、やはりいくつかの手がかりをお示ししようと思います。これらはセミネールの第XIX巻『…ウ・ピール（*...ou pire*）』の要約——つまり書かれたテクストということです——から抜粋したものです。この要約は『シリセット』誌の第五号に収録されています。[9] 形而上学の鍵となるのが、存在についての思考の、単なる共通の一般性の方への方向転換であり、それ自身イデアの際だち（la découpe）に由来する〈一〉の規範的な力の下にある、無差別的なコイノン〔共同・共有〕の方への方向転換であるということ、このことに照らしてわれわれがこのテクストを検討しようとしているのだということを、どうか念頭に置いておいてください。

ラカンはまず、〈一〉とは人がそれを求めてス…ウピールする〔＝嘆息する・熱望する〕（s'...oupirer）ものである、と述べます。これは一語で書かれる〔新造語の〕動詞のスウピレ（s'oupirer）、すなわちs、アポストロフィ、ウピレから来ています。ひとはス…ウピールする、というわけです。[10] そしてラカンは次の決定的な一文を加えます。

> ス…ウピールする、ということで私が指し示している人々、彼らはそれによって、まさに〈一〉へと運ばれるのだ。[11]

この一文のなかで明らかなのは、確かに〈一〉の中には、規範的に働く想像的なタッチがいくらかあるということです。というのもひとはス…ウピールすることの次元において、〈一〉へと運ばれてゆくからです。この次元は、悪化すること《サンピレ》（s'empirer）の次元であるということははっきり申し上げなくてはなりません。これはラカンもすぐ後で指摘するとおりです。つまりどういうことかというと、ス…ウピールするというのは良くないことだということです。そしてラカンは、ス…ウピールしないということ、それが「私の面目（mon honneur）」だと明言しています。つまり、思考の面目とは、ス…ウピールしないことなのです。そしてス…ウピールする人々は、そう、それによって〈一〉へと運ばれてゆくわけです。つまり、思考の面目とは、〈一〉に向けて運ばれてゆかないことだ、ということになります。この点についてはハイデガーも、まったく同意してくれることでしょう。

そこでラカンは、精神分析家が、〈一〉の定立によって堕落してしまわないとすればほどこす困難な面目を、さらにはっきりと述べて次のように言います。

> 分析家は、〈一〉が権利上それを占めているということによって規定されている地位にある、卑賤で投棄されるべきもの（abjection）として言い立てられるのに慣れることはあり得ない。加えてこの地位が見せかけ《サンブラン》の地位であるということが、さらに状況を悪くしている。*12

まさにこうした理由で分析家たちはス…ウピールするのであり、そしてそれによって〈一〉へと運ばれてゆきます。ひとが分析家であり、そしてス…ウピールするのを肯んじないとするならば、〈一〉の地位であり、見せかけ《サンブラン》の地位であるような地位にある、卑賤で投棄されるべき存在として言い立てられるのを受け入れなくてはなりません。分析家の大多数は、〈一〉が占める、まったく想像的な地位において、卑賤な屑となり終りたいとは全然思っていない、ラカンはそう考えているようです。彼らが絶えず、〈一〉にその占める地位に留まって欲しい、そうして自分たちは自分たちの地位に留まっていたい、とスウピールする〔＝熱望する〕ということは、そこから来ています。そしてその彼らの地位とは、彼らの診察を受けにやってくる不幸な人がどのようなものなのかを知っていると想定された、素晴らしい〈主体〉であるという地位なのです。

以上のすべてから、できる限りのものを拾ってみましょう。明らかにラカンは〈一〉を、見せかけ《サンブラン》がふさいでいる現実的なもの《ル・レエル》の一種の露呈と一致させています。〈一〉は見せかけ《サンブラン》の地位にあり、分析家であればこの地位を、現実的《レエル》に失墜し、卑賤なものとして投棄されるということにおいて占めるのでなくてはならない、というわけです。われわれの興味を引くものということで注目したいのは、〈一〉、これはそれを求めてスウピールする〔＝熱望する〕（s'oupirer）のがよろしくないようなものなのですが、この〈一〉は、（輝かしい？）見せかけ《サンブラン》が（卑賤な）現実的なものを征服する場所を、はっきりと示しているのです。これが異論の余地なく、ラカンによって言われていることです。もし〈一〉が、見せかけ《サンブラン》による現実的なものの一種の転覆の場所を指しているのだとすれば、そしてそれにゆえにこそ、ひとは〈一〉を求めてス…ウピールする〔＝熱望する〕のだとすれば、それは次のような考え方からさほど遠くはないと言ってもよいでしょう。すなわち、形而上学的な方向転換とは、存在の開花（éclosion）を規範的な〈一〉へと服従させることだ、とする考え方です。ラカンには、規範的なタッチが現にあるだけになおさらそうです。というのも、不幸な分析家たちは、ス…ウピールする〔＝熱望する〕ことで〈一〉へと運ばれてゆくのだ、というわけですからね。

このテクストの中で注目すべき第三の点は――そしてここではありがたいことに、われわれはもはや

ハイデガーの埒内にすっかりおさまっているというわけではありません！――ラカンによれば、

一人の女性（Une Femme）は、〈他者〉に属しているため、〈一〉についてスウピールする〔＝熱望する〕ことはない[*13]

ということです。

さてここで、一人の女性は〈他者〉に属しているため、〈一〉についてスウピールする〔＝熱望する〕ことはない、というわけですから、〈一〉は今度は男性的《マスキュリーヌ》なポジションの普遍的な支配と一致させられているように思われます。この「男性的《マスキュリーヌ》（masculine）」は「男性〈一〉的《マスキュリューヌ》（mascul'Une）」と言っても良いでしょう。一人の女性は、そうした支配の割れ目であり、そのため彼女は常に〈他者〉に属しているのですが、これにたいしてまさに男性たちは〈一〉についてスウピールする〔＝熱望する〕のであり、そうして見せかけ《サンブラン》の場所を標定することによって、現実的なものを従属させるのです。

余談ですが、仮に、一人の女性は〈他者〉に属しているため〈一〉についてスウピールする〔＝熱望する〕ことはないとするならば、このラカンのテクストの全体、この『…ウ・ピール』のセミネールの要約の全体が、女性的な本質をもつものであることを認めなくてはなりません。というのもラカンはこのなかで殊更に、〔〈一〉を求めて〕スウピールしない〔＝熱望しない〕ことを、自身の面目としているからです。「他の者たちはス…ウピールする〔＝熱望する〕（s… oupirent）が、私はそうしないことを、自分の面目としている。[*14]」

こうした〔オルガンの音色を調整する〕音栓《ストップ》の組み合わせ方は、いずれにしてもまったく奇妙なものであることに変わりはありませんが、これらは全て、どうにかこうにかハイデガーが定義するような形而上学の弁別特徴の方向へ進んでゆきそうですし、ということはつまり、見せかけ《サンブラン》のポジションに置かれた〈一〉による、現実的なものの規範的な征服としての形而上学に対する批判という方向へもまた進んでゆきそうです。〔このとき〕ラカンが減算的（soustractif）な意味における形而上学と呼んでいるもの、すなわち意味の真理を唯一可能にする脱存在の形而上学的操作とは、まさに、ハイデガーの意味における形而上学の批判だということになります。〔ハイデガーの意味における形而上学とは〕すなわち〈一〉の規範的な力による、現実的なものの征服です。つまりラカン／ハイデガーの両立可能性は証明されたように思われる、ということです。ただ、ラカンにおいてはいつものことですが、もう一ひねりしなくてはならないでしょう。でなければわれわれは、物笑いの種になってしまいます。ラカンが講じる最初の予防策は、彼が同じテクストの中で、繊細かつ注意深くわれわれに指摘しているもので、以下のようになります。

> そもそも私は〈一〉の思考を行っていたのではなく、〈一〉というべきものがある（il y a de l'Un）と言うということから出発して、私はその使用が示す言葉遣いへと赴き、それを精神分析していたのである。*5

　ということは次の点に注意しなくてはなりません。〈一〉についていま言ったこと、それらのすべてが〈一〉の思考である、とラカンは言っているわけではないのです。しかしそれでは、それは何でしょうか。それは、〈一〉の操作の規定です。〈一〉の操作というものがあります。〈一〉がラカンの興味を引くのは、ただ〈一〉というべきものがあるというその限りにおいてでしかありません。われわれは、その使用をたどり、その精神分析をすることができるのです。

　われわれはここで、絶対的に根本的な点、内在的に根本的な点に達しています。ラカンのテーゼは次のようなものです。〈一〉をその存在（son être）という観点から問い質すとするならば、われわれはあの、脱存在としての形而上学の歴史にふたたび出くわすことになる。ハイデガー的な意味での〈一〉の思考を行い、〈一〉を存在論的な問題の生成という点に関してその存在において問うことになる。そのように言うことは、私はできると思います。ただそれは悪しき形而上学であり、それは結局のところ皆さんを〈一〉へと運んで行き、皆さんにスウピレ〔＝熱望〕させるのです。〈一〉をその存在という観点から問題にするというアプローチは全て、スウピール〔＝熱望からくる嘆息〕（s'oupir）でしかないのです。しかしわれわれはまた、良き形而上学において〈一〉を考えることもできます。すなわちその存在でなく、脱存在にしたがって〈一〉を考えることもできます。これが意味するのは結局、〈一〉をその使用が示す言葉遣いにしたがって考えるということであり、つまり――そしてこれが、脱存在の問題に関するわれわれの出発点とまったく合致している点なのですが――〈一〉をそのさまざまな操作において考えるということは、皆さんをスウピレする〔＝熱望する〕ことのほうへと向かわせるものでは全くないのです。

　この〈一〉の問題に関してラカンがここで立てた根本的な区別は、次の二つの間で立てられています。1．「〈一〉《ラン》は存在する《エ》（l'Un est）」型の思考。この〈一〉はその存在にしたがって問われなければなりません。それは形而上学的なスウピール〔＝熱望からくる嘆息〕となるのですが、これはこの場合、皆さんは現実的なものを見せかけ《サンブラン》の場所そのものに従属させる、〈一〉の規範的な力から逃れられないからです。2．「〈一〉というべきものあり《ヤドラン》（y'a d'l'Un）」型の思考。「〈一〉というべきものあり《ヤドラン》」は「〈一〉《ラン》は存在する《エ》（l'Un est）」とは異なるテーゼ、全面的に異なるテーゼです。このテーゼはわれわれに、

〈一〉をその存在において考えさせるのではなく、単に、ある操作の界域において〈一〉というべきものがあり、ラカンが言うように、それを「精神分析する（faire la psychanalyse）」ということが重要なのだということを確認させるのです。そして〈一〉というべきものあり《ヤドラン》というテーゼはそれ自体減算的（soustractive）であり、すなわち脱存在の原理に適っています。このテーゼは、〈一〉を空虚な場所として、標定ないし操作として考えることになります。規範的な征服としてではないのです。

私が単に指摘しておきたいのは次の点です。すなわち、その存在において考えられた〈一〉すなわち「〈一〉は存在する《ラン・エ》」というテーゼと、数えることの力、一つ－と－数えること（le compte-pour-un）の操作的な力としての「〈一〉というべきものあり《ヤドラン》」というテーゼの間のラカン的な区別は、私の書いた『存在と出来事』という本の、真に創設的なテーゼであるということです。それは、この本の絶対的な出発点なのです。これは、その困難で緊張を孕んだ議論の総体に私が付与することのできる重要性を述べるために申し上げています。実際、まさにこのテーゼを出発点として、存在という観点から見ると、多様なものだけがある、つまり〈一〉なき多様なもの（le multiple sans Un）だけがある、という命題が立ち上がってくることになるのです。〈一〉なき多様なもの、つまり複数のユニットのなす多数的なものではないような多様なものとはどのようなものかを突き詰めて考えるという無謀な企てを押し通すと、これこそがまさに、私が企図しているような存在論的な企てへの〔それを要約する〕反歌（envoi）ということになるでしょう。さて、この区別がラカン的なものであることは、認めなくてはなりません。だというのは、〈一〉の存在が現にあるということを、ハイデガーの意味での形而上学の弁別特徴の側に送り返し、「〈一〉というべきものがある（il y a de l'Un）」というテーゼをラカンの意味での形而上学的使用のためにとっておくからです。ラカンの意味での、というのはつまり、排除と脱存在の意味での、ということです。
　われわれがたどり着いているこの地点においては、結局のところ「形而上学」という用語の二つの可能な意味——ラカン自身がどんな言葉を使っているかは重要ではありません——があるということになるでしょう。〔まず、〕現実的なものの〈一〉による征服に対応し、「〈一〉は存在する《ラン・エ》」というテーゼに送り返される、ハイデガー的な意味。それからラカン的な意味ですが、これは、意味からあらゆる存在を取り去ってしまうような、減算的な操作を指しています。この操作は、厳密に効果の界域において意味を考えることができるようにすることを目的としています。こうした〈一〉の第二の意味から、バディウは自分の存在論を企てたのだ、と言われるでしょうね！　この点がほぼ明らかになったところで、今度はそこに反哲学的なタッチが認められるかどうかを考えてみましょう。

　哲学についての——ラカンの意味における——反哲学的な問いかけの、全く新しい、そして正確な形が、こうしてわれわれの利用に供されることとなりました。実際それは、次のように言われます。〔すなわち〕哲学者はス…ウピールする〔＝熱望する〕のだろうか〔という問いかけです〕。指摘しておきたいのは、われわれが出発したテクストでは、ラカンが含むところがあるのは、一度限りということで申しますが、われわれではありません。つまり哲学者ではなく、分析家なのです！　打ち据えられるのは、分析家です。それは、自分たち自身の、分析家の存在を離脱しようとしている分析家なのです——哀れな彼らはス…ウピールする〔＝熱望する〕のですが、それは卑賤な存在（abjection）の立場に追いやられ、つまり〈もの〉の現実的なものの地点に追いやられるのが、彼らには気に入らないからです。
　しかしわれわれは、次の問いを問うことができます。もし現実に、ハイデガーの主張するように、形而上学の総体すなわちその運命的な歴史における哲学とは、存在を〈一〉の規範的な権威によって征服するということであるとするなら、いま申し上げた言表は、ラカンによって翻訳されると、たいへん巧みにこう書かれることになるでしょう。哲学者は二千年前からス…ウピールして〔＝熱望して〕いるのだ、と。これがラカンのいわんとしていることなのでしょうか。

いや、全くそうではありません。というのも、ひとがスウピールする〔＝熱望する〕悪しき〈一〉に対置された、〈一〉の操作的な機能について彼がいま言ったことを、ラカンはすべてプラトンに帰すからです。すなわちハイデガーが名指した戦犯に帰しているのです。実際ラカンは、自分の考えを説明してのち次のように書いています。「それは『パルメニデス』（プラトンの対話篇）のうちにある」。そして彼は素晴らしい表現を付け加えます。「奇《くす》しき前衛によって（par une curieuse avant-garde）」[*16]。偉大なプラトンは、永遠のスウピール〔＝熱望〕を組織するどころか、〈一〉の真の操作的思考、ラカンが推し進めようとする思考に着手したのです。反哲学の前衛としての哲学、とは！　びっくり仰天ですね。

この地点から出発して、われわれはラカン／ハイデガーの対決の方向を定め直すことができます。実際は、ハイデガーにとって、アリストテレス的な意味における実体（la substance）の形而上学が形而上学《メタフィジック》と呼ばれるのは、それが自然学《フィジック》という語のもとで与えられているもの、すなわち自然《ピュシス》（la *phusis*）の、〈一〉による征服という道をとおっての、忘却であり抹消であるからです。しかし自然《ピュシス》とはまさに、もっとも本源的な反響を引き起こすことになる、存在の創設的な開花です。ハイデガーはこう言うでしょう、「自然《ピュシス》（*phusis*）」は自身へと回帰することを意味する、と。彼はそれをそのように訳しさえしています。「自身へと回帰すること」と訳しているのです。したがってハイデガーにおいては、形而上学とはある意味で、自然学《フィジック》の忘却であると言ってもよいでしょう。この自然学《フィジック》とは、ガリレオの意味での物理学《フィジック》ではなく、はるかにいっそう本質的な意味での自然学《フィジック》であり、「フィジック」という語のうちにまだ「自然《ピュシス》（*phusis*）」を、つまり存在の、真理のうちへの開花を聞き取ることを可能にするような「自然学《フィジック》」です。つまり、歴運的（historial）な意味における「形而上学《メタフィジック》」とは、ハイデガーにとっては、「もっとも起源的にギリシャ的な」意味で理解された「フィジック」という語のうちでそもそも聞き取られていたものの——或いは何でも良いのですがとにかくその種のものの——一種の忘却ないしは抹消なのです。たとえば「原自然（Urnatur）」のドイツ的な歴史がそうです。

　これに対してラカンにとっては、形而上学とは自然学《フィジック》の減算的な規定です（実際、意味の持つ、科学的に考え得るものとは、形而上学的《メタフィジック》であり、自然学的《フィジック》ではありません）。ただそれはつねに、科学的に考え得るものにおける規定です。このことはまた、次のことも意味します。つまり、それは〈一〉の諸操作の学でもありうる、ということです。ス…ウピールすること〔＝熱望すること〕のうちで〈一〉に関わる時にはじめて、ハイデガーの意味での形而上学的な退廃は生じます。しかし実は、ラカンにとって、そのもっとも強くもっとも正統的な意味における形而上学とは、非自然学《フィジック》的な、つまり自然学《フィジック》から逃れてしまうような、科学的に考え得るものの可能性です。ただし〔自然学《フィジック》から逃れてしまうといっても〕——そしてこれが決定的に重要な点なのですが——それは科学的に考え得るものでありつづけるので、形而上学的なものとは科学的に考え得るものの拡張であり、自然《ピュシス》（*phusis*）というもっとも本質的な意味における自然学《フィジック》の抹消や忘却ではないのです。これによって、ラカンはハイデガーよりもむしろ、ストア派にはるかにいっそう近づいているということ、このことは言っておかなくてはなりません。実際ストア派には決定的に重要なテーゼ、非物体的なものについてのテーゼがあるわけですが、この「非物体的」とは超感覚的な想像的なものという意味ではなく、言語や記号がその完全に経験的な例を提供してくれるようなものの意味でそう言われています。実際シニフィアンは、自然学《フィジック》が物体として規定するいかなるものの意味においても物体的なものではありません。それは、非物体的なものの領域に属しています。ストア派は既にそのことを認め、自分たちの教説のうちで、存立する理性的なもの（rationalités subsistantes）としての非物体的なものに一定の地位を与えていました。ラカンの形而上学的なものは、その発想においてハイデガー的というよりむしろアリストテレス－ストア派的であると言ってもよいでしょう。

そしてわれわれは、哲学に対するラカンの関係という問題の核心に戻ってきます。確かにラカンにとっては、考えるということの哲学的逸脱があり（それはハイデガーにおいては形而上学そのものなのですが）、形而上学的なスウピールする〔＝熱望する〕ことがあります。ただ、ラカンの反哲学にとって決定的に重要な点ですが、この逸脱は、そもそも二つにわかれていることがわかります。思考の哲学的な逸脱については、ただ一つの歴史があるわけではないのです。まさにそのために、形而上学という語の二つの意味があるのです。スウピールする〔＝熱望する〕ことがまさに哲学そのものであるかもしれない、と示唆されてすぐのところで、「そのとおりだ、でもプラトンにおいて、まさに前衛のポジションがあったのだ」ということが言われていました。別な言い方をすれば、ラカンにとっては存在の歴史はありません。確かにないのです。形而上学という名を支えることができるような、一つの存在の歴史があるわけではない、と言っておきましょう。もつれて分裂した歴史があって、それが形而上学とよぶのがふさわしいものを貫いています。彼にとっては――もしハイデガー的な隠喩を用いるとするならば――哲学の歴史は同時に（conjointement）、ドゥルーズなら離接的結合（une conjonction disjonctive）という意味で、と言うところですが、存在と脱存在の二分された歴史なのです。哲学の諸操作の歴史的な場において、確かに、存在のスウピール的歴史（une histoire s'oupirante de l'être）といった診断を下すことができるものがあり、実際そこでラカンは何度もハイデガーに接近していて、〈一〉についてもそうです。ただわれわれは、脱存在のそれ自体形而上学的であるような操作が漸進的に構築されているのも認めることができます。その結果、ラカンの哲学に対する関係は、そしてそれ故彼の反哲学のフィールドは、ハイデガーのそれよりも格段に複雑になっています。それは、本当にねじれた関係です。ハイデガーの哲学への関係は、ハイデガー自身の探究カテゴリーや、起源となる地点、継起的な段階や現在の窮境はあるものの、結局のところヘーゲル型の歴史性の関係です。どのようにしてプラトンが、それからデカルトが、それからカントが、それからヘーゲルが、そして最後にニーチェがさまざまな思考の装置を構成し、それを通じて形而上学としての存在の歴史が実現しているのかを示すことが可能です。ラカンにはそうしたものはまったくありません。ハイデガー的な媚態《コケトリー》がありはします。その原理はすでに示しました。つまりそれは結局のところ、〈一〉をス…ウピールする〔＝熱望する〕ことを中心に回っています。そこではそう、形而上学に属するような何かが執拗に残っています。しかしラカンの哲学に対する根本的な関係は、まったく別の性質を持っています。それは歴運的な関係ではありません。というのも彼が望んでいるのは、哲学を一つの試練（une épreuve）にかけるということであるからです。ラカンはまさにそれを、反哲学的な操作のフィールドにおいて始めているのです。問題なのは哲学を、分析的行為の試練にかけるということです。この行為の試練において、哲学的なポジションを識別し、分割し、このポジションを存在に対する操作と脱存在に対する操作の解きほぐすことの不可能な錯綜として出現させることができるでしょう。

行為（l'acte）についてはあとでまた論ずる機会があるでしょうが、『アンコール』と題されたセミネール第XX巻に現れる、無数の暫定的定義から一つとってみましょう。行為はいつ〔なされるの〕でしょうか。

それは［ラカンによれば］「言われたこと（le dit）に外－在（ex-sister）することができるというところまでいつも行くことができるわけではないような、ある言うこと（dire）が出現する」[*17]ときです。行為に関わるやいなや、われわれは出現することに関わるのです。

それはつまり、言われたこと（le dit）に対して外－在（ek-sistance）の位置に常に身を置くことができる状態《ポジション》にはないような言うこと（un dire）の出現、ということです。一つの言うことが出現して、言われたことに属する何かが、そのなかに取り返しのつかないほどに内－在する［＝執拗に残る］（in-sisire）のでなくてはなりません。確かにそうなのですが、しかしこのときその言うことは、言われたことの、一種の融合ということでしょうか。釘付けされている言われざること（non-dit）の一部をもぎ取りながら出現します。このとき、それは行為となるのです。だからこそ行為は言うことではなく、言われた－言うこと（un dire-dit）の出現なのです。

これがいわんとするところを、われわれはわかっているでしょうか。なんとなくわかります。なぜなら、結局のところ、これはまだウィトゲンシュタインにとても近いと言えるからです。それは、沈黙への（言われ得ないことへの）関係が非常に重要であるような、一つの言うことの出現です。以上が行為の契機です。

そしてラカンはこう言います。

それは、［…］ある現実的なものがそこで到達されうるような試練です。[*18]

つまり、行為とは、一つの出現、言うことの出現であるような試練であり、そしてこの試練において、ある現実的なものが到達されうるのです。こうした漠然とした描写で、さしあたりは十分でしょう。ただわれわれの興味を引くのは、ラカンがそこに付け加えて述べていることです。これはたいへんなものです。

今年でてくる一番やっかいなことは、哲学的伝統に属する言うことのいくつか（un certain nombre de dires）を、この試練にかけるということです。皆さんおわかりでしょう！*[19]

これが一九七二 - 一九七三年度のセミネールのプログラムです。それは、行為の試練に哲学のさまざまな言うこと（les dires de la philosophie）をかけなくてはならないことから、たいへんやっかいなものになっています。これが、ラカンの哲学に対する本当の関係です。おわかりの通り、この関係は理論的な関係ではありません。もちろん、皆さんは好きなだけそれを理論的な関係だと思っていただいてかまわないのですが、しかしその内奥においては、この関係は、理論的な抽出や概念的な参照といったものではありません。全くそうではないのです。ラカンの哲学に対する関係は、試練の関係です。哲学を、分析的行為の試練にかけよう、すなわち哲学のさまざまな言うことを、言われた - 言うこと（un dire-dit）の特異な出現の試練にかけよう、というわけです。哲学は、あらゆる哲学に対して他律的な一つの言うことのそうした出現をくぐり抜ける必要があるでしょう。そしてそのとき、その試練の中でなにが無に帰するか、なにが生き残るかがわかるでしょう。

ラカンが哲学を取り扱うときには、いつもこの試練という次元で取り扱っています。皆さんはラカンがここで、そして頻繁に「哲学的伝統（la tradition philosophique）」という表現を使っていることにお気づきになるでしょう。実際、究極的には、ラカンにとって形而上学は、存在の歴史の終わり＝締め括り（clôture）における一つの形ではないと私は考えます。そこにあるのは、確かに形而上学という語の二つの意味——その存在による意味と、脱存在による意味——を伝えることになる哲学的伝統ですが、この伝統は一つの歴史を構成するのではなく、ただ伝統によって遺贈されたコーパスを構成するだけです。そしてそこからわれわれは、これこれの言うことを、分析的ディスクールとその固有の行為の試練にかけることができるのです。

しかしなぜ、分析的行為の試練にあたって、哲学のさまざまな言うこと（les dires）はやっかいなのでしょうか。なぜそれは、もっともやっかいなものになるのでしょうか。私の考えでは、それがやっかいなのは、この伝統の起源が二襞性（duplicité）のうちに位置しているからです。それは簡単にとらえられるものではないのです。哲学のさまざまな言うことのうちには、何か本質的に、そして本源的に二襞的なものがあります。行為による哲学的伝統の試練とは、その大部分がこの二襞性の試練です。ソクラテスの形姿のうちに、そのことははっきりとみてとることができます。ラカンのソクラテスを、いつの日か書かなくてはならないでしょう。ニーチェのソクラテスがいますし、ヘーゲルのソクラテス、アリストファネスのソクラテス、キルケゴールのソクラテス、プラトンのソクラテス、クセノポンのソクラテスがいて、そうしてラカンのソクラテスがいるわけです。信じられないような人物ですよ、ラカンのソクラテスというのは。ただ、われわれにわかっていることがあるとすれば、それはラカンのソクラテスが、二面的な人物であるということです。そこにはいわばどちらかというとプラトンのようなソクラテスがいます。これは主人＝師（maître）の形姿にすすんでとらわれるソクラテスです。そしてさらに、どちらかというと分析家であるようなソクラテスがいます。ラカンのソクラテスへの同一化があるわけです。この点は異論の余地がありません。また、脱同一化の領域《ゾーン》もあります。しかしこのソクラテスの人物像の二襞性は、ニーチェのソクラテスへの関係の二襞性と突き合わせてみるとおもしろいでしょう。これら二人の異なった二襞的人物像は、本当に突き合わせてみる価値があるように思います。そうした比較が行われたとすれば、分析的行為の試練のうちで哲学のステータスそのもののが解明されることでしょう。

『アンコール』の中には、私を魅了してやまないテクストがあります。これはそうした点で範例的なテクストであり、そしてまたラカンとハイデガーの間の隔たりの起源に関しても範例的なテクストです。ラカンは〈他者〉というものがあり、その〈他者〉とは穴であって、それが真理を基礎づける、等々と指摘した上で、科学について語ります。ラカンはこういいます。

> 思考（la pensée）は、考えるということ（le penser）に想定されるときにはじめて一つの学知（une science）という意味で働くのだということ、すなわち存在が思考すると想定されるということ、まさにこのことがパルメニデス以来の哲学的伝統を基礎づけているのです。[*20]

ここであらためて、われわれは形而上学のそばに身を置いています。ただし今回は――ハイデガーには気に入らないことでしょうが――そこにはパルメニデスが置かれています。形而上学はプラトンと共に始まるのではなく、むしろパルメニデスと共に始まるのです。なぜならパルメニデスは、存在は考えると想定することで、すでに〈一〉による征服のお膳立てをしたからです。そしてラカンはこう続けます。

パルメニデスは間違っており、ヘラクレイトスが正しかったのです［「こうして哲学の端緒における構成の統一は打ち砕かれます」］。まさにこのことがはっきりと示されているのが、断片九三におけるヘラクレイトスの言表です。「デルポイで神託をなす〈主〉は、打ち明けも隠しもしない。彼は意味する《シニフィ》（signifie）のだ[*21]」。

こうして、ヘラクレイトス的な意味作用《シニフィカシオン》（signification）の教説は、存在と思考の同一性というパルメニデス的な教説とは別の道を開きます。ラカンにとっては、起源的な母胎といったものすらありません。ハイデガー的な端緒（l'initial）は存在しないのです。これはたいへん際だっています。というのもご存じの通り、ハイデガーは数多くの、しかも洗練された分析を行って、根本的にヘラクレイトスの思考の運動とパルメニデスのそれが同じものであるということを示そうとするからです。ハイデガーにとっては、パルメニデスの言うこと（le dire）が、ヘラクレイトスの言うこと（le dire）と対立していると思うのは、形而上学的な忘却の典型的な症状である、と言ってもよいでしょう。この問題についてのハイデガーのテクストを全て読んでみてください。典型的な形而上学的症状とは、次のように言ってきたということでした。「パルメニデスは〈一〉と存在の形而上学である、ヘラクレイトスは、生成の形而上学である」。

さて、ハイデガーのたいへん巧妙な操作は、ひたすら次の点に存しています。すなわち、こうした区別、ヘラクレイトスの側の、絶え間ない生成と流動の思考と、パルメニデスの側の、不動の存在の思考のこうした対立は、存在の端緒の形而上学的な再解釈にすぎない、ということを立証するという点に存しているのです。そしてもし、この端緒に近づいて見たとするならば、われわれはこう考えるかもしれない、すなわち、実はパルメニデスとヘラクレイトスの思考の装置は同じものなのだ、というわけです。

さて、ここでラカンは何と言っているでしょうか。ラカンははっきりと反対のことを言っています。「パルメニデスは間違っており、ヘラクレイトスが正しかったのです」。つまり、彼にとっては、起源的な分裂（scission）があったのであり、一つの起源があったわけではない、ということには疑いがないのです。ハイデガーにとっては、一つの起源的な場所、根本的な開花があって、パルメニデスとヘラクレイトスはその解きがたく縺れあった思考の諸審級をなしています。ラカンにとっては、一つの根本的な選択があります。存在と思考の共属の道、すなわちパルメニデスの道に踏み込むか、あるいは意味作用《シニフィカシオン》の脱存在のうちに身を置くか、そのいずれかだ、というわけです。というのもまさにそれこそが、神の「打ち明けも隠しもしない」ということだからです。ヘラクレイトスの解釈においては、存在の隠蔽も脱隠蔽も問題ではありません。あるのはただ、彼は意味する《シニフィ》、ということだけなのです。これがヘラクレイトス的な道であり、意味の脱存在の道です。

しかしおわかりの通り、二つの道のこうした起源的分裂は、哲学的伝統のそもそものはじまりから与えられています。それを構成するのは、すくなくともこのくだりにおいては、精神分析の出来事的な切断ではありません。それはフロイトが手ほどきしてくれる秘儀ではなく、哲学の二襞性なのです。哲学は二つの道の二襞的な共存のうちにあるということになるでしょう。すなわち、パルメニデス的な道と、ヘラクレイトス的な道です。当然ながらそこから結果するのは——そしてこれはわれわれがはじめに立てた問いについての結論めいたものになるわけですが——「哲学的伝統」という表現が基礎づけられうるのは、存在の歴史の側ではないということです。この表現をわれわれは、今後ラカンの哲学に対する全体的な関係を指すものとして覚えておくことにしましょう。ただやっかいなのは、この哲学的伝統が単純な〔＝一襞的な〕起源において創始されたのではなく、根本的な二襞性において創始されたということです。それでは、このように想定される伝統の統一性、ひとが自らを反哲学者であると宣言することが可能になるために必要な統一性は、いったいどこにあるのでしょうか。ラカンはここで、いかにも彼らしいやり方で話頭を転じて、その鍵は愛のほうに求めるべきである、と断言するわけですが、これはわれわれの仕事をいっそう複雑にすることになるでしょう。

実際、ラカンは次のように言います。

愛、ひとがこの話ばかりするようになってずいぶんになります［今度はこれが、われわれの唯一の主題として、二襞的でない、単純性〔＝一襞性〕として見出されるわけです］。愛は哲学的ディスクールの核心にある、とわざわざ私が強調する必要があるでしょうか。*22

以上をひととおり申し上げたところで、われわれは何を知っているということになるでしょうか。われわれが知っているのは、哲学者は、1．数学（les mathématiques）に対して塞がれており、2．政治の穴を塞いでおり、3．自分が語ることすべての核心に、愛を置いている、ということです。これを使って、われわれは困難な探求の道を、なんとか進んでゆかなくてはなりません。ラカンはどのようにして、哲学を反哲学的に同定しているのでしょうか。

単純な〔＝一襞的な〕歴史によってではなく、複雑な結び目によって、ラカンの反哲学的な立場は確立されています。というのも見たところ、そこから抜け出るには、われわれがすでに手にしていた二つの項、数学と政治だけではなく、結局のところ三つの項を呼び出すよりほかないように思われるからです。愛を経由するしかないのですからね。まさにこの、愛、政治そして数学の三点測量において、「哲学」

という語はついに意味を持つようになりうるのです。次回、マテーム、穴そして愛の補塡（la suppléance amoureuse）からなるゴルディアスの結び目を解くことによって、この点を見てゆくことにしましょう。

訳註

＊1　Philippe Lacoue-Labarthe, « De l'éthique : à propos d'Antigone », in *Lacan avec les philosophes*, Paris, Albin Michel, 1991, p. 28.

＊2　「歴運的（historial）」については第I講の訳註20を参照。

＊3　Martin Heidegger, « Logos » tr. par Jacques Lacan, *La Psychanalyse*, 1956, n° 1, pp.59-79.

＊4　続く二つの引用部とともにAE 404.

＊5　「恥《オント》（honte）」と「存在《オント》－（onto-）」を掛けたかばん語「(恥＝）存在論《オントロジー》（(h)ontologie）」。「toute (h)onte bue」については、よく似た表現がAE, p. 426に現れる。

＊6　la découpeという表現をここでは、切り離し（裁ちあるいは断ち）輪郭を明確にして浮かび上がらせる（立つ）、という意味で解し、「際だち」と訳す。この「際だち」の結果として、後の引用部で言われる「優位（la prééminence）」（語源的には「前に突き出ていること」）が成立する。

＊7　ハイデガー『ニーチェIII』（薗田宗人訳、白水社、一九八六年）二二九－二三〇頁。なお訳文を仏語原文に照らして変更した。「déplacement」は、同書第八講で問題になっている、イデアからエネルゲイアへ、エネルゲイアから現実性へ、真理から確実性へ、ヒュポケイメノンから基体へといった存在の歴史における「変移（der Wandel）」（フランス語訳ではmodification）を指すと理解してこの訳語をあてた。

＊8　原文のarraisonnementはAndré Préauによるハイデガー「技術に関する講演（Conférence sur la technique）」の翻訳で、ドイツ語のGe-stell（「集－立」）に対して与えられた訳語。

＊9　Lacan, « ... ou pire : compte rendu du séminaire 1971-1972 », in AE, pp. 547-552.

＊10　「ス…ウピレ（s'...oupirer）」は「ため息をつく、熱望する」を意味する「スゥピレ（soupirer）」と、直訳的には「…あるいはもっと悪い」と訳しうるセミネール第XIX巻のタイトル「…ウ・ピール（...ou pire）」とから成るかばん語。

＊11　AE, p. 547.

＊12　AE, p. 548. なおラカンの原文ではこのあとに、「すなわち存在が文字をなすところで、といってもよい（soit là où l'être fait la lettre, peut-on dire）」と続く。

＊13　*Loc. cit.*

＊14　AE, p. 547.

＊15　*Loc. cit.* « Il y a de l'Un » は、ラカンの原文では « Y a de l'Un » と省略的になっている。なお、定冠詞（l'）がついた「l'Un」が総称ないしカテゴリーとしての「〈一〉」を表すのに対し、「部分を表す de」の付された「de l'Un」は、そうした〈一〉にカテゴライズされるべきものの個々の具体的な現れを指すと解することができる。そのため「l'Un」を単に「〈一〉」と訳したのに対し、「de l'Un」は「〈一〉というべきもの」とした。

＊16　AE, p. 547.

＊17　S. XX, p. 25. なお、原文のブロック引用部はそのままの形では S. XX にないため、英訳に即して訳した。Cf. *Lacan, op. cit.*, p. 60.

＊18　*Loc. cit.*

＊19　*Loc. cit.* 但し、最後の「皆さんおわかりでしょう！」はラカンの原文にはなく、バディウが聴講者に向けて語っている部分と思われる。

＊20　S.XX, p. 103.

＊21　*Loc. cit.* ただしスイユ版でラカンがヘラクレイトスのギリシャ語原文を引きながら引用している箇所を、バディウは簡略化して引用している。

＊22　S.XX, p. 40.

第Ⅲ講　一九九四年一二月二一日

前回われわれは三つの言表をとり出しましたが、これらはラカンによる哲学の同定の最初の試みに相当するものでした。ラカンによる、と申し上げましたが、これはここで第一にわれわれの対象となっている一九七〇年代以降のラカン、ということです。あらためてこれら三つの言表を示せば次のようになります。

——第一の言表は、哲学の数学に対する関係をピンポイントで示すものです。「哲学者は、数学に対して塞がれている」。

——第二の言表は、哲学の政治に対する関係を明示しています。「形而上学——とラカンはまさに言っているのですが——形而上学は、政治の穴を塞ぐものである」。

——そして第三の言表は、哲学の愛に対する関係を明示します。「哲学的ディスクールの核心には、愛がある」。

ここでわれわれは、まったく特異で興味深い手順《プロトコル》を始めています。これは何であれ反哲学が、どのようにして哲学を同定するのか、そのやり方の手順です。こうした同定の戦略はつねに、信用失墜〔discrédit〕の戦略であることがわかっています。同定は哲学に、その本質そのものにおいて烙印を押そうという努力と結びついているのです。それでもわれわれは、さまざまな同定手順を捉えることができます。それらは問題となるさまざまな反哲学ごとに異なっているのです。この手順を、哲学的な立場から出発して突き止め、ある反哲学がどのようにして、どのような形で、どのようなパラダイムから出発して、それが哲学と名指すものについての思考を提示しているのかを見てみるのは、魅力的な作業となるでしょう。

私は反哲学者の標準的な事例をいくつか見ましたが、これはこうした同定手順をしっかりと把握していただくためでした。なぜなら今年やろうとしていることの困難の一つに、ラカンによる哲学の同定手順が極度に込み入っているということがあるからです。ラカンの反哲学のなかには、あるひねくれた間接性〔obliquité〕の次元がある、とすら言えるかもしれません。そしてこのひねくれた間接性を考えることが大変重要なのですが、これはまさにそれこそが、私が主張しようとしている、ある意味でラカンは現代反哲学を締め括るのだ、というテーゼを可能にしているからです。反哲学一般、ということではなく、一連の現代反哲学を、ということです。ラカンは哲学との間に、正面切って信用を失墜させるという単純な〔＝一義的な〕関係を打ち立てるのではなく、まったく特殊なひねくれた間接的関係を打ち立てることによって、一連の現代反哲学を締め括るのです。

まず次の点を確認しましょう。各々の反哲学者には、ひいきの哲学者、秘められた攻撃目標がいます。パスカルがどのように哲学を同定しているかを考えてみるとすれば、明らかに彼にとって、それはデカルトです。ただ、パスカルがデカルトを越えた先に見据えているもののうちには、「哲学」と呼ばれうるものの一般的な同定があるのです。さて確かにパスカルにとって、哲学とは気晴らしの洗練されたかたちです。哲学はわれわれが現実におかれている状況を考察するにあたって、その最も遠いところまでわれわれを運んでゆくのですが、その点でまさにわれわれの気晴らし〔＝われわれを逸らせるもの〕(notre divertissement)となるわけです。そして哲学の特異性は、それがまさに、思考そのものの気晴らしであるという点です。気質、実存、身体のそれぞれについて気晴らしがあり得る、といった具合に、気晴らしの教説は複雑ですが、思考そのものの気晴らしの核心には哲学があるのです。その主たる理由は、哲学が神について語ると主張しているという点にあります。標準的な対立としてはもちろん、一方でアブラハム、イサクとヤコブの神と、他方で哲学者と学者の神との間の対立があります。実は、哲学の同定の問題は、神の同定の問題を経由しているのです。そして哲学者の概念的な神というのは——神－概念、われわれはそれをそう呼んでもいいでしょうが——結局のところ、真の神、心に感じられる神、そして真実の実存において啓示の神と結ばれうるものという点から見れば、気晴らしの究極的な形態なのです。哲学は、その中心においては、次のようなものとして把捉されています。つまりその神性の概念によって、真実の神性からわれわれを逸らしてしまうようなもの、つまり実存の内奥とかかわるパラメーターという形ではじめて明らかになりうるような神性からわれわれを逸らしてしまうものとして、把捉されているのです。

パスカルには明らかに、反哲学に特徴的なもう一つの所与があります。ただそれは、いろいろなところに見られるものでもあります。すなわち哲学の同定、神－概念の同定、証明されうる神の同定が、ドゥルーズに倣って言うとすれば対抗人物(contre-personnage)とでも呼べるようなものの出現をともなって行われるということです。[*1] この対抗人物とは、まさに当該の哲学者との関わりにおける対抗人物ということです。実際、反哲学の、しばしば軽視されてはいますが私の考えでは反哲学的戦略という点でまったく本質的な側面の一つとして、反哲学者はつねに、哲学者に向けて語ることが何の利益にもならないかのようにして語るということがあります。これは大変重要なねじれです。ラカンにおいてすら、こうしたねじれを見出すことができます。哲学者についてのラカンのテクストはいつも、そのすべてが分析家に向けられたものであるということをわざわざ述べています。弁証法《ディアレクティック》を開始しそのなかで哲学者との対話を行うといったことは、全く問題になりません。哲学者のケースは解決済み、すなわち見込み無しなのです。私が対抗人物と呼んでいるのは、哲学の同定のこうした運動そのもののなかで、語りかけられる相手となっている人物のことです。そしてこの人物は、けっして哲学者ではありません。真の反哲学はつねに一つの思考装置であって、この装置は誰かを哲学者たちから引き離し、彼らの支配から守るのでなくてはなりません。私が対抗人物と呼んでいる、この誰かは、行為の味方につける必要があるような人物です。反哲学者の考えるところでは、哲学者を行為の味方につける可能性はまったくありません。というのもまさに哲学者の見地から見たときに、そうした行為は反哲学として構成されるからです。だからこそパスカルにおいて、哲学の否定的な同定は、自由思想家を宛先にしています。まさに自由思想家に対して、ひとは語りかけるのです。それが、この問題の全体において、語りかける相手になっている人なのです。そして自由思想家はデカルトではありません。それは別の人物、別の布置です。それは、ひょっとするとデカルトに影響を受け、その支配下に入るかもしれない者です。自由思想家とは、哲学から引き離し、パスカルの考えるキリスト教がそうであるような、真の思考へと復帰させなくてはならないような者なのです。

ラカンの対抗人物とは誰でしょうか。それは精神分析家です。ラカンの反哲学的なポジションと同一であるような分析家ではなく、そのポジションが揺れ動いて、不確定であるような分析家です。ラカンはいつも、結局のところ分析家を信用するべきではないと主張しています。彼ら分析家はいつも、力尽くで分析的行為へと立ち戻らせなくてはならない、というわけです。ラカンが分析家に浴びせる罵詈雑言のアンソロジーを編むことができたとすれば、素晴らしいでしょうね！　魅惑的なものになりそうではないでしょうか？　いかなる精神分析の敵対者も、ラカンが分析家に対して、とりわけ彼のセミネールをのほほんと聴きに来る分析家に対して公言していることのごく一部ですら、あえて言うことはないでしょう。ただそれは、本質的な語りかけを基盤としてなされていることです。罵詈雑言そのものが、そうした語りかけを構成しているのです。同様にパスカルにとって、自由思想家とは、ほんとうに見込みのない人間なのですが、しかしまさに彼に対して語りかけはなされています。同じくラカンにとっては、分析家もまた見込みのない人間なのだと言っても良いでしょう。分析家はいつも、正道を踏み外しているかのような扱いを受けています。もちろん分析家は、そして特に彼らが、さらには彼らだけが、自分が二十年来語ってきていることを何も理解していない、とラカンが説明しているテクストは無数にあります。ただにもかかわらず、やはり彼らに向けて、天使的な辛抱強さをもって語りかけがなされているのです。同じ辛抱強さが、自由思想家に対するパスカルにも見出されます。しかしこれら二つの辛抱強さは明らかに、哲学者に対する辛抱のなさと相関関係にあります。哲学者はおそらく、幸せなことに結局のところ多少罵倒される度合いが少ないのですが、それはただ単に、久しく以前から、彼に対して語りかけるのは無駄だと思われてきたからなのです。ラカンにおいて見出される、たいへん稀少な哲学者への語りかけは――そのうちの一つはハイデガーに関して引用したわけですが――見込みのない語りかけであり、聞き入れられる可能性がまったくないということが同時に言われている語りかけとなっています。これは完全にはっきりしています。ラカンは決して、自分の言うことが分析家たちによって聞き入れられることは決してない、と言うことはないでしょう。そうではなく彼は、分析家たちに鞭をくれ、足蹴にしながら、お前たちはこれまでもわかっていないし、いまもわかっていない、〔ただ〕いずれはわからなくてはならないし、おそらく、いつの日かわかるようになるだろう、百年もすればわかるようになるだろう、等々と述べるのです。それは取っ組み合いであり、二律背反的な語りかけです。対抗人物、すなわち反哲学者の真の宛先人とはそうしたものです。哲学の同定においてもそうなのです。留意しなくてはならない点、それは、哲学の反哲学的な同定が、哲学者ではなく、対抗人物を宛先としたものだということです。対抗人物は、自由思想家（le libertin）のこともあれば、自由な精神の持ち主（l'esprit libre）や優しい魂（l'âme tendre）、実存する者、分析家のこともあります。そうした人たちが、反哲学的な語りかけの宛先となる、一連の対抗人物を構成しているのです。したがって、われわれ哲学者が、そうした同定を聴き取ろうとするときに、われわれはそれがわれわれに宛てられたものではないということ、われわれはそれを鍵穴に耳をあてて盗み聴きしているのだということをわきまえておかなくてはなりません。それはパスカルと自由思想家の間の問題であり、ラカンと分析家たちの、あるいは彼の分析家たちの間の問題です。それはニーチェと、彼が同定しようとしている一部の自由な人間との間の問題なのです。反哲学者が語りかけている対抗人物を突き止めるというこの練習問題は、ルソーやキルケゴール、ウィトゲンシュタインについて行うこともできるでしょう。そしてその都度、探索は哲学の同定手順を示すと同時に対抗人物を把握したときに、つまりこの同定が差し向けられている極を把握したときに完了するということになるでしょう。

ルソーにおいては、興味深いことに、哲学者は誰か大変特殊な人であるということ、邪《よこしま》な人（le méchant）であるということがわかります。そして「邪《よこしま》な人（méchant）」というのは、一つのカテゴリーなのです。ルソーはこれについて一つの教説すらなしています。もちろん、ルソーが念頭に置いているのはヴォルテールの哲学であり、またヒュームの哲学です。そしてこの哲学者、古典的な意味での、啓蒙時代の哲学者のうちに、ルソーは特異な主体性を見て取っています。すなわち、心の声に耳を開いて聞き入れることをせず、それを閉ざすことであるような主体性、情け知らず（le sans-cœur）の教説をなす主体性という、概念的に練り上げられた意味において「邪《よこしま》（méchante）」であるような主体性です。哲学者とは、感じられるもの（le sensible）に一貫して抹消線を引くということを行っている人です。この場合、感じられるものとは、主体を活気づけるものという、内面的な意味における感じられるもののことを言っています。こうした〔哲学者の〕形姿を中心として、哲学の同定手順は、非常な複雑さをもったものではありますが、再編されることになります。これはただちに対抗人物として、民衆的な感じやすい魂（l'âme sensible populaire）を出現させます。すなわちすっかり満ち足りて単純に善意の神を信じる農民であり、ルソーはこうした人物を、パラダイムとして構成された哲学的な「邪《よこしま》さ（méchanceté）」から守りたいと思っているのです。

そういうことなのです。いまや皆さんは、キルケゴールにおいては哲学の同定手順がどのようにヘーゲル的な弁証法に関わっているのか、つまり主体的な実存を端的に抹消し、実存の還元不可能性を、概念の広大かつ抽象的でもっともらしい弁証法の中で無化することを目的とするものにどのように関わっているのか、という練習問題に取り組むことができるでしょう。おわかりと思いますが、対抗人物は、女性だということになります。まさに女性を、ヘーゲルのおよぼす魅惑に対して決定的に無関心にさせなくてはならない。そしてそのためには、女性を愛し、女性を結婚の倫理的な重大性へと導いて行く必要がある、というわけです。ただこれによって我らがキルケゴールの仕事は簡単になったわけではありません。なぜなら彼にとって結婚するということは大仕事であったからで、結局彼はそれを諦めることになりました。

以上申し上げたなかでは話があちこちとんでしまいましたが、言いたかったのは、われわれがラカンによる哲学の同定を捉えようというところまで来ているということであり、その際われわれはつねに、この同定が哲学者ではなく分析家という対抗人物に向けて行われていることを念頭に置いているということでした。余談になりますが、このことは重要な指摘です。なぜならこれは、ラカンにとっては、分析家自身が哲学によって脅かされているということを意味しているからです。しかしどうして分析家にとっては、こうした哲学的な脅威があるということになるのでしょうか。それはとりわけ、分析家が哲学に関してあまりに無知なので、その脅威がどれほどのものかわからないためです。逆説的なことですが、反哲学者ラカンは、分析家が哲学のことを知らないといって絶えず彼らを罵倒しています。『パルメニデス』を読みなさいと彼らに言ったのですが、何人が読んだでしょうか。一人として読んではいません」等々。しかしそれでもやはり、彼らを哲学から守るということが問題なのです。分析家はいくらか哲学を読まなくてはなりませんが、それは分析的ディスクールの究極的な法のもとで、哲学を試練にかけるためです。つまり哲学に帰順するためにではなく、そこから身を守る術を知るために、それを読まなくてはならないのです。さて、こうした呼びかけには、重い理由があります。精神分析は、意味の解釈学（une herméneutique du sens）になってしまう危険に、たえず脅かされているのです。われわれは、精神分析の内的な危機、それはまさに哲学である、と認めることができます。すなわち、精神分析的行為を忘却し、哲学者の解釈学的なポジションを利する誘惑に駆られるということです。治療を威張りくさったお喋りに変えてしまうということですね。

結局のところ、ラカン的な反哲学があるのは、哲学に属する何かが分析的行為を危機に陥れるからです。もちろんラカンのテーゼは、われわれが哲学を同定できない状況にあるからこそいっそう哲学は行為を危機に陥れるのだ、というものです。だからこそ、分析家をその哲学的無知に関して罵倒するということが非常に重要になるのです。

それではこの時間のはじめに思い出していただいた、三つの言表に戻りましょう。われわれがたどり着いたこの段階においては、つぎのように言うことができます。ラカンの反哲学は、これら三つの言表を結びあわせることになる。すなわち哲学の同定は、その数学、政治、愛への関係の三重規定を結びあわせることによってなされることになる、ということです。われわれは直ちに、この結びあわせの原理は何になるだろうか、という点を考えなくてはなりません。手始めに大まかなところを申し上げれば、ラカンは哲学のことを、意味を宗教的に取り上げ直すものだと考えていると言えます。三つの言表（数学に対して塞がれていること、政治の穴を塞ぐこと、そしてそのディスクールの核心には愛があるということ——ただし後でわれわれは、それが不遇な真理愛であるということを見ることになるでしょう）を循環させ、結びあわせているものが何かといえば、それは哲学に、ある意味の機能を帰しているということです。この機能は、その構造において、究極的には宗教的な性格を持っているのです。この点はすこしずつ固めてゆくことになりますが、これについてはある種のラカン的ニーチェ主義があるといわなくてはなりません。このニーチェ主義は比較的形式的なもので、宗教を強力で、そしていくつかの観点からみると常に決定的ですらあるような構造として同定しています。そしてこの構造的な力という点からみたときに、哲学は独立したものではありません。形而上学、伝統の哲学は、意味の宗教的な論理から独立してはいません。生の意味、運命の意味、過ちの意味の、宗教的な論理から独立してはいないのです。ここからわれわれは、この反哲学の問題において、われわれがたえず強調している点へと至ります。すなわち意味と真理の二律背反《アンチノミー》です。ここまでの二年の間に打ち立てた公理を思い出していただきましょう。われわれはこれがラカンにも当てはまるのか、確認しなくてはならないでしょう。つまりそれは本質的には、反哲学は常に、真理に対する意味の優位を主張する、という公理です。それこそがおそらくは、反哲学の最重要の操作なのです。

ニーチェにおいては、例えば、つねに価値付けであるような意味、さまざまな力の価値付けの産物であるような意味は、絶対的に初源的なものであり、真理そのものは、意味の、ある類型学的な界域でしかありません。真理は、死活的に重要な差異を織りなす典型的な諸価値付けの、可能なかたちの一つに過ぎないのです。おおまかにいえば、ニーチェにとって、真理は反応的な力（la puissance réactive）のカテゴリー的な類型です。まさに能動的な力（la puissance active）の価値付けにおいて、われわれは意味の問題の鍵を見出すことができますが、それによって真理は絶対的に価値付けの界域に、ということはつまり意味の界域に従属することになるのです[*2]。

ウィトゲンシュタインに関しては――われわれがこれを指摘するのは、それがラカンにおいてこのあと見ることになるものと、やや奇妙な近さを示しているからですが――意味には二つの意味があります。意味には二重の意味があるのです。最初の意味は、大変明確です。それは命題の意味です。命題は意味をなすのですが、それは、対象の基体そのもののうちにその可能性が書き込まれているような事物の状態を描き出す限りにおいてです。これは、命題的ないし言語的な意味です。それから、沈黙した意味、極度に審美的《アルシエステティック》ないし倫理的――これは同じことです――な意味があって、これは行為の領域に属しています。つまりそれは、命題に書き込まれることは決してないのです。この第二の意味は、言うことができません。それについては沈黙しなくてはならない。この命令的な呼びかけは、意味を行為の倫理的な領域に位置づけています。こちらは、世界の意味であり、あるいは主体の意味です――それは同じことなのです。そしてこの意味は、真理に対して、根元的に優位にあります。真理の方は、既存の――到来する、到来した――事物の状態を描き出したものにすぎません。真であるものとは、自然の諸科学であり、既存の事物の状態を正確に記述する、言語的な絵画です。そしてこれは、倫理的行為の意味という観点からは、それほど重要なものではありません。

さて、この点がラカンをまったく厄介な仕方で悩ませることになるという点に注意しましょう。ウィトゲンシュタインにとっては、真理は純粋な偶然性です。ある事物の状態が到来したり、到来しなかったりすること、このことにはいかなる必然性もありません。そして真理とは、到来した事物の状態の記述的な命題なので、真であるということは、命題の偶然的なステータスであるということになります。従って煎じ詰めるところ、真理に対する意味の優位――反哲学の公理にあたるものです――は、ウィトゲンシュタインにおいては、偶然性に対する必然性の優位がとる、或る形態だということになるでしょう。偶然性が真理側にあり、他方で真なる必然性は行為の側にあります。つまり世界の意味、ないしは主体の意味――これらは同じことになります――の側にある、ということです。

いずれの場合でも、ニーチェにおいてもウィトゲンシュタインにおいても、経路はまったく異なりますが、疑いもなく、真理に対する意味の能動《アクティヴ》〔＝行為〕的な優位がみられます。意味がその現実性《レエル》を行為《アクト》としてしか持ち得ず、命題的ないし言語的なかたちでは到達できないものであるとしても、あるいはまさにそれゆえに、そうした真理に対する意味の能動〔＝行為〕的な優位はみられます。ニーチェにおいて、「世界の歴史を二つに割る」といわれた行為も、命題の領域に属するものではありません。命題の領域に属しているのは、その予告であり、あるいはその先取りされた輝きです。それはツァラトゥストラなのですが、しかしツァラトゥストラは、自身でそう言っているように、自分自身の先駆者なのです。彼は従って、行為の前の言うこと（le dire）のうちにあります。行為のほうは、宣言や予告の領域に属するものではありません。ニーチェにとってもウィトゲンシュタインにとっても、真理とは、意味を与える行為という点から見ると、限定的なかたちです。ニーチェにおいては、それは類型論的なかたちをとります。すなわち哲学者や司祭という人物です。ウィトゲンシュタインにおいては、それは科学的なかたち、すなわち自然科学というかたちをとります。行為のいっそう激しく、いっそう本質的なかたちは、つねに意味の界域のうちに位置づけられています。

さて、この問題はラカンにおいてはどのように現れてくるでしょうか。そしてそれはどのように反哲学と結びつくのでしょうか。われわれにとって不幸なことに、これは大変複雑です。本当に大変複雑なのです。ここでもまた、基本となる分析の枠組みを得るために、図式化してお話ししましょう。

こう申し上げていいでしょう。まず、第一のラカンがいるのですが、このラカンにおいては、真理は明確に、ガリレオ的な数学化された科学の理想のもとに置かれています。加えてそこでは、真理は決定的な原因の機能を持っています。真理とは――これは大変大まかな定式ですが、間違ってはいません――主体の原因なのです。そして確かに、この段階では、意味は部分的に解任されています。この第一の局面に関して一番参考になるテクスト、『エクリ』の「科学と真理」にあたっていただいて、この点の複雑な議論の道行きをご確認ください。[*3]

それからはっきりとわかる動きがあって、第二のラカンを語ることが可能になります。そこでは、こういうふうに申し上げたらどうかと思うのですが、真理はむしろ、想定された知と伝達可能な知の間の、蝕（éclipse）の位置にあります。この一件に関して、意味はどうなるのでしょうか。難しいのは、この第二のラカンにおいては、意味／真理の二分法の厳密な枠組みのなかでは、うまく苦境を切り抜けることができないということです。そういうふうにはいかないのです。なぜでしょうか。それは意味が、知との相関関係において問われなくてはならないからです。こうした、それ自身不完全であるような、三項関係的な構図が、ここでもまた出てきます――とはいえわれわれは、物事を真理／意味／知というふうに、はっきりと分割せざるを得ません――そしてそこで哲学の同定の問題が問われることになるのです。

この三項関係的な構図においては、意味の機能を、真理の解任という単純で古典的な反哲学的効果のうちで検討するのは不可能です。では舞台の前面には、何が出て来ているのでしょうか。すべては次のことにかかっています。すなわち現実的なものが部分的には意味の不在から定義可能であるということです。われわれはこの点が執拗に現れてくること、そしてそれが極度の困難を孕んでいることをこのあと見ることになるでしょう。というのも現実的なものが、意味の不在から定義可能であるとするならば、意味は、不在《アブサンス》という様態において、つまり脱《アブ》-意味《サンス》（ab-sens）という様態においてではありますが、現実的なものの定義に含意されていることになるからです。そうすると次の問いが出てくるでしょう。すなわち、脱《アブ》-意味《サンス》（ab-sens）とは何だろうか、という問いです。それは多くのものです。それは意味が要請することのありうる不在、意味に内部的ですらある不在です。それは意味を引き去り、あるいは意味から逃れ去るということ（la soustraction du ou au sens）です。そしてそれは何か、第一のラカンにおける古典的な欠如の機能のなかにおさまるものですし、その退隠という様態において、意味を軽減するものです。

よく理解いただいていると思いますが、ここで全ては脱《アブ》－意味《サンス》（ab-sens）と無《ノン》－意味《サンス》（non-sens）の差異にかかっています。ラカンについて、私は皆さんに周期的にこういっています。これこれを理解すれば、全てがわかったということになるでしょう、と。さて、いま一度それを申し上げましょう。どのようにして脱《アブ》－意味《サンス》が無《ノン》－意味《サンス》とは別のものとなっているのかが本当にわかれば、われわれは現実的なもの（le réel）が本当にわかったということになるでしょう――それは簡単なことではありませんし、そもそもラカン自身によれば、それはあらゆる理解を免れているのですが、しかしまさにわれわれは、現実的なものの原初的な了解不能性をどこに位置づけるべきかがわかったということになるでしょう。

『レトゥルディ』から抜き出してきた道しるべとなるテクストをいくつか示しましょう。私が興味深いと思う最初の言表は、以下のようなものです。ここでラカンはもう一度、フロイトが現実に何をもたらしたのかを言おうとしています。この言表には無数の異型《ヴァリアント》がありますが、ここではこうなっています。

脱《アブ》－意味《サンス》が性（le sexe）を指し示すということ、このことへと向かう道に、フロイトはわれわれを踏み込ませたのだ。*4

そもそも、分析的ディスクールの内部の一般的な定式としての現実的なもの、すなわち固有の不可能なものとしての現実的なものは、「性関係はあらぬ（Il n'y a pas de rapport sexuel.）」と言われていることを、われわれは知っています。では、この脱《アブ》－意味《サンス》が指し示している「性（le sexe）」とは、何なのでしょうか。この問いを支えるために、ラカンは適切なかばん語を作ることになります。すなわち脱《アブ》‐性《セックス》的な意味《サンス》（le sens ab-sexe）、というかばん語です。脱《アブ》‐意味《サンス》は性を指しますが、結局のところ現実的なものにおけるような性、あるいは無‐関係におけるような性とは、脱《アブ》‐性《セックス》的な意味《サンス》なのです。つまりこう言えるでしょう、脱《アブ》‐意味《サンス》が無《ノン》‐意味《サンス》ではないのは、それが脱《アブ》‐性《セックス》的な意味《サンス》だからです。つまり脱《アブ》‐意味《サンス》（＝不在）は一つの現実的なものを、ある界域規定《ルジストラシオン》のうちで指し示しているのですが、それはたとえ脱《アブ》‐意味《サンス》としての意味であるにしても、それでもやはり意味の界域規定と言われうるような界域規定なのです。われわれも前進しているのです……というのも脱《アブ》‐意味《サンス》としての意味というのは、脱《アブ》‐性《セックス》としての意味でもあり、ということはつまり確かに現実的なものであるわけですから。

私が話の筋道を、知と意味という筋道を見失ったとは思わないでください！　なぜならこの場合十分ありうることとして——そしてこれは全く筋の通った話なのですが——伝達可能な知、現実的なものがその袋小路となることがわかっている、かの有名な伝達可能な知——一つの知というものがあり、全面的に伝達可能な知があるとすれば、ということは要するに、もしマテームがあるとすれば——だとすれば、そうした知とは、袋小路においてであるにせよ、現実的なものとの接触点となるに違いない、と言わなくてはなりません。そしてこの伝達可能な知は、脱《アブ》‐意味《サンス》との相関関係のうちにあるのでなくてはなりません。すなわち脱《アブ》‐性《セックス》的な意味《サンス》との相関関係のうちにあるのでなくてはなりません。真理はといえば、むしろヴェールであり、ヴェールを取り除くことです。何かが根源的に隠されている限りにおいてそうなのです。

はっきりわかるようにということであれば、つぎのように言うことができるでしょう。1. マテームとは、全面的に伝達可能なものである。2. 真理は、半ば言われること（se mi-dire）しかできない。真理は従って、全面的に伝達可能なものでは確実にない。これは避けられない理屈です。したがって確かに、全面的に伝達可能な知は、真理への本質的な連結においては見出されないのです。真理とは、まさにヴェールをかけると同時に隠す運動なのですから、本質的な半ば言うこと（mi-dire）のうちに立っています。それは多くのことができるのですが、しかし全面的な伝達はできません。ということはおそらく、われわれは次のように主張することができるでしょう。すなわち、もしそこで問題なのが知であるとするならば、その知は脱《アブ》－意味《サンス》がそれであるような現実的なものの意味的な機能と構成的に結びついているのでなくてはならず、その脱《アブ》－意味《サンス》とは脱《アブ》－性《セックス》的な意味《サンス》と同じものなのです。とはいえ「脱《アブ》－性《セックス》的な意味《サンス》」が言わんとしているのは「現実的な意味」であり、現実的なものとは「関係－は－あらぬ（il-n'y-a-pas-de-rapport）」であり、それは脱《アブ》－性《セックス》そのものであるということ、このことを見なくてはなりません。だからこそ私の考えでは、この点において、真理の側面に関する、あるいは真理のうちにある、ヴェールをかけ取り除くことの本質的な機能といったものに関する、ハイデガーへの媚態《コケットリー》が維持されているということがあるのです。真理はつねに、それが隠しているものそのものの近辺にあるのですが、その一方でそうしたもののうちのいかなるものも知の側では維持されないでしょう。知は、脱《アブ》－性《セックス》的な意味《サンス》と相関した知である限りにおいて、全面的に伝達されることが可能です。つまりマテームであることが可能なのです。

　われわれがここで論じていることを具体的に説明する一節を引用します。これは『レトゥルディ』にあります。

さて、意味へと戻って、分析家が日々利用している方策が何なのか、この点に哲学――その時流に明るいという名誉、分析家はその不在をなしているのだが、そうした名誉を救ったいちばん最近の哲学――が思い至るために要した苦労のことを思い出していただこう。〔その方策とは〕すなわち、ヴェールを取り除くものほど隠すものは何もないということであり、真理すなわちアレーテイア＝覆蔵性（Verborgenheit）ということである。

かくして、この言うことが持つ同胞愛（fraternité）を私は否定しない。というのも私はまさに、〔精神分析という、哲学とは〕別のディスクールによって位置づけられることでそれを異論の余地のないものとする一つの実践から出発して、そのことを繰り返し述べているからである[*5]。

ここでラカンはわれわれに何を言っているのでしょうか。ラカンがわれわれに言っているのは、哲学が、真理が隠すものであり、まさにヴェールを取り除くのと同じだけ隠すあの何かであるということ、意味の問題の背後にあるこのことことに気づくのにたいへん苦労したということです。そこにはハイデガーに対して維持されているある種の媚態《コケットリー》があります。われわれはこれを途中で指摘したのですが、この媚態は実際比較的遅い時期（一九七二年）に属するものです。ハイデガーはまだ哲学であり、「その時流に明るいという名誉、分析家はその不在をなしているのだが、そうした名誉を救ったいちばん最近の哲学」です。分析家はと言えば、まさにその日々の実践において、意味に関する脱《アブ》-性《セックス》に出会い、真理がヴェールを取り除けるのと同じくらい隠すものであるということを体験しています。ハイデガーはこの点に通じている唯一の哲学者です――この点は隅っこの方で書き留めておこうではありませんか。彼は大変苦労して、哲学の名誉を救っています。これもまた、たいへんラカン的なテーマです。分析家の日々の糧である諸々の事柄について、哲学は無限の労苦を費やしてようやく何とかそのひとかけらを見出すことができるのだ、というわけです。われわれ〔哲学者〕は、どんな分析家も自身の直接的な経験のなかで見て取るような事柄のために、汗水流してあり得ないほどじたばたしているのです。わたしはこのことがそれほど本当かどうかはわかりません。でも、まあいいでしょう。

ハイデガー的な媚態に加えて、何がラカン的な布置であるか、皆さんおわかりですね。

まず、知と意味の連結です。問題なのが本当に一つの知であるとするならば、それは現実的なものの地点から、脱《アブ》‐性《セックス》として言われます。そしてこの相関関係が、脱《アブ》‐意味《サンス》と名付けられています。それから、意味と真理の相関関係は、退隠とヴェールを取りのけることというかたちで言われることになります。

おしまいに、次のように想定しなくてはならないでしょう――かなり大胆な仮説ではあるのですが、しかし私はさしあたりということで、ここでこの仮説を立てたいと思います――すなわち哲学は、意味と真理の装置の内にとどまるのであり、もし哲学が、ラカン的な意味での知をそこに登場させないとするなら、それは脱《アブ》‐意味《サンス》を、すなわち現実的なものを捉え損ねるだろう、という想定です。

これは哲学の同定という点で、たいへん緊張を孕んだ仮説ですが、もしこの仮説が正当化されるとするなら、ラカンの問題は真理なき意味の問題ではないということが明らかになります。彼が哲学に能動的に対置するのは、それではないのです。問題は、哲学が意味／真理関係のうちにとどまるということによって定義される一方で、まさに知という地点から、この問題における現実的なものがどのようなものであるかが言表される、ということです。この現実的なものは、分析的な要請のうちに捉えられると、その内容として性関係の不可能性を持つようになります。ラカンが真理に対置するのではなく、哲学が機能させる限りにおける意味／真理という対に対置する中心的なカテゴリーは、そこから来るのです。このカテゴリーとはまさに、脱《アブ》‐意味《サンス》なるカテゴリーです。意味／真理の対峙のうちには、哲学であれば――そしてさらに、哲学がハイデガーのように、うまく作動したときには――ひたすらマスクとヴェールの機能しか見出さないのですが、そうした対峙に対して、つまり哲学の、意味と真理のカップリングのうちへの閉じ込めに対して、ラカンによれば、精神分析はこれら二つの項のうちのヒエラルキー、すなわちそのいずれかの優位の顛倒ならぬ、知の地点の中心、つまり現実的なものの地点の中心を、脱《アブ》‐意味《サンス》のカテゴリーのもとでずらすということを対置するのだ、というわけです。この脱《アブ》‐意味《サンス》のカテゴリーは、無《ノン》‐意味《サンス》と同一では全くないものとして考えられなくてはなりません。

私の見るところ、ラカン的装置の合理性のかなりの部分が――ということはつまり、その装置自体が、思考と理性の装置として言表されているのであって、非合理的な直観の装置として言表されているのではない、ということになるのですが――この脱《アブ》‐意味《サンス》が合理的な性格をもつか、あるいはそうではないかという点にかかっています。これが、私がラカンに受けさせようとしている試練ないしテストの計画です。それがなぜなのかはよくおわかりでしょう。あらゆる非合理主義は、そのやり方はどうあれ、無《ノン》‐意味《サンス》のカテゴリーを練り上げます。ただまさにラカンにおいては、それは重要な点ではありません。というのもすべては無《ノン》‐意味《サンス》と脱《アブ》‐意味《サンス》のあいだの根元的な隔たりに、あるいはより正確には、無《ノン》‐意味《サンス》と脱《アブ》‐性《セックス》的な意味《サンス》のあいだの根元的な隔たりにかかっているからです。脱《アブ》‐意味《サンス》とは、それが性的な無‐関係を名指すのであるかぎり、脱《アブ》‐性《セックス》的な意味《サンス》以外のものではありません。そしてこの脱《アブ》‐性《セックス》的な意味《サンス》とは、無《ノン》‐意味《サンス》ではまったくないのです。

こうした合理性のかたちは、ラカン的装置の総体にとって、決定的であることがわかります。とりわけ、後に見るように、分析的行為とは、脱《アブ》-性《セックス》的な意味に関する、ということはつまり脱《アブ》-意味《サンス》に関する伝達可能な知の生産に存するということがわかっているだけになおのことそうです。この脱《アブ》-意味《サンス》は結局、不在《アブサンス》によって支えられているのです。行為が、性《セックス》ということに関して日の当たる場所には不在であったものに、日の目を見させるものだということ。いかなる分析的治療も、まさにそのことをわれわれに示しています。分析的治療が極度に科学的《アルシシャンティフィック》であるというのは、この点においてです。まさに科学の理想のもとで、フロイトは、ラカンがそう書いていましたが、「脱《アブ》-意味《サンス》が性《セックス》を指示するということへと向かう道に」われわれを進ませることができたのでした。

ということは、ラカンの反哲学は、われわれに意味を——その意味が沈黙の意味であれ、言いうる意味であれ——啓示し真理の限定的で抽象的な空間に対するその優位を確立する、実存的行為の二番煎じではない、ということになります。それは、知という仕方でしか制御できない、かの脱《アブ》-意味《サンス》ないしは脱《アブ》-性《セックス》的な意味《サンス》の空間のために、意味と真理の単なる対峙から、行為によって距離を取るということなのだ、というわけです。

もし私が正しいとしたら——私がいまお話しししていることは、話そうと思っていたことはちょっとずれているのですが、まあ仕方ありません——例のパス[*6] (la passe) の話の大変な重要性がおわかりいただけるでしょう。この点について一言申し上げます。なぜならそれによってわれわれは哲学に戻ってくることができるだろうからです。パスとは何でしょうか。それは分析というべきものがあった (il y a eu de l'analyse) ということを検証する一つの装置です。もちろん、分析があったことを検証する限りにおいて、われわれは分析家というべきものがいた (il y a eu de l'analyste) と宣告する資格ができることになります。

そしてまさにそのような方向で物事は進んでいます。ひとは分析家というべきものがいるということを検証して、しかるのちに「分析家というべきものがいるのだから、分析があるのだ」というわけではありません。それは、シカゴのひとたちの手続きです。アメリカ人《ヤンキー》の国際協会《インターナショナル》の手続きなのです！[*7] これに対して、そもそものはじめからシカゴと戦ってきたラカンが意図しているのは、分析というべきものがあった、ということを立証することです。次いで分析というべきものがあったという限りにおいて、その「ある（il y a）」に巻き込まれている分析家は学派分析家[*8]である、と言われるでしょう。そういうふうに認められることが、分析家にとってうれしいのかどうかはわかりませんが、これが意味しているのは、分析というべきものがあったということが、ということはつまり分析家というべきものがいたということが、誰かによって宣告されることになるだろう、ということです。

　ではどのようにすれば、実際に分析というべきものがあったということをチェックできるのでしょうか。[*9] この点は全面的に、伝達可能性という観念の上に依拠しています。誰かが分析的治療の中で何が起きたかを別の誰かに語り、その別の誰かが三番目の人にそれを語ります。技術的な細かい点には立ち入りませんが、原則はよくおわかりですね。誰かが別の誰かに何が起きたかを語り、その別の誰かが三番目の人にそれを語って、そしてその三番目の人がこう言います。ほら、こういうことなんですよ。伝達可能性を検証するためには、二つの伝達のステップが必要なのです。これは大変に合理的です。というのも誰かが誰かに対して、何かが起きたと語ったとしても、少しでも伝達があったかどうかは全く確実ではないからです。現実に伝達があったということがわかるためには、二番目の人が三番目の人に対してそれを語らなくてはなりません。そして三番目の人、というより実際には三番目の人たちで、彼らが審査委員会を構成しているのですが、その彼らはこういうのです。そうだ、ほら、ここでは分析というべきものがあったのだ、と。

このプロセスにおいて私の興味を引くのは、二つのことです。

第一に、語の通常の意味における科学的手続きとの、ある経験的連続性です。科学において、誰かが何かを見つけたと主張するとき――それが数学的な証明であれ――確かに数学というべきもの（de la mathématique）があったということを検証するにはどうすればよいのか。〔そのためには〕証明を誰か別の人に、あるいは誰か別の複数の人たちにしてみせる必要があります。この誰か別の複数の人たちが、それを他の人たちに語ることができるようになってはじめて、そのことは証示されるのです。これは確かです。科学的検証の時には、つねに三つの時が区別できますが、これはそれらの時が、伝達可能性を証示する時であるからです。科学に関して言えば、全面的な伝達可能性のあるかたちがあると認めることが可能です。それは発見をしたと考えている者が自分の発見を、雑誌で保証人（les répondants）と呼ばれている人たちの判断に委ねることによって検証されます。この保証人はまさに、最終的な審判者、だいたいは学術雑誌の編集委員会ですが、その委員会を前にして、そのことを保証します。学術雑誌は、力の及ぶ限り、あんまりばかげた事柄を出版しないよう努めています。つまりわれわれはこうした手続きを必要としています。それは審査を通らなくてはならないのですが、それはいつも三つの時を経て通ります。それだからこそ、パスは行為のラカン的な捉え方の極度に科学的《アルシシャンティフィック》な性格を、経験的に確証するものとなっているのです。分析というべきものがあるということのチェックの制度的な様態は、科学的発見の伝達可能性のモデルに倣っています。それは学者によって組織される世界における、科学的発見の妥当性検証のためのテストに相当するものなのです。

第二に、さらに私にとって興味深いのは次のことです。〔すなわち〕分析的行為があるときにしか、現実に分析は存在し得ない、ということです。というのも反哲学的なタイプのあらゆる思考においては、行為が究極において絶対的な支配権を持つということが見られるからです。したがってもし、「分析がある」ことの証拠が、チェックされた伝達可能性の領域に全面的に属するものであるとするならば、それはやはり、知以外に行為を証明するものはない、ということを意味しています。というのもパスにおいて問題になるのはまさに、伝達可能な知であり、ただそれだけであるからです。であれば――分析の現実的なものとしての――分析的行為は、伝達可能な知の生産によってはじめて証明されるのだ、と主張する必要があるでしょう。その行為は、そうした伝達可能な知によって支えられ、そしてそれを妥当なものにしているのです。

おわかりの通り、われわれはここで、あらゆる反哲学にとって本質的な一つの問いのすぐ近くにまで来ています。その問いは、行為が名状し難いという性格を持つのかどうか、という問いです。行為の中には何か、言い得ないままにとどまるものがあるのだろうか。行為は言語的な手順《プロトコル》を中断させるものだろうか。行為はウィトゲンシュタインやパスカル（「歓び、歓びゆえの涙[10]（joie, pleurs de joie）」）にとって、そして実はあらゆる反哲学的な伝統にとってそうであったように、本質的に沈黙のうちにとどまるのだろうか。この点についても、ラカンの立場はかなり驚くべき、革新的なもので、いずれにしても特異なものとなるでしょう

実際、一方で、行為は行為です。つまり、それはそのものとして命題のなかで提示されうるものではありません。このことは、確実です。別な言い方をすれば、それが起こる《ア・リウ》のはその〔起こるべき〕場所《リウ》においてです。つまり、〔分析主体の横たわる〕寝椅子《ディヴァン》ということですね。寝椅子《ディヴァン》が神的《ディヴァン》なものに置き換わるということに、私は常々感銘を受けてきました。なぜならウィトゲンシュタインにおいては、まさに

神的《ディヴァン》なものが、行為の場所であるからです。

教室の誰かが反対して言う：違います、〔分析家が座る〕肘掛け椅子ですよ、行為の場所は。

では肘掛け椅子もですね！　二つあるわけです、注意してください、肘掛け椅子と寝椅子です。行為は〔分析家のように〕座っているのか、〔分析主体のように〕横たわっているのか。行為には二つの座が、二つの可能な位置づけがあるのです。いずれにしても、行為はその〔起こるべき〕場所《リウ》で起こります《ア・リウ》。そうです。その意味で行為は、現実的な行為として、命題の布置のうちにはない、という掟のもとにあります。にもかかわらず、行為は知のかたちでのみ証示されます。ここには何か、全く新しいものがあります。これは次のようにまとめられるでしょう。分析的行為は、知としてのみ証示される――真理としてではない。というのも、パスによって何らかの真理を検証することが可能になるといったことは絶対にないからです。知のほうはよいのですが、しかし問題なのは決して真理ではありません。これは、結局のところ、脱《アブ》-意味《サンス》に関わるのがまさに知であるからです。それに、パスは不在《アブサンス》を組織するものです。というのも継起する伝達のなかで、最初の登場人物は姿を消してしまうからです。すべては結局、当事者すなわちパスを通過しようとする者の不在《アブサンス》において判断されます。幸いなことに、候補者となる分析家は、被告ではありません。さもなくば、これこそ被告があらゆる弁護能力のないままに判決が下される法廷の典型例だ、と言えたことでしょう。ただ、それは被告ではありません。それは一人の……志願者（un volontaire）なのです。そしてすべての問題はそこにあります。その人は、どの程度まで志願しているのか。本当に志願しているのか。しかしまあ……それが彼が不在のところで判断される、という点は変わりません。この「不在のところで」という表現は、問題となっているのが脱《アブ》−意味《サンス》であり、つまり脱《アブ》−性《セックス》的な意味であるということの、舞台的な隠喩になっていると思います。この脱《アブ》−性《セックス》的な意味《サンス》は、それについて全面的に伝達可能な知がありうるような何かです。そしてその伝達の検証——これがパスの手順《プロトコル》そのものなのですが——によって、行為が知と、脱《アブ》−意味《サンス》としての意味《サンス》との特異な相関関係に依拠するようになります。まさにそのために、誰であれこの不在《アブサンス》の出来事のうちにあった者が不在のところで判断が下されなくてはならないのです。

しかし、と皆さんはおっしゃることでしょう、こうした全てのうちで、哲学はどうなったのか、と。はてさて哲学とは、通過《パス》しないものです（ce qui ne passe pas）。この点はラカンが深く確信しているところです。パスの廃物（le détritus）は、全面的に哲学的なものであるはずだ、とすら言えるでしょう。パスの屑（le déchet）をみてみると——そもそも面白いかもしれません。いつかパスのゴミ箱を見せてほしいものです——哲学でいっぱいになっていると思いますよ。それは通過《パス》しないものなのです。ではどうして治療のうちにある哲学的なものは通過《パス》しないものなのでしょうか。なぜならそれは解釈学的で平板な解釈であると判明したものであり、雑多で多様な舌先三寸であり、不吉な全体化であり、濃縮したコギトにおける自己意識であり、偽りの絶対知であり、決して自分自身であること諦めない、主人の勝ち誇った審級、等々であると判明したものだからです。そうした全てとは、何でしょうか。結局それが哲学というべきものです。治療はそうした方向に進んだとしたら、快適な哲学的議論のセッションになり得ます。ただラカンの希望は、そうしたものが、いずれにしても通過《パス》しない、ということでした。教義上の理由からではありません——審査員が、「いやこれではない、これは分析とは別物だ」と言うであろうからというわけではありません――そうではなく、それが通過《パス》しないのは、その存在そのものにおいて、それは知へと移行《パス》することがないからであり、意味と真理の二項式のうちに閉じ込められたままだからです。うまくするとそうなる、ということですよ！　それはひたすら大量の意味である、ということもありうるわけですが、しかしうまくすると、それは意味と真理のカップリングのうちにとどまります。そしてそれは、このカップリングのうちにあるからこそ、通過《パス》しないのです。結局こういえるかもしれません。パスという仕組みの整備は、反哲学の究極的な表現であり、それを実践的に組織化するということなのだ、と。

ウィトゲンシュタインにおいても、哲学的塵芥を検知し選別するための反哲学的な装置を構築したいという誘惑がありました。それは文法家的な装置でした。文が意味を持つか持たないか見てみる。それがもし意味を持てば、たいへん結構で、その文は科学的である。もしそれが意味を持たなければ、それは哲学的である。つまり、分別もしていたということです。しかしこれは、パスにはまったく当てはまりません。文法家的な装置は、凡庸で、あぶなっかしい装置です。意味を持つか持たないか確かめるということをしようとすると、結局のところ、誰もがわけがわからなくなってしまいます。これに対して、ここではそうではありません。原則として、哲学はまったく単純に、通過《パス》しないものである、というわけです。外在的な基準は必要ありません。それは通過《パス》するはずがないのです。パスはしたがって、反哲学の組織化された究極形態なのだ、ということになります。

それゆえ、次のような問いを考えてみることができます。まともな反哲学的装置が、哲学的塵芥の分別機が発明されたのが、精神分析の領域であり、とりわけ奇妙なことにラカン流の精神分析の領域であったのは、いったいなぜなのでしょうか。そもそも私は、ラカンがパスについてかなり機械的な考えを持っていたと確信しています。それは各々の才能や善意に依存するものであってはならなかったのです。パサー〔=通過させる者〕(les passeurs) や審査員 (les juges) があまり才能に恵まれていなかったとしても、彼らが実のところ大馬鹿だったとしても、それでもそれは機能するのです！　この点が大事でした。なぜなら、よくご理解いただけると思いますが、もしパスが人々の才能に依拠するのだとしたら、おしまいだからです。伝達可能性のテストは成立しないのです。確かに、もちろん多少の能力は必要です。数学を一度もやったことがない人に、数学的な命題についての判断を委ねるということはやはりしないでしょう。しかし原則として、パスについては馬鹿でもできるようなところがあります。というのも、それが通るかどうかさえ見ればよいからです。従ってそれは機械的な仕組みであり、まさにその意味で私は装置と申し上げています。それが反哲学的な装置であるというのはなぜなのか。私の考えでは、ゴミであり通過《パス》しないものが何かといえば、それは無駄話や、才気走った解釈、真新しい概念、洗練された心理学的説明、分析家の姿勢《ポスチュール》や欺瞞《アンポスチュール》であり、そうしたすべては哲学的であるからなのです。

　われわれがここに見出すのは、ラカンの反哲学と他の反哲学者の反哲学の決定的な違いです。私は「歴史的な」〔違い〕と申し上げますが、それはこの違いが、歴史に、精神分析の創設に、フロイトへの回帰の恒常的な必要性に由来しているからです。なぜ「フロイトへの回帰」は、精神分析の歴史のなかで繰り返し現れてくるスローガンとなっているのでしょうか。確かに、いつのタイミングかはともかく、常にフロイトに回帰しなくてはならないということになっており、このことは科学におけるのと同様ではないということを示しています。科学においては、科学史をやることはできるのですが、ユークリッドへの回帰といったスローガンは必要ありません。それはとうに乗り越えられているのです。ではなぜ、フロイトへ回帰することが必要なのでしょうか。皆さんは、精神分析は科学ではないから、とおっしゃることでしょう。いかにも、その通りです。しかし、われわれが関心を寄せている固有の領域、これはやはり知の生産としての精神分析なのですが、この領域においては何故、周期的に創設へと立ち戻らなくてはならないのかを考えるのは非常に重要です。そう、立ち戻らなくてはならないのがなぜかといえば、それはこの〔ラカンの〕反哲学が先行する反哲学と大きく違うのが、自らに固有の行為が起きたと主張することのできる最初の反哲学だという点であるからなのです。これはニーチェの行為、さらにはウィトゲンシュタインの行為と比べたときの、決定的な違いです。それらの行為は、計画《プログラム》にとどまっています。ニーチェやウィトゲンシュタインの行為については、その条件や領域、境界、縁といったものを与えることはできるものの、それが起きたと告げることはできません。これに対して、分析的行為については何かが起きたのであり、これは創設者たるフロイトが証明しているとおりです。フロイトは、『五つの精神分析〔五大症例〕』*11を書いて、それらをパスの永遠の審査員団の、つまり例外なくすべての精神分析家の審査にかけることができたのでした。このことが意味しているのは決して、新たな行為のための新たな場所が絶えず生じるのであってはならない、ということではありません。しかし、分析的行為というべきものが起きた(de l'acte psychanalytique a eu lieu)ということの証明は、現にそこに、利用可能なかたちで存在します。したがって、分析的行為は計画《プログラム》ではありませんし、精神分析は、計画《プログラム》中の反哲学ではありません。それは、自らの行為について、すくなくともフロイトによる創設という次元においては、つねに次のように主張できる反哲学です。すなわちそれは、「そこでは、何かが起きたのだ」、別な言い方をすれば、「分析というべきものがあるようになった、永久にあるようになったのだ」と主張できる反哲学なのです。

さて、この「起きたということ（avoir-eu-lieu）」については、何の反対もありません。おそらくは、分析というべきものは、もうないのかもしれません。ラカンがある時点で言っていたことは、多かれ少なかれそういうことです。それはフロイトの時代にはあったのだが、しかしその後なくなってしまった。実際には自分、ラカンまではなくなっていた。なくなってしまっていたか、ごくわずかだけが残っていた。しかもすっかり道を外した仕方で残っていた、というわけです。しかしいずれにしても、フロイト的な創設においては確実に、それはありました。だとすると、問題は次のようなものとなります。行為が起きたという確信によりかかるということによって、反哲学には何か変化が生ずるのか。もはや計画《プログラム》中の反哲学ではなくなったということによって、〔つまり〕行為の計画、行為の約束、行為の可能性の周辺の検討ではなくなったということによって、その内的な装置には何か変化が生ずるのか。私の考えでは、それは反哲学の、知への関係を変えます。もし行為が起きたのだとしたら、それは知の中で証示されるのでなくてはなりません。もし行為が起きていなかったのだとすれば、あるいはその「起きるということ（avoir-lieu）」が不確かなままにとどまるとするならば、行為はあらゆる知の彼方に〔＝その届かないところに〕あるということになります。この二番目の状況は、他の反哲学者においてははっきりしています。彼らは皆、どこかしら予言者や神秘家めいたところがあります。従って、変わっているのは何かと言えば——しかしそれはもし本当だとすれば、決定的に重要な変容となります——実は行為がもはや——以前の反哲学のすべてにおいては、抗しがたくそうなっていたように——超越的ではなくなっているという点です。これらの反哲学においては、パスカルからルソー、キルケゴールを経てウィトゲンシュタインに至るまで、行為のうちにはつねに超越性のタッチがあったのですが、その理由は、計画《プログラム》として示されるものとしての行為が知の特定ないし同定可能な諸形象の外に、ということはつまり「来るべきもの（à-venir）」の、彼方（au-delà）のポジションに位置づけられているからです。しかしもし行為が起きたのだとすれば、それはもはや超越的ではありません。なぜなら行為は知そのもののうちで、知の生産のうちで、解読可能でなくてはならないからです。行為はパスしなくてはなりません。それは強力な歴史的パスにおいて、自らをそのものとして認めさせなくてはならないのです。だからこそ私は、ラカンは最初の内在的な反哲学を練り上げたのであり、それはそうしたものとして、最後の反哲学である、と申し上げようとしているのです。なぜならその反哲学は、もしそれが現実的であるならば、知として証示されるわけですからね。

ただそうしますと、われわれは二つの重大な問題を抱えていることになります。

第一の問題はこうです。ただ一度であれ行為が起きたということを、何が証言してくれるのだろうか。これは詰まるところ、フロイトとは何か、という問題です。この問題は、精神分析に内在的な問題であって、歴史問題ではありません。何故かはおわかりでしょう。というのもそれは、フロイトと共に何が起きたのだろうか、という問いだからです。何かが起きたのだろうか。起きたとすれば何だろうか。この問いは実は、行為をめぐる問いです。確かにフロイトは、新たな理論を作り出し、新たな仮説を立てました。もちろんそうなのですが、ただ〔そうしたのは〕彼だけではありませんし、彼が最初の一人だというわけでもありません。問題になっているのは、まったく別の重大事です。問題となっているのは行為です。どんな行為が起きて、その一般的な名がフロイトになったのでしょうか。とりわけわれわれの焦眉の問題としては、〔それは〕哲学という点から見てどのような行為なのでしょうか。あるいはさらに、フロイトは哲学の何を中断したのでしょうか。ニーチェのような物言いをするとするなら、彼は哲学史を真っ二つに折ってしまったのでしょうか。以上が第一の問題に関してです。フロイトという問題、フロイトへの回帰の問題、フロイトが誰であったかという問題、フロイトの自己分析の問題は、精神分析の歴史にのみ関わるものであってはなりません。なぜなら、その問題は反対に、精神分析そのものにとって決定的であるからです。精神分析に対するあらゆる攻撃はそもそも、フロイトは詐欺師であり彼は何も——行為という意味では——なさなかった、と言うということに帰着します。だからこそ精神分析はつねにフロイトの再検討をもとめるのであり、だからこそフロイトへの回帰はこのあともずっと必要であり続けるのです。

　第二の問題は次のようになります。脱《アブ》-意味《サンス》とは、それによって実際、伝達可能な知が支えられるようなものなのだろうか。脱《アブ》-意味《サンス》あるいは脱《アブ》-性《セックス》的な意味は、理性的なカテゴリーなのだろうか。それは現実に、意味および真理との三角測量において伝達可能なものなのだろうか。これら二つの問題の間には明らかに連結があることがおわかりいただけると思います。フロイトは、何かを開いたわけですが、その開始（ouverture）は一つの行為が現実に存在するということそのものです。そしてこの行為は——それが思考効果を及ぼす限りでの性《セックス》に関わるということは周知のことなのですが——次のことに帰着します。つまり、脱《アブ》-意味《サンス》が性《セックス》を指し示し、その結果として〈主体〉の現実《レエル》的な点が発見されるのだが、この現実《レエル》的な点によって伝達可能な知が支えられ得るのだ、ということです。つまり結局のところ、われわれはフロイトによって担保された、特異的な〈主体〉に関する真正な知を手にしているのだ、というわけです。

　この観点からわれわれは、全く新しいかたちで、哲学について非難すべき点を挙げてゆくことができます。第一に、哲学は脱《アブ》‐意味《サンス》の界域を知りません。哲学は意味と無‐意味の対立の間で、身動きがとれなくなっています。第二に、哲学は脱《アブ》‐性《セックス》を知らないことから、知を現実的《レエル》なもののうちに定立することができません。第三に哲学は、意味と真理を鏡映的な関係に置くことしかしていません。これが哲学の、鏡映的（spéculaire）な停滞です。思弁的なもの（Le spéculatif）、それは鏡映的なもの（le spéculaire）なのです。

そのようなわけで、哲学は塞《ブーシュ》ぎ、また塞《ブーシェ》がっています。そのようなわけで、哲学はそこから愛によって、真理愛によって抜け出せると信じているのです。

こうした容赦のない結論に、われわれ哲学者は、声もないということになるのでしょうか。この点をこのあと見てみましょう。次回に、ということですね。

訳註

＊1　いわゆる「概念的人物」への目配せ。Cf. ジル・ドゥルーズ、フェリックス・ガタリ『哲学とは何か』（財津理訳、河出書房新社、一九九七年）の「第三章　概念的人物」。

＊2　バディウはニーチェによるキリスト教の断罪について、そこで「言明の能動的な力（la puissance active de la déclaration）」、すなわちニーチェが自らその強度における言明を担う主体として現れるということが持つ重要性を強調した（Alain Badiou, *Nietzsche. L'antiphilosophie 1. 1992-1993*, Paris, Fayard, 2015, pp. 80-81）。また「類型」についてバディウは、ニーチェの極度に政治的《アルシポリティック》な行為が前提としている二つの構えとして、世界に関するものと言語に関するものの二つがあるとした上で、前者について次のように述べていた。「世界についての基軸的なテーゼはどんなものでしょうか。〔それは〕世界は諸真理の場所であってはならず、諸類型の場所でなくてはならない〔というものです〕。世界とはさまざまな類型《タイプ》の言表行為のネットワークであり、あるいは言表の〔能〕力《ピュイッサンス》を持つもののネットワークであって、それによって「ニーチェ」は一つの類型の固有名詞となりうるのです。それは究極の類型であって、そこでは世界が破砕されると同時に改めて肯定されることになります。〔一八八八年夏の断片に現れる〕「粉砕された星々（débris d'étoiles）」と「宇宙の構築（bâti d'univers）」というわけです。ここから彼の、類型学や系譜学、さまざまな主権の構成、能動的な力と受動的な力の分配についての教説の全体が、つまりニーチェ的な記述手順の全体が出てきます〔…〕」（*ibid.*, pp. 106-107）。

＊3　明かされない真理としてのトラウマ的な出来事を、ヒステリーの病因として名指すということが、精神分析の最初の理論的身振りであった。「科学と真理」では実際「原因としての真理（la vérité comme cause）」が一貫して問題になっている。「原因としての真理の問いを引き受けることを、分析家の皆さんが拒もうというのだろうか、まさにそこから皆さんがお就きの職業は始まったというのに。そのようなものとしての真理が働いていると想定する臨床家がいるとしたら、それは皆さんのことではないか」（Jacques Lacan, « La science et la vérité », in *Écrits*, Paris, Éditions du Seuil, 1966, p. 869. 以下「E」。（「科学と真理」（佐々木孝次訳）、『エクリⅢ』（佐々木孝次、海老原英彦、芦原眷訳、弘文堂、一九八一年）三八七―四二〇頁）

*4 AE, p. 452.

*5 AE, pp. 451-452. 原文では単一のパラグラフで引用されているが、AEのテクストに即して段落を分けた。

*6 よく知られているとおり、ラカンは精神分析家の養成という問題において国際精神分析協会（IPA）と対立し、一九六〇年代後半には自らの精神分析についての考え方にもとづいて分析経験の独自の認証制度を考案した。「パス（la passe）」と呼ばれるこの制度は、精神分析家という資格の認証制度ではなく、精神分析の名に値する経験があったということを認証する仕組みである。そもそも精神分析家が資格や免許といった他者からの権威付けを必要とするという考え方は、「精神分析家はおのれ自身にのみ依って立つ」とするラカンの考え方と相容れない。ラカンによれば、IPAで言われているように、養成の資格を持った分析家により時間数や形式等一定の条件を満たす精神分析をうけたときにはじめてひとは分析家になるというわけではない。彼はむしろ、精神分析主体から精神分析家に移行するということが実際に起きたときに、そこには精神分析があったと考える。その上でラカンは、その経験が学派全体のモデルとなり、精神分析の「枢要な問題」について証言できるような分析家、「学派の経験そのものの分析家」を認証する仕組みとしてパスを考案し、そうした分析家を「学派分析家（Analyste de l'Ecole）」と呼んだ（これは研究計画を認められて学派会員となった人々から学派のイニシアティヴにより選ばれた、「実力を証明した精神分析家と学派が認める」分析家である「学派会員分析家（Analyste Membre de l'Ecole）」とは区別される）。パスという制度とその生まれた歴史的経緯および同時代的な文脈については以下の論文の詳細な説明を参照されたい。Cf. 立木康介「ラカンの六八年五月――精神分析の「政治の季節」」市田良彦、王寺賢太編著『現代思想と政治――資本主義・精神分析・哲学』（平凡社、二〇一六年）五七四―六〇九頁。

*7 一九五三年にパリ精神分析協会から分離独立したフランス精神分析協会について、国際精神分析協会への加入が審査された際、ラカンによる分析家の養成手法が改めて問題視され、一九六三年のIPAストックホルム総会ではフランス精神分析協会に対してラカンの影響力を排除することが明示的に求められた。この時期のIPAの会長にはシカゴ学派出身のマックスウェル・ギテルソン（Maxwell Gitelson）が就いていたことから、両者の間の交渉を指して「ラカン対シカゴ（Lacan contre Chicago）」というスローガンが現れていた（Elisabeth Roudinesco, *La bataille de cent ans. Histoire de la psychanalyse en France 2, 1925-1985*, Paris, Editions du Seuil, 1986, p. 343）。

＊8　本講の訳註6を参照。

＊9　前掲の立木論文でパスの手続きは次のように説明されている。「パスを行う（faire la passe）候補者は「パサン（passant）」すなわち「通過する者」と呼ばれ、自らの分析経験について、とりわけいかに「分析家の欲望」を自分のものにしたかについて、証言を求められる。その証言の吟味を行う「承認審査委員会」は、AE〔学派分析家〕およびAME〔学派会員分析家〕のなかから籤引きで選ばれ、毎年三分の一ずつ入れ替わる六人のメンバーと学派会長（＝ラカン）によって構成される。ただしこの委員会は、新たなAEの候補者から直接証言を聴くのではない。その役目を果たすのは、「パサー（passeurs）」すなわち「通過させる者」と呼ばれる二人の学派会員（Membre de l'Ecole＝ME）もしくはAMEである。パサーを務めるのは、自分がパサンであってもおかしくない分析主体、すなわち分析家への「移行」を果たしつつあるとみなされる分析主体であり、AEたちによって毎年推薦されるそうした分析主体のリストから、パサン自身が引き当てる籤によって選任される。パサーの任務は、その名が示唆するとおり、パサンの証言を聴きとり、それを「承認審査委員会」に報告することにほかならない。この報告にもとづいて、承認審査委員会がパサンの証言を真正なものと判定した場合、このパサンは新たなAEすなわち学派分析家に任命されることになる」（立木、前掲論文、五八八頁）。

＊10　パスカルが三一歳の一六五四年一一月二三日に経験した啓示と回心の出来事を記した紙片、いわゆる『メモリアル（覚書）』からの引用。

＊11　フランスでは一九三五年にフロイトの五つの有名な症例をまとめた翻訳がLes Editions Denoël et Steeleから出版され、その後版元は変わったものの、基本文献として広く読まれている。Cf. Sigmund Freud, *Cinq psychanalyses*, Paris, PUF, 2014 [1935].

第Ⅳ講　一九九五年一月一一日

誰かが発言し、質問をする。彼はそれをまとめて以下のように述べる：精神分析は意味か真理かの選言からは外れたところにあり、それは過去の創設的な出来事、すなわちフロイトの到来に立脚した一つの知によっています。それは哲学ではありません。それは反哲学なのでしょうか。あるいはむしろ、それは一つの宗教、より正確には啓示宗教であり、単に第二の救い主の到来を予告するものなのではないでしょうか。

あなたの質問には二つの側面があります。実は質問ではなく、関連づけですね。第一の側面ですが、何か知そのものとは言わずとも、少なくも知が真理と連結される固有の様式といったものは、出来事によって支えられているのだ、という主張がなされることがあります。私も含めて、ひとがそうした主張をするときにはいつも、キリスト教が――そして実際、特にパウロ的なキリスト教、聖パウロが実際行った、あの第二の創設におけるキリスト教が――あたかも範例《パラダイム》となるかのようにして突如現れてくるということ、これは明らかです。この第一の点は、『存在と出来事』でパスカルに関してふれたと思いますが、[*1]避けて通ることはできません。おそらくいつか、聖パウロについて私が考えていることを公に説明しなくてはならないでしょうね。[*2]もちろんこのキリスト教的範例《パラダイム》の残像は、二通りの仕方で説明できます。〔まず、〕そこで起きたのは唯一の真なる出来事であり、他のかたちはすべてその下請けなのだ、という主張があり得ます。これは詰まるところ、神についてしか出来事はないということです。あるいはもちろん、真理と出来事の絆といった何かが、しばしば物事が明らかになる最初の次元において、すなわち寓話の次元において、人類の意識にもたらされたのだ、と主張するにとどめておくこともできるでしょう。この場合は、キリストの復活の寓話です。このことは、範例《パラダイム》の形式的な射程を損なうものではまったくありませんが、しかしわれわれに強いて、寓話的な出来事が現実的な性格をもつとする立場をとらせるわけでもないのです。

さて、これであなたの質問の第二の側面を取り扱うことができます。精神分析そのものに関しては実際――もし真理装置といったものがあるのなら、あらゆる真理装置について言えることですが――出来事的な割り当てがありうるのでなくてはならない、ということになるでしょう。そしてそうした出来事的な割り当ては、問いの最初の部分にどのように答えるかによって、それ自体価値づけられることになるでしょう。もし、実は飛び抜けた出来事が一つしか存在しない、出来事的な超越そのものが到来した(これがまさにキリストの降臨、死、そして復活のステータスなのですが)という出来事しか存在しないと考えるのであれば、他のあらゆる出来事は、何であれ、その下請けであり、似姿であるということになります。これに対してもし、そこでそうした宗教的な歴史のうちにあるのは、ただ出来事の思考の可能性の、虚構としての到来以外のものではないと考えるとすれば、出来事的な起源のうちにあるということは、特に精神分析にだけ帰される必要はありません。なぜならそれは、あらゆる真理過程[*3]（procédure de vérité）に当てはまるからです。たとえばカント自身、『純粋理性批判』の「序論」において数学の現実存在について問うた際、それを出来事的なかたちで解釈したことを思い出しましょう。〔数学という〕この創造物は「ただ一人の人間の天才に」よっており、その人間はカントにとってはタレスという名前を持っていました。[*4]

一般に、あらゆる真理過程は、一つの出来事に割り当て可能である、と言うことができるでしょう。そしてその場合、還元不能な出来事的多様体を認めていることになります。それぞれ特異的なもろもろの出来事がそのアナロジーであるような、範例的出来事は存在しないのです。結局のところ、フロイトによる創設とそのラカン的反哲学との結びつきという固有の問題をさしあたり脇にのけておくならば、根本的な問いは次のような問いです。すなわち、出来事的な出現を真理過程に連結する形象のうちに、範例的な出来事はあるのだろうか、あるいはないのだろうか。出来事が何であるかを、その内的な本性によって金輪際固定してしまうような出来事は、つまり大文字のEではじまる〈出来事〉はあるのだろうか。キリスト教のもつ大きな力、それはこの問いをその装置の核心においたということであり、つまり〈出来事〉があると宣言したということです。もちろん他の出来事もありうるわけですが、しかし、他の全ての出来事は、そのときもはやアナロジー、影に過ぎないのです。なぜなら、超越それ自体の、内在における出現という意味における〈出来事〉――まさにこの場合においては、神であるような〈人間〉の出現――があるとするなら、他のあらゆる真理の出来事は、色あせた、徒な写しだということになるからです。しかしもしそうでないとするなら、もし大文字の〈出来事〉は寓話に過ぎないのだとするなら、あらゆる種類の真理の出来事をめぐって、あらゆる種類の固有名があるのだということになるでしょう。演劇についてはアイスキュロス、政治についてはレーニン、音楽についてはシェーンベルク、数学についてはカントール……諸真理の多様、それは、一つの固有名が付されているような出来事の多様でもあります。精神分析についてのフロイトもそれと同様なのです。

さて、ラカンにおける哲学の同定についての、われわれの三重の問いに戻りましょう。数学に対して塞がれている者であり、政治の穴を塞ぐ者であり、そのディスクールの核心に愛が置かれている者としての哲学者。われわれは今日、これらラカン風の箴言を、一つ一つ検討しようと思います。

そもそもなぜラカンには哲学者が、数学に対して塞がれているようにみえたのでしょうか。この数学の問題は——もちろん私はこれにこだわり続けているわけですが——反哲学の装置において、大昔から極度に重要です。たとえば——この点を指摘するのは、それがまさにラカンの枠組みにはならないような枠組みだからですが——ウィトゲンシュタインの、あるいはニーチェの反哲学的装置においては、数学と論理学の究極的な同一性、あるいは数学と単なる記号理論の究極的な同一性を公準として要請できるということが非常に重要です。その上で、哲学者の数学に対する熱狂は——哲学者たちは数学を一つの思考だと思い込んでいるのですが——幻想に過ぎず、破滅的な帰結を導くものであることが示されるのです。換言すれば、首尾一貫した反哲学にはいつも、哲学への明らかな不信への序論として、数学に関するあるテーゼがでてきます。それは、あらゆる反哲学における反プラトン的な側面であり、これはプラトンが、哲学のそもそものはじまりから、哲学と数学の間に、ある特殊な結びつきを規定しているためです。プラトンにおいてこの特殊な結びつきがあるとするなら、反哲学者らに繰り返し現れる反プラトン主義は、哲学そのものに対して反対の立場を取るために、数学に関して一定の立場を取らなくてはならないのです。

確かにラカンの言表「哲学者は数学に対して塞がれている」がわれわれに指摘しているのは、どのような仕方であれ、数学に対して立場を決めることなしに、哲学についての立場を決めるということは不可能だということです。しかしすぐにわかるとおり、この点についてのラカンの立場は、非常に特異なものです。ニーチェやウィトゲンシュタインにおいては、数学の同定は根本的にそれを貶めるということを目指していました。それは、哲学が数学のうちに見出すと主張しているものが、そこにはないということを示そうとしているのです。あるいはまた、哲学は数学に、保証の役割を帰しているのですが、これについて反哲学は、数学が哲学を支えることはできないと示そうとしているのです。実は、そこでの問題の核心は、数学は思考ではないということを反哲学が示そうとしている、あるいは示そうと試みているということです。それが反哲学の、中軸となるテーゼなのです。これは多かれ少なかれ、数学は文法に過ぎない、論理に過ぎない、言ってみれば論理的な文法に過ぎないと言うということに帰着します。そしてもし数学が思考でないとするなら、数学がそこに見出すと主張している思考的なもの、さらには範例的に思考的なものとは、まったくの錯覚だということになります。ラカンの言表はみたところ、ちょうど反対のことを言っているように見えます。その言表のそもそもの運動は確かに、数学を思考として、さらには現実的なものについての唯一の可能な科学として同定するということであるように思われます。彼は――すくなくとも『アンコール』においては――哲学はまさに、数学の持つ、現実的なものに関わる思考の次元を捉え損ねているということを示しさえするでしょう。おわかりの通り、これはニーチェやウィトゲンシュタインとは正反対です。〔ラカンにとって〕問題なのは、哲学は数学のうちに本当は存在しない思考的な次元を見出している、と述べることではなく、反対に、哲学は数学のうちに、事実そこに見出される、現実的なものへの通路という思考的次元を見ないでいるのであって、哲学はその次元に対して塞がれているのだ、と述べることとなのです。

従ってまさにラカン自身が、数学《マテマティック》によって自らを支えることになるのであり、彼は哲学が誤ってそうしていると言おうとしているわけではありません。この点は次のことによって説明できます。すなわち、ラカンの反哲学的な行為は、ニーチェの極度に政治的な行為とも、ウィトゲンシュタインの極度に審美的な行為とも異なって、極度に科学的であり、つまりマテームの影響下におかれている、ということです。ラカンの行為がマテームの影響下に置かれているからこそ――ただしマテームは数学《マテマティック》ではなく、数学化可能なものの袋小路であるということを忘れないようにしましょう――だからこそ数学への関係が、現代的な反哲学の遺産とは逆転しているのです。

さて今度は「塞がれている（bouché）」を解釈することが問題となります。哲学者たちが捉えていない、そうした数学の根元的次元とは何でしょうか。この次元に対して、哲学者たちは塞がれたままでいます。よく飲み込んでおかなくてはならないのは、哲学がラカンにとって、真理の骨格とでもいえるようなものの、一つの形であるということです。真理の骨格（os de la vérité）というこの表現を、われわれは真理から、あらゆる意味を洗い落としたものと理解することにしましょう。意味が意識の性質を帯びている限りにおいて、数学は模範的な仕方で、その洗浄なのです。数学は、ラカンが繰り返し述べるとおり、意識《コンシャンス》なき科学《シャンス》です。これが意味しているのは、ラカンが『レトゥルディ』で指摘しているとおり、数学においては――以下引用です――、

言われたこと（le dit）は、何らかの現実というよりもむしろある一つの言うこと（un dire）を理由

にすることで更新される。[*5]

ということです。

これが、数学のディスクールを構成するのが何かということです。すなわち、言われたこと（le dit）は、何らかの現実のというよりもむしろある一つの言うこと（un dire）を理由にすることによって更新されるのです。

少々余談を申し上げようと思います。これはさしあたり、まだ少々難解かもしれませんが、このセミネールの続きの部分で明らかになるものと思います。私が思うに、ラカンは言うこと（le dire）と言われたこと（le dit）の弁証法においてはじめて、数学の何たるかを自分自身に真に解き明かすところまでたどり着いたのであって、シニフィアンとシニフィエの弁証法ではまだ正確にはたどり着いていませんでした。両者には複雑な重なり合いがあるのですが、数学の同定は、言われたことが、言うことによって更新されるということなのです。言うこととは、出来事とは申しませんが、少なくとも出現（une apparition）です。言うということ（le dire）がある、その限りにおいてこそ、それは言われる（dit）のです。言うことと言われたことの間のこうした相関関係の空間においてはじめて、そして「ある一つの言うことを理由にして」言われたことを変形し、発明し、あるいは更新する固有のやり方の空間においてはじめて、数学はラカンにとって同定可能になるのです。数学は言うことに関係するのであって、何らかの現実に関係するのではありません。これがどのようにシニフィアン／シニフィエの相関関係の厳密な領野において数学を捉えようとするかたちから区別され、そして同時に、透明な言われたこと、全面的そして明示的にコード化された言われたことに数学を帰着させると主張する、数学に関する形式主義的なテーゼから区別されるのかを、われわれは示す機会があるでしょう。

しかしこれはあとに取っておきましょう。

哲学に向けられた非難とはどんなものでしょうか。というのも〔実際〕それは非難だからです。それも重大なものです。ラカンは最晩年のテクストの一つの中で、トリスタン・ツァラを引用して後こう言います。「私が反乱を起こしたのは、こう言って良ければ、哲学に対してであった」。皆さんにこれを見つけて差し上げなくてはなりませんね……それほど素晴らしいものです。これは一九八〇年三月一八日付のテクストで、「A氏」と題されています。ラカンはたまたまこのトリスタン・ツァラのタイトル、ダダイスト的なタイトルである「反哲学者Aa氏[*6]」に行き当たりました。ラカンは余談として、彼がトリスタン・ツァラに「文字の審級」のテクストを渡したとき[*7]、それが彼に何の印象をも引き起こさなかったと述べています。「彼は全く無関心だった」とラカンは書いています──彼は反哲学者であったのにもかかわらず、です！　ラカンは残念げにこう言います。「それでもやはり私は何か彼の関心を引くものがあると思っていたのだ。ところが、まったくそうではなかった。大間違いだったわけだ！」文字の審級は、文字主義者[*8]（lettriste）ツァラ、反哲学者ツァラの関心を全く引きませんでした。しかしおそらく、反哲学者として、文字の審級に特に興味を引かれない、もっともな理由があったのでしょう。彼はおそらく炯眼だったのです。ラカンはいずれにしても、その審級における文字には無関心なままであった文字主義者に注釈をほどこしています。以下引用ですが、途中でいくつかコメントを差し挟みます。

このAa氏は反哲学者である。私もそうだ。私が反乱を起こしたのは、こう言って良ければ、哲学に対してだった。確かなのは、それがもう終わったことだということなのだが［ここで彼は哲学の終焉というテーゼに媚《こ》びてみせています」、ただそこから新しい芽が出てくるのではないかと思っている「それでも要注意、というわけです」。そうした新展開は、しばしば終わったことともに突如出現するのである。この終わりきった〈学派〉(cette Ecole archi-finie) をご覧いただきたい「ここには解散[*9]の匂いがぷんぷんしています」。今までそこにいたのは、分析家になった法律家だった。しかしああ、いまやひとは法律家になれなかったというので分析家になるのだ「当時は解散の後で、訴訟に次ぐ訴訟の時期でした」。

申し上げておきますが、終わったと明言しているものにたいして反乱を起こすというのは、どうしたっていわばロバが後ろ足で加える一蹴り〔すなわち卑怯者が恐れる必要のなくなった者に与える攻撃〕以外のものではありません。ただ、ラカンは卑怯者でだけはなかったので、それが反乱を起こす意味がまったくないほどに終わっているはずがないということを、はっきり意識していました。そしてラカンは、特に哲学が数学に対して塞がれていることに対して反乱を起こすわけですが、その理由は結局のところかなりはっきりしています。数学との関係において哲学は、言われたこと (le dit) の更新が言うこと (le dire) の内に根ざしているということをまったく捉え損ねて、その更新が意味 (le sens) に依拠していると思い込んでいたのです。哲学は数学に、潜在的あるいは明示的な解釈学を手段としてアプローチしたのですが、そうした解釈学は、意識と現実の重ね合わせ (le doublet) のうちで停滞していました。これに対して、数学に対して塞がれていないために必要なのは、言うことと言われたことの重ね合わせのうちにしっかりと居場所を定めるということなのです。換言するなら、例によって哲学は、真理にひとつの意味を与えると主張します。さて、数学は意味を免れています。数学とは、非-意味化された〔=常軌を逸した」（in-sensé）言うことであり、それは（全面的に伝達可能な）絶対的な言われたこととして実現するのです。そしてそれがまさに哲学者が捉え損ねる点です。哲学の操作は、意味付与的なものであり、したがって数学に対しては、宗教的な操作であり続けるのです。

私がこれまで何度も強調することになった点ですが、宗教の問題、キリスト教の問題は、反哲学的な装置において中心的なものです。反哲学が哲学者の抽象的な概念に対置する、前代未聞で前例のない行為《アクト》と、実存の意味を能動的《アクティヴ》に与えるものとしての宗教とのあいだには、はっきりと捉えられる相関関係が常にあります。さてラカンは、大がかりにこの反哲学的装置を反転させます。あるいはいずれにしても、彼はこの点に関して、ウィトゲンシュタイン的、ルソー的、あるいはパスカル的というよりいっそうニーチェ的なのです。そして大変興味深く、また奥深いのは、彼が宗教への潜在的関係を反転させると同時に、数学のポジションを反転させているということです。哲学が数学の現実的な――そして非意味化された［＝常軌を逸した］――目的を捉え損ねていると主張する、そのまさにおなじ運動によって、ラカンは意味を口実にするのではなく、究極的に宗教的な形象としての意味に対する論争を引き起こすのです。その結果われわれは次のように言ってもよいでしょう――これは少々強引ですが、しかし解明をもたらしてくれます――ラカン的な反哲学は、反哲学的遺産との関係における数学と宗教のポジションを入れ替えるのです。つまり、数学が哲学によって本質的に捉え損ねられる（そして物神化されない）ものの位置に来る一方で、ラカンにとっては哲学と宗教との間に、意味という点に関して共謀が存在するのです。一九八〇年一月の「解散書簡（Lettre de dissolution）」における、以下の決定的に重要な言表をご覧ください。

宗教の安定性は、意味がつねに宗教的であるということから来ている［考えられていることは明白です。意味はつねに宗教的なのです］。

そしてラカンは続けてこう言いますが、これは同様に興味深いものです。

それで私は、私のマテームの道を粘り強く進んできたのだ……[*10]

これら二つの定式、「宗教の安定性は、意味がつねに宗教的であることからきている」と「私がマテームの道を粘り強く進んできたこと」は、私が〔ポジションの〕入れ替えと呼んでいるものを要約しています。数学的な真理の形式的な空虚性、あるいは数学の偽真理に、ウィトゲンシュタイン的な極度に審美的な次元ないしニーチェ的な極度に政治的な次元における意味の沈黙が対置されるかわりに、意味の容赦なく宗教的な性格にマテームの道が対置されます。まさにこの点において、哲学は宗教との共謀を告発されます。それが数学を取り扱う仕方において、この告発はなされるのです。なぜなら哲学は、数学を執拗に、意味の次元に据えようとするのですが、結局のところ意味はつねに宗教的であって、数学の範例的な価値は、いかなる意味も持たない思考の比類ないモデルであるという点にあるからです。

結構です。しかしこうしたテーゼはどんな価値をもつのでしょうか。哲学の数学に対する歴史的な関係が、数学を恭しく〔＝宗教的に〕意味の空間のうちに置くということだったというのは、本当なのでしょうか。私は三つの事例を取り上げてみたいと思います。すなわち、プラトン、デカルト、ヘーゲルの事例です。これら三つの事例においてわれわれが見ることになるのは、ラカンのテーゼが異論の余地のない論拠を見出すということであり、そしてまた私の考えでは、異論の余地のない反論をも見出すということです。

まず論拠の方をみることにしましょう。プラトンにおいて、ラカンが何度も取り上げたテクスト、『メノン』を取り上げましょう。例の有名な場面はご存じですね。ソクラテスが奴隷を呼んで、この奴隷が幾何学の問題――正方形の倍積問題――を理解できることを示し、それによって想起説を実演してみせようという場面ですが、ソクラテスはそこでこう言っていました。奴隷はこの難しい問題を、一度も学んだことがないのに理解できるのだ。したがってある仕方で、この問題の根底にあるイデアが、すでに潜在的に、奴隷の「無知な」思考のなかで働いていたのでなくてはならない、というわけです。ここには哲学の数学に対する、異論の余地のない関係があります。というのもこの経験、この思考の経験は――無知な者を呼んできて、彼が知らぬ間に一つの知を、明らかにすることができるような知を持っているということを示すという経験は――知がつねに自らに先行して存在しているという事実を確証しているからです。そしてそうした知の自らに対する先行性が、想起と呼ばれることになります。この想起は――この線をたどるのはすぐにやめますが――フロイト的無意識のプラトン的な名称となりうるかもしれません。

この理論は、ラカンがプラトンについて行う反哲学的批判への手がかりを与えてくれるのでしょうか。そうです、異論の余地はありません。なぜでしょうか。それは問題となっているのがまさに、そうした知が、最初にどこにあったのであれ、意識へと到来するということであるからです。換言すれば、数学は、知が現実の断片を介して、意識へと到来するということのうちに打ち立てられることになるのです。

なぜなら、よく考えてみれば、与えられた数学の問題についての知的プロセスを、奴隷の意識に到来させたのは実際、図形であるからです。図形を、問題の線図を描くことによってはじめて、奴隷の意識は目覚め、問題となっている諸概念に行き着いたのです。こうした意識への到来と図形の線図（正方形とその対角線が描かれ、それらが数学的な言表の意識的な理解を支えることになります）において、プラトンが示したのは、数学が常に、意識と現実の重ね合わせの構成する空間に書き込まれうるということ、そしてまさにその点で数学は、奴隷のように無知な者を含む、あらゆる人に対して意味をなすことになるのだ、ということです。したがって『メノン』においてはまさに、一つの哲学的経験があるのだ、というわけです。この経験において数学は、それを意識と現実の重ね合わせへと引き戻す手段が得られるや否や、ただそれが精神に対して意味をなすのだということを立証するためだけに呼び出されています。この決定的な経験が、ラカンの投げかける非難、すなわち哲学者は数学が本来ないところに、つまり意識／現実の重ね合わせのうちにひたすらそれを打ち立てようとしているが故に、数学に対して塞がれているのだ、とする非難を強固なものとしています。したがってラカンの眼には、『メノン』におけるソクラテスの操作はやはり、煎じ詰めるところ、一つのまやかしであるということになるでしょう。そのまやかしは、意識／現実の重ね合わせを、一つの弁証法的な技巧によって到来させるという点に存するのだ、ということになるでしょう。この弁証法的技巧により、数学的な過程の真の本質としての、言うことと言われたこととの相関関係は抹消されてしまうのです。

さて今度はデカルトの事例を取り上げてみるとしますと、目立った点としては、数学が哲学において、数学自身とは別のものの方法的な範例《パラダイム》として利用されているという点があります。ここにいる皆さんが、あの有名な一節、「こうした理由の長い鎖が……」という〔『方法序説』第二部の〕有名な一節をご存じですね。数学がその範例《パラダイム》、そのモデルを提供しています。その目的は、この範例《パラダイム》に真に忠実な形而上学を構築するということに尽きています。はっきり見て取れるとおり、そこでは数学は方法として、より正確には方法的な範例《パラダイム》として取り扱われており、結果として、この範例《パラダイム》で武装することで、ひとはまさしく形而上学的な連鎖を我がものとすることができるのですが、ただ――ラカンならこう言うでしょうが――デカルトは実は、次のことを認めていません。すなわち数学がその言われたことを更新するのが、ただその言うことという点からのみであるために、どんなシニフィアン的現実に対してであれ、数学は範例《パラダイム》とはなり得ないということです。言うことと言われたことの相関関係がここでは本質的です。というのも、数学がその言われたことを更新するのが、ただその言うことという点からのみであるとすれば、そのことが意味するのは、数学はそれとは異質なものであるような意味効果ないし現実効果（un effet de sens ou de réalité）に対して範例《パラダイム》とはなることができないということだからです。したがってそのデカルト的な意味における方法概念そのものが、意味の空間において哲学の数学に対する関係をあらためて打ち立てるものとなっているのです。

最後に、ヘーゲルの事例、『レトゥルディ』でラカンが念頭に置いていた事例を取り上げ、ヘーゲルが『大論理学』で行った微積分学についての長大な注釈を取り上げるとするならば、事態はさらにいっそうはっきりしています。なぜならヘーゲルは、たいへん図式的に言うならば、数学的な無限は確かに即自的に存在する無限ではあるが、しかし対自の要素において自分自身の知解可能性を取り戻すことのないような無限である、それはとにかく盲目の無限である、と言うということを目指しているからです。ヘーゲルが無限の数学的概念に欠けていると明言しているのは、まさにヘーゲル的な意味における意識という要素である、つまり内面化という要素であると実際言うことができるのです。これは結局、ヘーゲルにとって数学的な無限は、それ自身の意味から切り離されている、と言うということに帰着します。かれが無限の思弁的概念と呼ぶことになるものはまさに、無限に対してその意味の運動を復元するということに存しています。この意味の運動に対して、数学的な創意は盲目のままでいるのです。したがってここではほとんど直接に、意味／意識ないし意味／内面化の二項関係が見出されます。それは数学を哲学の空間に到来させるために、数学を補完するはずのものとして見出されるのです。

これら三つの事例は極端に図式化して示しましたが、ただ本質的な部分については歪曲していないと思います。ここからはラカンのテーゼがどこに根ざしているのかが、はっきりとわかります。確かに哲学の側からは、数学に対して、それを意味に委ねようとする——その意味を到来させようとする——操作、それを意識と現実の重ね合わせ（doubler）に連接させようとする操作があります。ただ、私の考えでは、その反対だとまでは言わないものの、その反対が少なくとも同じくらい真実でもある、と主張できるように思います。つまりわれわれはそこで、哲学と反哲学の接線の、核心にふれているのです。

プラトンは、彼が『国家』で行った分析において、どんな理由で数学そのものに反対したのでしょうか。彼が反対したのはまさに、数学が説明をしない諸々の仮説（hypothèses）から出発して機能しているという点です。[*11] 彼がそれに対置したのが哲学的な弁証法であり、こちらは諸原理（les principes）あるいは場合によっては一つの原理（*un* principe）を我がものとしていました。しかし唯一の原理とは、それ自体として知解可能であると同時に知解可能性の源であり、つまりは無条件的で仮説的でないもの、非仮説的なものです。そう、このことは周知の事柄ですね。ただ「数学は自身が説明しない諸々の仮説によってのみ始まっている」というのは、いったい何を意味しているのでしょうか。それが意味しているのは、数学を創始するのが純粋な言うこと（un pur dire）であるということを、プラトンが完全に把握していた、ということです。そのことをプラトンは知っていました。彼がそれを捉え損ねていたとは言えません。彼は実際、数学の運動は、ひたすら一つの言うことの保証の下にある、と明言していました。現在の言い方で言えば、いわゆる数学の公理論的な次元です。何かがまず言われ、次いでこの最初の構成的な言うことに忠実な連鎖がある、というわけです。言われたことは、言うことから内在的に出てくるのです。

しかし皆さんはこうおっしゃるでしょう。プラトンは数学に対して、まさにその点を非難している、と。知解可能性のうちにある原理にまで遡らなくてはならないのであり、ただ単にその最初の言うことの帰結をたどってゆけばよいというものではない、と彼は言っています。なるほどそうです。ただ、プラトンが数学に反対している、というのと、彼が数学の本質を捉え損ねている、というのとでは全く異なります。実際プラトンが、数学について異論は唱えているものの、数学には言うことの優位のうちで生ずる意味の離脱がまさにあるということをしっかりと見通しているということ、このことを私は深く確信しています。彼は数学的な思考の制限を批判していますが、しかしラカンがこの思考に認めているような本性に対して「塞がれて」いるわけでは全くありませんでした。

誰かが発言する：でもそうだとすれば、パルメニデスの一者（l'Un）と多者（le multiple）の長大なパラドクスはどのように理解すればよいのでしょう？

そのパラドクスについては、さしあたり脇に置いておいていいと思います。それは数学を援用していませんし、数学をまったく動員してはいませんから。

発言者はなおも食い下がる：なるほど、でもそのパラドクスのディスクールは、一つの論理《ロジック》にしたがっています。

注意してください！　論理学と数学は、同じものでは全くありません。論理学は今日、数学の道具立てに似た道具立てで形式化されてはいますけれどね。それに、さしあたりわれわれの検討は、哲学と反哲学の間の不調和に関する症候をなす限りでの、テクストの字義に関わっています。われわれの意図はたいへんはっきりしています。それはテクストを字義通りに聴解することから出発して、哲学固有のディスクールは数学を意味で汚染しようとするがゆえに、哲学は数学に対して塞がれている、というラカンのテーゼが根拠のあるものであるのか否かを確かめるということです。さて私は、ある意味ではそのとおりであると申し上げます。そうした異議を許すテクストはいろいろあります。ただ、反対方向に向かうテクストもあるのです。数学が純粋な言うことによって支えられているということ、このことはプラトンが絶対にわかっていたことであり、彼にとって哲学と数学の間の区別を基礎づけることになる事柄です。まさにこのことが、何よりも重要なのです。プラトンのテーゼは、数学を、数学自身にとって外部にあるものに、意味の解釈学に吸収してしまうことを目指すものではありません。プラトンが言うのは、数学とは素晴らしい、少なくともこれを十年間は学ばなくてはならない、しかしわれわれ弁証家には、他の狙い、他の野心、他の目的がある。それは、常軌を逸した〔＝非意味化された〕言うことの厳密な諸帰結に、諸原理の思考の力を置き換えるということだ、というわけです。プラトンには弁証法と数学の間の区別があるのですが、その区別はまさに、意味の弁証法と言うことの掟の間に立てられる区別です。数学は、言うことの掟の支配下にあります。プラトンにおいて、哲学は意味が自ら基礎づけることを目指しますが、これは臆見や直接的な経験から離れたところに身を置くことで行われます。この離れたところに身を置くということについて、数学は一つのモデル、決定的に重要な支えとなるのです。次いで数学が意味の弁証法を展開することができないと認めるということ、それは結局のところ、実際数学が何か思考の骨格のようなものであるということ、つまり、言うことからして言われたことを更新する純粋な支えとはなりうるものの、意味の能動的な問題系を開始しあるいは導入することはできず、真の生とはなにか、といった問いに答えることはできないと認めるということです。ただし、真なるものの実体を理解するためには、その骨格を知らなくてはならないのです。

デカルトに関して言えば、数学の方法的な利用が意味しているのは、数学から形式的な配備を取り出して、意味の生産の諸操作へと投入するということであり、この点は既に申し上げたとおり異論の余地はありません。ただデカルトの思考の運動の中には、少なくとも一点だけ、数学のまったく別の同定を提示している箇所があります。数学的な言表は彼にとって、懐疑の操作に対して特殊な位置を占めています。何故でしょうか。それは、実際には、数学的な言表はまず、そしてとりわけ、疑うことのできないものであるからです。これらの言表は――数学的真理、と彼は呼ぶわけですが――われわれがそれを疑うことのできないものである、というわけです。それを疑うには、誇張的懐疑が必要になります。つまり主観的な懐疑、単なる否定といったものではなく、まったく常軌を逸した操作子を動員する懐疑の誇張が必要になるでしょう。すなわち悪しき霊（le malin génie）であり、欺く神（le Dieu trompeur）です。[*12] これはまさに悪い〈他者〉、すなわちわれわれの思考をさんざんに弄ぶような〈他者〉の仮説である、とラカンなら言うでしょう。このテーゼは、もちろんデカルトがあとで無効にすることになります。しかし結局、まさにそれが必要なのです。それが意味するのは次のことです。すなわち、数学的真理とは言われるや否や主体を拘束するものだが、それは——ここがたいへん微妙な点なのですが——何であれ現実が持つ効果によってでは全くない。というのも現実とは、われわれが久しく前から疑うことのできるものとなっているからだ。何かがあるということ、外界が、世界があるということ、要するに現実というかたちをとるあらゆるものは、通常の懐疑が——何らかの修辞的な技巧を用いることで——宙づりにすることができる。しかし数学的真理については、誇張的懐疑が必要なのだ、というわけです。ここで数学は、〔普通の〕懐疑と誇張的懐疑の隔たりに位置しています。数学とは誇張法なのです。これはつまり、数学とデカルト的意味における主体の間には、まさに現実を介して成立するのではない、特異な結び付きがあるということです。それでわれわれは、数学的真理は言うことの領域に属するものであり、そうしていかなる現実によっても支えられていないからこそ、現実に関する懐疑はそれを揺るがすことができないのだ、と主張することができるのです。

したがって、デカルトはまさに方法という道をとおって数学を意識と意味のうちに据えたのだ、というのは、絶対的に真実だというわけではありません。デカルトは数学を例外的なポジションに置いており、そこでは現実が引き去られるような形で数学が主体に結びつけられている、ということもまた真実なのです。これは同時に、数学の存在論的な偶然性という考え方とも両立可能です——ここが彼の天才的なところです。というのも、ご存じの通り〔デカルトにとって〕数学的真理そのものは、神によって創造されているからです。したがって数学的真理は、それらの存在そのもののレベルでは、必然性をもたないのです。デカルトは、こうした驚くべき、そして結局のところ非常にラカン的な——彼がそれらをそう呼んでいるのでそのまま申し上げるのですが――諸真理の形を発明しました。それらは、必然性という意味では、いかなる存在の保証によっても支えられていません。そうした諸真理は、神の純粋な自由に全面的に依っているのですが、しかし主体にとっては拘束力を持っています。数学が、言うことの出来事に依拠している限りでは出来事的で偶然的だが、現実に依拠していない限りにおいて絶対的に必然的なものとして――言うことの権威のもとで必然的なものとして――位置づけられているということ、このことによってデカルトは、数学的ディスクールの種別的な体制を、まさにその点において創設したのです。

こうして、方法という構想が示しているような横領的な操作はあるものの、私はデカルトにおいて、数学的ディスクールの真の同一性に関する捉え損ねがある、といった主張ができるとは思いません。反対に私は、デカルトが数学的諸真理についてのとりわけ根元的な思考を提示していると申し上げたいと思います。それは意味／現実の対から切り離された思考であり、別な言い方をするなら、宗教から切り離された思考です。デカルトには、数学的ディスクールについての、徹底的に非宗教的な思考がありま す。それはまさに、数学的な真理が創造されたものであるからです（デカルトの用語に従えば、神によって創造された、ということになるわけですが、ここではそれはまったく重要ではありません）。

最後に、私の申し上げた三番目の事例、ラカンが念頭に置いていたヘーゲルの事例を取り上げるとしますと、これは大変興味深いものです。というのも『レトゥルディ』〔初出時の『シリセット』誌第四号の〕第九頁の註1[*13]では、ラカンは既に指摘しましたとおり――あの「というのも塞がれている、と私が言うのは、無知（l'ignorance）ということではないからです。それは、知らない（ne pas connaître）ということではないのです」〔という文〕によって[*14]――ヘーゲルが数学のことをよく知っていたということを認めて後、二番目のステップとして、ヘーゲルはおおよそラッセルと同じことを言っていると述べ、そして三番目のステップとして、ヘーゲルはラッセルと同じことを言ってはいるが、ラッセルは塞がっていないのに対して、ヘーゲルは塞がっている、と述べているからです。

ラカンにとっては実際に、哲学的ディスクールの戦略と諸操作のうちにあるということがまさに数学を曇らせるものなのであって、それはヘーゲルが数学について何を言うかということとは独立しています。というのもヘーゲルがそれについて言っていることが、ラッセルによって言われるとすれば、そしてラッセルがそれを言う文脈で言われるとすれば、それは的確なものになるからです。そしてラッセルが言っているのはまさに、数学はいかなる意味ももたないということなのです。この点について、私はさきほど、これをどう考えればよいのかを申し上げました。確かにヘーゲルは、無限の数学的概念は内面化を免れているがゆえに、哲学が展開しているような無限の概念と比べて下位の概念にとどまっていると示そうとします。ただここでもわれわれは、プラトンやデカルトで見たばかりの、あの複雑な弁証法的配置のなかに陥ることになります。ヘーゲルはやはり、無限に関して数学は、考慮する価値のある言うことの筆頭（le premier dire）であると述べているのです。これはつまり、非神学的な言うことの筆頭、ヘーゲルの理解する意味での合理的な言うことの筆頭であるということです。では、何を考慮すべきなのでしょうか。意味と内面化の弁証法という点についての、数学的概念の不十分さでしょうか。それともその概念が創設的なものであり、言うことの次元、公理論の、思考の決定の次元において、無限の絶対的に革新的なかたちを創始するものであるということでしょうか。ヘーゲルは数学が、無限についての真なる〔ことを〕言うこと（le dire-vrai）の歴史的出現であるということを認めています。これはある意味で、プラトンがイデアの領域において非歴史的な仕方で言ったことの、歴史化された等価物です。すなわち、そこでは思考にとって何か本質的なことが、一つの言うことという形を取って創始されたのだ、ということです。加えて、そしてこれはヘーゲルにおいて理解するのがしばしば非常に難しいことなのですが、彼のテーゼは、数学が始まり（commencement）という資格において続いてゆくだろう、というものです。まさに永遠に、数学は無限についての真なる〔ことを〕－言うことの始まりであり続けるのだ、というわけです。数学は、概念の思弁的な生成のうちに飲み込まれてはしまわないだろう。数学は無限ということに関しては、創始的なかたちであり続け、それがそうであるところの本源的な言うことを洗練するものとなるだろう。これが今日なお、無限の数学が驚くべきことどもを生み出していると いう事実を説明するのだ、というわけです。数学は、確かに内面化なき言うことですが、それでも全く生き生きしており、創造力にあふれています。したがってヘーゲルにとって、数学はそのものとして、言うことの地点からのみその言われたことを更新することになるのであり、それ自身の意味の内面化に身を委ねることはない、というのはまったく真実なのです。そのおかげでヘーゲルは、数学を称揚し、それをその創造的な生成のうちにあるがままにすると同時に、絶対的〈理念〉の方に向かって数学を乗り越えることができるようになります。そうした絶対的〈理念〉の内部で、数学は無限の行程を創始し続けることができるのです。こうしたわけで、私はヘーゲルが数学に対して塞がれていたと主張することは全く間違っていると思います。ヘーゲルは、無限の問題に関して数学が明示している始まりという価値を理解した者、そうしてその価値をあるがままにしつつそれを乗り越える術を持っていた者の、超然たる態度を数学に対して保ち続けたのにすぎません。こうした超然たる態度は、非常に特殊な一つの理想のもとにおかれています――この理想は結局のところ、まったく維持することの不可能なものだといえるでしょうし、実際私はそう申し上げましょう。ただそれは、彼の意図するところの核心となる理想だと思います。ヘーゲルは哲学の歴史の思想家であるわけですが、この歴史は哲学に対して、自身の諸条件の総体から徐々に抜け出してゆくこと、ひたすら欠くるところなき独立を勝ち得るために、それらの諸条件を通覧してゆくことを、その目的《テロス》として割り当てていました。そのあとでは、絶対的〈理念〉にたどり着いた純粋な思考の界域において、哲学はもはや芸術も、数学も、政治も、そしてその歴史的な形式における哲学すらも必要とはしません。芸術が「過去の事柄」である、そして数学はそれ自身の言うこととの改良のうちにとどまり続ける、というのが意味しているのは、まさにこのことなのです。哲学はもはや政治を必要としないのですが、まさにこのことを歴史の終焉は意味しているのです。哲学はしたがって、その諸条件の総体から抜け出します。ヘーゲルは、純粋な、無条件的な哲学と私が呼ぶようなものを夢想しました。もちろんわれわれは次のように言うことができますし、それはおそらく正当なことでしょう。純粋な哲学という理想は、維持することのかなわない理想である、と。なぜなら結局のところ、哲学は内在的に、それ自身に対して外部にある出来事的な条件のもとに常におかれているからです。これが私の考えていることです。他ならぬこの点については、私はヘーゲル主義者ではないのです。ただヘーゲルが、数学が持っている、無限について諸真理を言うということによる創始という内在的な意義を知らなかったとは言えません。ヘーゲルが数学に対して塞がれていたとは言えないのです。

結局のところ、ラカンは哲学を、その数学への関係の問題に関して不分割（*indivise*）しています。彼が哲学を不分割しているというのはつまり、彼が、私には本質的と見える哲学の次の点を無視しているということです。その点とは、哲学が自分自身の誘惑、〈一〉の誘惑に対して、常に内在的に抵抗している、ということです。ラカンは哲学の誘惑が〈一〉の誘惑であるということを、よくわかっていました。すなわちハイデガー自身が、〈一〉による存在の集‐立として指し示しているものです。ただ哲学は、その内在的な誘惑に還元されてしまうわけではありません。それはまた、そうした誘惑から身を引き剝がす固有のやり方でもあるのです。そして数学に関して言えば、私が思うに実際プラトンの『メノン』やデカルトの『精神指導の規則』、そしてヘーゲルの『大論理学』においては、それら二つがあると言えます。そこにはもちろん、数学に対する哲学の卓越を主張する固有のやり方があります。つまりそこでは、意味の誘惑が組織されます。プラトンにおいてそれは、公理（axiomes）に代えて原理（principes）を置くこと、という形で言われるでしょう。デカルトにおいては、形而上学を方法的に組織することです。そしてヘーゲルにおいては、無限の数学的概念を超克し包摂することです。たしかにそうしたことがあって、これは直接にラカンの投げかける罵倒の範囲に入ってきます。しかしあらゆる偉大な哲学にはまた、そうした点への抵抗の内在的な組織化があります。プラトンにおいてそれは、言うことの掟に服するものとして哲学を同定するということ、すなわちその及ぼす制約と同時に偶然性を認めるということ、というかたちで言われるでしょう。デカルトにおいては、それは誇張的なものの領域のうちに数学的な諸真理を置き入れることです。そしてヘーゲルにおいては、無限という問題に関して数学は創設的であり、そしてそうあり続ける、ということです。

少々手厳しいことを申し上げるのをお許しください。こうした哲学に構成的な分割を無視することによって、そうして哲学の先天的な彷徨に関して――幾分ハイデガー的な――画一的判断をしてしまうことによって、まさにラカンのほうが、少々、ほんの少々ではありますが、哲学に対して塞がれているように見えるのです。

ラカン的な反哲学とは、部分的には、まさにこの点に関して哲学を、実際にはその分割に依拠しながらも、不分割する（indivise）ということです。これが本質的な図式であり、これについてドゥルーズの言うような概念的人物を与えるとするならば、ラカンのソクラテスに対する関係が問題になるでしょう。このソクラテスに対する関係、ソクラテス／プラトンに対する関係は、同時にそして不可分な仕方で——われわれは哲学の起源に立ち戻ることになります——ラカン的反哲学にとっては、解任と同一化の過程です。ソクラテスは最初の哲学者ですが、最初の分析家でもあります。なぜでしょうか。そう、それはまさに哲学が、不分割なものとして、そして同時にその分割を利用しあるいはそこに備給する可能性として考えられているからです。そんなわけで、ラカンが哲学に対して塞がれている度合いは、少しだけ、ほんの少しだけなのです。プラトンを貶すためにプラトンのソクラテスに同一化することによって、ラカンは哲学にその起源から取り憑いている誘惑と、その誘惑への抵抗の複合体《コンプレックス》を、彼なりの仕方で生きているのです。

さて、政治の穴をふさぐ哲学者についてはどうでしょうか。もちろん第一の問題は、どのような意味において政治が穴であるかということです。この点について、思うにわれわれは、ボロメオの結び目[*15]を実際に一巡りして、この政治の穴の問題は想像的なもの、現実的なもの、象徴的なものに従って述べられると言うことができます。

まず、政治を想像的な穴として見てみましょう。これは最もよく知られている、そして最も目立つ側面です。すなわち政治が穴であるのは、それが集団の想像的なものに、否定しえないような仕方で結びついているからだ、というわけです。われわれはまさに、これを次のように言うことができます。政治が集団の想像的なもののうちにある限りにおいて、それは〈資本〉の現実的なものにおける想像的な穴なのだ、と。〈資本〉の現実的なものとは、普遍的な散種《ディセミナシオン》の、流通の、そして絶対的原子化の現実的なものです。それはさらに、享楽の或る体制であり、つまりは現実的なものの或る体制です。それで、この現実的なものの粉末状のコンパクト性において、政治とは、様々な種類の糊《コル》を――「学糊派《エコル》（Ecolles）」を――作ることとです。それらは現実には、そこで〔成立する〕まとまり〔＝共立性〕が穴の空いた、あるいは多孔性の骨に似たものになるような、さまざまな契機です。問題なのは、〈資本〉と剰余価値のなす散種された現実的なまとまり〔＝共立性〕のうちに、多くの想像的穴を成立させることです。まさにこのようにして、政治は意味に貼り付いているのであり、そして政治は意味に貼り付いている限りで、資本の現実的なものにおける想像的な――こう言ってよければ宗教的な――穴をなしています。これが〈教会〉効果としての政治です。ラカンにおいては、いろいろな名前があります。糊づけ効果（それは集団を〔糊のように〕まとめます）、〈教会〉効果、意味効果、といった具合ですね。ただし繰り返しになりますが、より術語的に申し上げるとすれば、現実的なもののなかの想像的な穴、ということになります。

一九八〇年の〈学派〉解散の際、解散という行為はあらゆる人によって、一つの政治的行為として生きられたわけですが、私が指摘したいのは、その際ラカンが次のように書いているということです。

> 行為の形で「ほら、ここでまた行為が出てきました！　行為とは、解散行為のことです。解散行為以外の行為の種類がありうるかどうかという問題は、われわれがおしまいに問う問いの一つとなる予定だということを指摘しておきましょう」つぎのことをはっきり示すことによって。すなわち、

私の〈学派〉が〈制度〉に、すなわち経験がフロイト的であるときにそこから期待されるディスクール効果を犠牲にして生ずる強化された集団効果になるのは、彼らのせいではないということを、はっきりと示すことによって。われわれは知っている、精神分析的集団がディスクールに対して優位に立ち、〈教会〉となることをフロイトが許したということが、どれだけ高くついたかを。〈インターナショナル〉「〈インターナショナル〉とは、シカゴの〔国際精神分析協会の〕人たちのことですね」は——というのはそれがまさにその名前であるからだが——フロイトがそこから期待していたものの症状に、それ〔インターナショナル〕が実際そうであるような症状に成り果ててしまった。しかし重きをなすのは、それ〔〈インターナショナル〉〕ではない。まさに〈教会〉が、本当の〈教会〉こそが、マルクス主義を支えているのだが、それはマルクス主義がそれに新たな血を注ぎ込むことによって……更新された意味によって支えているのである。どうして精神分析もそうならないだろうか、それは意味のほうへと方向転換しているのだから。

私はこれを、空しい揶揄ということで言っているのではない。宗教の持つ安定性は、意味が常に宗教的であるということに由来している。それで私は、私のマテームの道を粘り強く進んで来たのだ。*16

政治は集団効果のうちで、あらゆるディスクール効果を押し流してしまうことによって穴をなします……「ディスクール効果を犠牲にして生ずる強化された集団効果」というわけですが、フロイトに関して言えば、彼は「精神分析的集団がディスクールに対して優位を占め」ることを許してしまいました。したがってここで政治という観点から問題になっているもの——集団そのもの——は、それが糊《フェ・コル》をなし、あるいは学糊派《エコル》（Ecolle）をなすとき、つまりまさに集団がディスクールに対して優位を占めるときに、穴をなします。集団がディスクールに対して優位を占めるとき、それは穴をなす、ということの格言は、大変重要な格言です。なぜでしょうか。それはこの格言から、哲学がどのようにして穴をふさぐことができるのかがわかるからです。哲学は、集団がディスクールに対して優位を占めているということについてのディスクールをなすことによって、その穴をふさぐことになるでしょう。まさにこのことを、政治との関わりにおける哲学は行うのだとされています。集団がディスクールに対して優位を占めるときに、〈資本〉の現実的なもののうちに、一種の想像的な開口部が生じます。生じるのはそれだけなのです。この観点から言えば、政治哲学ないしは政治に介入する哲学は、欠けている何かをふさぐということしかしないのだと考えるべきではありません。それははるかに一層複雑な操作なのです。実際には、集団がディスクールに対して優位を占めている時、哲学は背後からこっそり——いつもそうしているように、ということですね——やってきて、集団がディスクールに対して優位を占めているという点の正当性を、ディスクールのうちで回復しようとします。そして哲学はそうした地点を「政治」と呼ぶことになるでしょう。哲学が、集団がディスクールに対して優位を占めるということを政治と呼び、そのことについてディスクールをなすまさにそのときに、哲学は政治の穴の塞ぎ屋というそのお役目のうちに身を置いています。ところが哲学はむしろそれを開いたままにしておいたほうがよいのです。われわれがその穴のうちに、集団がディスクールに対して優位を占めているということを見て取り、そして、それが糊づけ効果の穿孔ないし想像的崩壊であるということを見て取れるように、その穴は開いたままにしておいたほうがよいのです。

この点については、やはりマルクスへの関係を引用しておきましょう。これもまた『A氏』のテクストですが、ここでラカンは哲学に反旗を翻し、次のように述べています。

私は症状を発明した者としてのマルクスに対して賛辞を捧げた「彼が賛辞を捧げたのは、症状の発明者としてのマルクスに対してだけではありません。その点を彼はここで拾い上げたわけですが、しかしご存じの通り、彼は剰余享楽（plus-de-jouir）、つまり現実的なものに直接に関わるものの発明者としての彼に対しても賛辞を捧げています」。このマルクスはしかし、プロレタリアに意味の辞－元（la dit-mension）をあらためて吹き込んだというただそのことからして、秩序の再建者である。そのためにはマルクスが、プロレタリアをプロレタリアと言いさえすればよかったのだ。〈教会〉がそれをお手本にしたということは、一月五日に申し上げたところである「そしてあとでまた戻ってきます」。おわかりいただきたいのは、宗教的な意味は、皆さんがまったく思いもよらないようなブームを引き起こすことになるだろう、ということだ「事実われわれは、その後この点に関していやというほど経験してきました」。なぜなら宗教とは、意味の本源的な住処だからである。*17

実はよく考えてみますと、ここでマルクスが非難されているのは、彼が哲学者であったという点です。マルクスは、プロレタリアのうちに意味を吹き込んだことで、哲学者となったのです。ところがプロレタリアとは、現実的な穴でした。プロレタリアはまさにそれです。現実的な穴なのです。そしてこの穴を、マルクスはそこに意味を吹き込むことによって、詰め物をしてふさいでしまったのでした。したがって、マルクスは集団としてのプロレタリアが、一つのディスクールのあらゆる可能性に対して優位を占めるようにしたのです。それでわれわれは、マルクスが――ラカンの眼には――秩序の再建者のように映ったのだが、これはまさにマルクスがプロレタリアを沈黙させたからだ、と言うことができます。

これは面白いテーゼです。というのもマルクスは普通、プロレタリアに言葉を、政治的な言葉を与えた者であると見なされているからです。ラカンにとっては、マルクスは、プロレタリアがマルクス化されて（marxisé）、もはや集団でしかなくなったまさにその地点において、プロレタリアを沈黙させた人物なのです。これは〈党〉の立場です。プロレタリアはグループ、もしくは党でした。そして実際、党はディスクールに対して優位に立ったのです。そして一種の遡及効果によって、マルクスは哲学者になりました。つまり集団がディスクールに対して優位に立つことを、ディスクールによって正当化することで、穴をあらかじめ塞いでしまった哲学者になったのでした。これは何を世に送り出すことによってなされたのでしょうか。そう、『共産党宣言（*Manifeste du parti communiste*）』を世に送り出すことによってであり、つまり集団がディスクールの条件であったと言わせることによってです。しかし集団がディスクールの条件であり、ディスクールが集団の条件なのではない、という主張がなされると、そのとき現実的な穴の閉塞効果（un effet de bouchage）が生じます。いわば集団を権威づけるような（autorisant）プロレタリアのディスクール的不連続性がもしあったのなら、そこにはものの現実的なものが生じているはずのところです。ラカンは絶えず集団を作りましたから、肝心なのは集団があるかないかではありません。肝心なのは、ディスクールを権威づける（autorise）のが集団になるのを、可能であれば禁じなくてはならない、ということなのです。

このラカンのテーゼはたいへん興味深いものです。というのも、この点に関するラカンの夢はどんなものだったでしょうか。夢でしょうか？……いや、計画です。計画と申し上げましょう！この計画を、ラカンはさきほど読み上げたテクストの中で示しています。それは、「経験を犠牲にして生ずる、強化された集団効果」が現実に存在するということを、なんとしてでも妨げなくてはならない、ということです。フロイト的経験から期待されるディスクール効果が、集団に対して優位を占めなくてはなりません。しかしもし集団がディスクールに対して優位に立つようなことがあれば、必然的に（現実的な）穴効果と（哲学的な）閉塞効果が同時に生ずることになるのです。

しかしながら、こうした全てが事実においては何を意味するのか、と思う方があるかもしれません。そもそも誰もが絶えずそう思っています！　ラカンがそうしたことを言ったとき、彼はこう告白していました。私は失敗した、失敗したのだ、と。それから、当然彼は、この点に関して譲歩しない人間として直ちに再開します。しかしやはり彼は、自分は失敗した、と言ったのです。どのような点において失敗したのでしょうか。私はディスクールが集団に対して優位を占めるようにすることに失敗した、だから私はマルクスと同様だったのだ、彼と同じようにしたのだ。私はマルクスと同様、多くのものを発明したけれども、結局のところ、秩序を再建してしまった。そして私は、自分が秩序を再建してしまったことに気づいたので、マルクスが一八七一年に第一インターナショナルを解散したのと同じように解散をしたのだ、というわけです。ラカンはつねにマルクスと同じようにしています。彼はただ単に一つのディスクールを発明することによって彼に倣ったばかりでなく、政治においてもまた彼に倣っています。彼は、ディスクールの条件を僭称する集団を解散したのです。

このことはわれわれを、解散の概念へと導いてゆきます。その一般的な意味においては、解散とは、穴としての政治が哲学によって塞がれないようにする契機のことです。それはまさにそうした契機です。この契機において、われわれはディスクールと集団の間の隔たりを捉える可能性を――稲妻のひらめくような短い時間であれ――手にします。実際に、マルクスが第一インターナショナルを解散したときも、それは明らかにプロレタリアのディスクールを、その集団との隔たりにおいて、集団との関わりにおけるディスクールの創造的露呈（un découvert créateur）において、集団そのものの解散が見て取ることを可能にする露呈――脱‐閉塞――において同定できるかもしれないという希望のうちに行われたのでした。

ただ、集団が解散される際の、集団が消えなんとする瞬間において、ディスクールと集団の間の隔たりを考えることができるということの可能性、それは純粋なディスクールが現実に存在するというテーゼではないのでしょうか。このとき「純粋なディスクール」が意味するのは、集団との厳密な隔たりにおいて、つまり集団の分散《ディセミナシオン》において覚知され思考されうるディスクールであり、したがって哲学を免れたディスクールです。もし哲学とはつねに、政治という形で、集団がディスクールを支配することを正当化するものであるということを認めるとするならばそうなのです。このことが私の言い方で意味しているのは、哲学とは、つねに国家を正当化するべく到来するものである、ということになるでしょう。政治哲学は、国家哲学に過ぎないのだ、というわけです。これは不幸にして、しばしばあまりに真実です。ただ、ラカンの言い方では、哲学が国家哲学であるということは、哲学がディスクールに対する集団の優位の正当化の哲学である、ということを意味します。解散とは、ディスクールと集団との間の実り豊かな関係を再建する操作である、ということをわれわれが認めるのは、単に集団においては物事がうまく行かないからというだけではありません。根本的に解散とは、集団を解散によって遠ざけることで、ディスクールを露呈させる操作なのです。このことは、この操作が哲学に向けられるということをも意味します。哲学の固有の素材《マチエール》とは、政治における、ディスクールに対する集団の優位の肯定である。ラカンは、そして他の多くの人々はそう考えています。この優位が意味しているのは、実は国家の権威なのです。

したがって解散とともに、われわれは反哲学的な操作の中でも最も明確なものを手にします。ラカンがまさに自らの分析集団を解散したときに、「私は哲学に対する反乱を起こす」と叫んだのは、偶然ではありません。それは必然的な相関関係です。私が哲学に対して反乱を起こすのは、哲学が常に、ディスクールに対する集団の優位の正当化の操作であるからだ。だからこそ、哲学は政治の穴を塞いでしまうのだ。そして私ラカンは、その穴を見て欲しい。少なくとも、ひとはその穴を見ることができなくてはならない。さて、哲学は、ディスクールに対する集団の優位のディスクールとして、国家のディスクールとして、穴を見ることを不可能にするものだ。そうしてもう何も見えなくなり、それは塞がれてしまうのだ。私が穴を見たいとして、私はその中に何を見たいのだろうか。そう、穴はディスクールを意味している。つまりそれは、結局のところ、分析的ディスクールを意味しているのだ。

誰かが質問する：ラカンは哲学を、一つのイデオロギーのように取り扱っていると言ってもよいでしょうか。

正確にはそうではありません。もし哲学が国家のディスクールとなるならば——繰り返しになりますが、このことは私にとっては、哲学の誘惑ではあるものの、その本質では全くありません——そのとき哲学の現実的なものは、イデオロギーの想像的な機能のそれを超え出ます。解散においては、集団の国家的な優位に対抗して、ディスクールの露呈（découvrement）の行為があります。これが極度に難しいところです。なぜならディスクールの露呈の操作は、政治的な操作であり、イデオロギーに対する単に真なる（あるいは科学的な）ディスクールの行使ではないからです。これは、マルクス、レーニン、毛沢束が絶えず直面していた操作です。それに、よく見てみると、革命的な活動は常に、かなりの程度、ディスクールの露呈という政治的な操作だということがわかります。そしておそらくその操作はつねに、その本質において、解散的な操作なのです。この操作は極度の緊張を導き入れるのですが、これは反哲学――政治の穴を、哲学的な閉塞化から免れさせること――と、ディスクールの露呈の行為としての、集団の解体的把握とのあいだの相関関係によってそうなるのです。

解散の問題は、マルクス以降の革命的政治に取り憑いています。第一インターナショナルの解散から始まって、一九一七年の二月革命と十月革命の間の移行期のただ中には、何時でも党を解散するぞというレーニンの脅迫もありました。このことはよく知られていますが、これはテクストがあるからです。たとえば「危機は熟した[*18]（La crise est mûre）」で、レーニンはそのなかで絶えずこう言っています。「こんなふうなら、私は出て行く、党なんて全く何でもない、私は出て行く、解散だ」。そしてある意味で、中国における〈文化大革命〉は、他でもない、大規模な党の解散の操作でした[*19]。解散は、革命的行為のかたちに残存的に取り憑いていますが、これはつねに、ディスクールの政治的な露呈化（mise à découvert）の問題があるからです。ラカンはそうした問題の、絶対的な継承者です。彼が自らを、マルクスとの関わりにおけるレーニンに準えたのは、全く正しいのです。ただそれは、極度の緊張に対して開かれてあるということです。というのもこのテーゼが示しているのは、政治に――反哲学がそう見ているような――哲学の支配を免れさせることができるのは、ただ解散の、あるいは解散と類比的であるような何かの見通しにおいてのみである、ということだからです。というのも、哲学による閉塞に対置できるのはただ、ディスクールの露呈だけだからです。

以上が想像的な穴としての政治の穴に関するお話です。この穴によって集団は、真なるディスクールに対するその支配、その糊づけ効果を確かなものとします。

また私は、政治は象徴的な穴であるとも思います。私が申し上げたのは、政治が〈資本〉の現実的なものにおける想像的な穴である、ということでした。しかしまた政治は、ディスクールの想像的な一貫性における象徴的な穴でもあります。ご想像の通り、政治はまた結局のところ、この象徴的なものにおける現実的な穴でもあります。

この点をごく簡単に申し上げましょう。ひとつわれわれに強い印象を与える点があります——これはラカン的な装置においてさえそうなのですが——それはまさに政治はラカンにとって、ディスクールではないということです。科学のディスクール、分析家のディスクール、ヒステリー者のディスクール、大学のディスクールはありますが、政治のディスクールというものはありません。さて、単なる事実確認と思われるかもしれないこの点ですが、私の考えでは本質的な点です。いったいどうして——結局のところこの問題は、来週までのところで皆さん自身で解決していただこうと思うのですが——政治はラカンにとってディスクールではない、などということが起きたのでしょうか。

ラカンをドゥルーズに近づけるのは難しいことです。ただ、この点については可能です。なぜ政治は、ドゥルーズにおいては思考（une pensée）ではないのでしょうか。「ディスクール」とは言いません。それはドゥルーズの語彙ではありませんからね。しかし『哲学とは何か』をとってみるとそこには、科学は思考である、芸術は思考である、哲学は思考である、しかし政治はそうではない、と書かれてあります。なぜドゥルーズにとっては、精神分析は思考ではないのか、この点はよく知られています。でもなぜ政治は、はこれについて、『アンチ・オイディプス』で長々と自分の考えを説明しています。でもなぜ政治は、芸術、科学、哲学、というリストに加えられないのでしょうか。私は今晩のところは、次の点を確認するにとどめたいと思います。つまり、ドゥルーズにとって政治は、思考の装置ではないのだということです。カオスに対する、哲学の内在平面、科学の準拠平面[*20]、あるいは芸術の合成＝創作平面[*21]という意味での、政治的な平面はありません。ラカンにおいてこれにあたるのが、厳密な意味における政治のディスクールはない、ということです。そして、政治のディスクールがないからこそ、実際に政治はつねにディスクールにおける穴をなしているのです。そしてより正確に言うなら、これらのディスクールにおいて、想像的な一貫性に支えられているもの、つまり見せかけ《サンブラン》に支えられているもののうちで穴をなしているのです。

政治は見せかけ《サンブラン》における象徴的な穴である、と申し上げておきましょう。

訳註

*1 『存在と出来事』の「第二一省察」ではパスカルが取り上げられているが、そこでバディウは、キリスト教の信仰がもはや神そのものではなく、イエス・キリストの死という出来事に、それに与えるべき意味にかかわるようになっていると指摘する。「こうしてキリスト教のなかには、出来事の教説のあらゆるパラメーターが配置されている」(Alain Badiou, *L'être et l'événement*, Paris, Editions du Seuil, 1988, p. 235) のだが、「パスカルの際立った天才は、科学の主体の到来によって現出した、まったく近代的で、前代未聞の条件のもとで、キリスト教的な確信の出来事的な核を刷新し維持しようと企てたという点にある」(*ibid.*, p. 237) とバディウは述べていた。

*2 聖パウロは実際にこのセミネールの翌年のセミネールでとりあげられ、その内容は以下の著書におさめられている。Cf. アラン・バディウ『聖パウロ——普遍主義の基礎』(長原豊、松本潤一郎訳、河出書房新社、二〇〇四年)。

*3 「真理過程 (procédure de vérité)」とはバディウの用語で、哲学を条件づける「真理」を産出する過程を指す(アラン・バディウ『哲学宣言』(黒田昭信、遠藤健太訳、藤原書店、二〇〇四年) 一八頁)。「したがって、私たちは、哲学の条件は四つあると主張しよう。一つが欠けても哲学は雲散霧消してしまう。ちょうどその反対に四つが一体となって出現するということが哲学の到来を条件付けるように。これらの条件とは、数学素、詩、政治的創意、そして愛である。私たちはこれらの条件を類生成的過程と呼ぶことにする。そのように呼ぶ諸理由には後で触れるが、この諸過程については『存在と出来事』の核心部においても述べられている。それらの同じ理由により、四つのタイプの類生成的過程が、諸真理(真理は、科学的真理、芸術的真理、政治的真理、愛における真理のいずれかしかない)を生み出すことのできるあらゆる過程を、今日では、特定化し分類するということが明らかになるのである。したがって、哲学は、これら[四つの]次元それぞれにおいて証明可能な諸真理が存在するということを[自らの成立]条件としている、ということができる」(同前、一二二頁)。

*4 カント『純粋理性批判(上)』(篠田英雄訳、岩波文庫、一九六一年)、一二八頁。

*5 AE, p. 452.

*6 Tristan Tzara, « Monsieur Aa, l'antiphilosophe », *Dada*, volume 1, N. 8, 16 septembre 1921, p. 4. (トリスタン・ツァラ『七

つのダダ宣言とその周辺　セリ・クレアシオンⅠ』（小海永二、鈴木和成訳、土曜美術社、一九八八年）三三─三六頁）

＊7　Jacques Lacan, « L'instance de la lettre dans l'inconscient ou la raison depuis Freud », in *Ecrits*, Paris, Editions du Seuil, 1966, pp. 493-528.（「無意識における文字の審級、あるいはフロイト以後の理性」（佐々木孝次訳）、『エクリⅡ』（佐々木孝次、三好暁光、早水洋太郎訳、弘文堂、一九七七年）二三七─二八七頁）。

＊8　「文字主義（lettrisme）」は一九四〇年代にルーマニア出身のフランスの詩人イズー（Isidore Isou）が始めたフランスの前衛文学運動で、語の意味よりも文字の配列や音声的効果を重視した。

＊9　ラカンは自ら立ち上げた〈パリ・フロイト派〉（Ecole freudienne de Paris）の解散を、このテクストの二月あまり前、一九八〇年一月五日付の書簡（« Lettre de dissolution », *Ornicar ? : Bulletin périodique du Champ freudien* n° 20/21, 1980, pp. 9-10〔以下 *Ornicar ?* 20-21〕）で宣言した。そしてその後まもなく、彼の承認のもとで〈フロイトの大義〉（La Cause freudienne）が設立され、旧パリ・フロイト派の人々の多くがここに集結した。

＊10　直前の引用部とあわせ AE, p. 318.

＊11　プラトン『国家（下）』（藤沢令夫訳、岩波文庫、一九七八年）九八頁（五一〇C－D）。

＊12　デカルトの「第一省察」を参照。Cf. ルネ・デカルト『省察』（山田弘明訳、ちくま学芸文庫、二〇〇六年）三四─四二頁。

＊13　AE, p. 453, note 1.

＊14　この文は上述の註には現れてこない。「あの〔…〕〔という文〕によって（par ce）」という部分は校訂者による付加であり、講義ノート（« Alain Badiou 1994-95 : Séminaire sur Lacan (Notes d'Aimé Thiault et transcription de François Duvert) », http://www.entretemps.asso.fr/Badiou/94-95.htm. 最終閲覧日二〇一九年四月六日）では単に引用符の中に入れて置かれている。この部分は、バディウ自身の地の文として読むこともできるように思われる。

＊15　ラカンは一九七〇年代の議論において、結び目理論でとり上げられる「ボロメオの結び目（nœud borroméen）」を援用しつつ議論を展開するようになった。この呼称は当該の結び目がイタリアのボロメオ家の紋章に使われていたことに由来する。一つを外すとすべてがばらばらになるような仕方で組み合わされた三つの輪からなるこの結び目を、ラカンは彼が一九五〇年代初めから区別してきた象徴的なもの、想像的なもの、現実的なものの構成するまとまりを

示すものと考えた。
＊16 *Ornicar ?*, 20-21, p. 10.
＊17 *Ibid*., pp. 18-19.
＊18 「危機は熟した」は一九一七年の二月革命を経て生じた「世界規模での革命の前夜を示す徴候」（『新版レーニン選集3』（レーニン全集刊行委員会訳、大月書店、一九六九年）三三九頁）にもかかわらず状況を座視して「ソヴィエト大会」を待つという方針をとるボリシェヴィキの中央執行委員会をレーニンが痛烈に批判し、「国際主義は、空文句や、連帯の表明や、決議ではなくて、行為にある」（同前、三四三頁）といった言い方で権力の掌握を促した論文である。なおこの論文には、新聞に公表された部分と党の委員会に配布された部分があるが、この後者の末尾にレーニンが自らの党中央委員辞任に言及している部分がある（同前、三四六頁）。
＊19 「文化大革命」（あるいは「プロレタリア文化大革命」）は一九六五年秋から一九七六年にかけて中国全体を巻き込んだ政治的・社会的な大変動を指す。「絶対に階級と階級闘争を忘れてはならない」とする毛沢東は、中国共産党内部の「資本主義の道を歩む実権派」（いわゆる「走資派」）に対抗し、林彪らと結んで人民解放軍を味方につけ、学生らの若年層に浸透しながらこれを排除しようとしたが、この党内闘争が大衆運動化して中国全土に波及した。
＊20 「哲学は、或る内在平面あるいは共立性平面をもってことに当たり、科学は、或る準拠平面によってことに当たるのである」（ジル・ドゥルーズ、フェリックス・ガタリ『哲学とは何か』（財津理訳、河出書房新社、一九九七年）一六八頁）。またカオスとこれら哲学、科学、芸術の関係については同書の結論部（同前、二八五頁以降）を参照。
＊21 「合成＝創作（composition）」と芸術については同前、一八一頁以降を参照。

第Ｖ講　一九九五年一月一八日

春先まで続く中断の時期にさしかかっていますので、いまやわれわれがはじめた手順《プロトコル》についての締め括りをすべき頃合いです。この手順は、ただ一つの問いから出発して構造化されていました。すなわち、反哲学者ラカンはどのように哲学を同定しているのか、という問いです。われわれが示したのは、この問いに対する答えが三つの媒介を前提としているということでした。すなわち、数学に対する哲学の関係であり、政治に対する哲学の関係であり、そして愛に対する哲学の関係です。

数学に関しては、われわれの結果は分かれていました。この点をわれわれは、プラトン、デカルトおよびヘーゲルの事例に則して示しました。われわれの結論は、こうでした。それぞれプラトン、デカルトそしてヘーゲルにおける想起、方法、弁証法的止揚が、言うことと言われたことのマテームにおける関係を、意味の支配のもとでの意識／現実の重ね合わせの方へと追いやることについてラカンが述べていることを具体的に示すものだとするならば、これに対して［そのそれぞれに見られる］公理論、誇張的懐疑および無限についての思考の創設的な到来は――あるいはより正確には、公理論の仮説的な性格、懐疑の誇張的な性格、そして断固として創造的な創設的到来は――まさに言うことの純粋な権威としての数学の諸同定にあたります。ただしこの同定は、不十分さの宣言への前置きになっているのです。

ラカンの傍らで、しかしラカンとは距離を取りつつわれわれが主張しようとしている立場とは、偉大な哲学的伝統が数学という条件のもとにまさに身を置くときに、その本質的に分割された性格があらわれてくる、ということです。なぜなら数学は、哲学を分割するからです。哲学が、一方でそれを無-意味の試練にかける同定と、他方で意味にひたすら思いを致したいという誘惑、縫合の操作との間で、不可避に分割されたものとして自らを見出すということ、このことは、数学による哲学の条件付けの、固有の様式なのです。これは実際、私がハイデガーに対して断固として反対している、ある一般的な点のヴァリアントです。私にとっては、哲学の歴運的な統一性は存在しません。哲学は、一つの分割された過程です。その分割は、〈一〉の形而上学的な誘惑と、そこから遠ざかろうとする性向、〈一〉から自らを解き放とうとする性向との間の分割です。数学の試練、哲学がつねに持ちこたえてきた試練のうちには、意味にひたすら思いを致したいという誘惑、科学的な志向性に対する解釈学的な誘惑が見出されることになります。しかしまた、そこには解釈に抗い、更には意味とは無縁のものとしての真なるものの思考へと向かう数学の同定も見出されることになるのです。このとき数学は哲学者に、あらゆる真理は常軌を逸している〔＝非意味化されている〕（insensé）ということを教えます。偉大な哲学は常に、分割された過程の創設なのです。これは、そうした哲学が体系的《システマティック》でないということを意味するものではありません。それは、分割そのものの体系《システム》なのです。そして、それは弁証法的な分割、総合的な展開へと開かれた分割ではありません。まさに哲学的な思考そのものが、そうした分割の過程であり、教えなのです。ただ単に、数学はこうした分割の教えという点に関して、とりわけ慎重に取り扱われるべきポイントになっています。

これはもっと単純にこう言うことができます。哲学とは、宗教的なものとの分離手順《プロトコル》（protocole de scission）であり、それによって皆さんは常に、宗教的なものはそこにある、それは常に可能だ、と言うことができるようになります。ひとが自身をそこから分離しようとするものは、分離の行為において想定されているのです。実証主義的、科学的、反形而上学的な批判者が言っているのがまさにそのことです。さて、「宗教的なもの」はここでは、真理が意味の空間のうちに吸収されてしまうような空間の設立という、最も一般的な意味において理解されています。ただ、哲学は宗教的なものであるばかりではありません——結局のところそれは常に現前しているのですが——というのも、哲学は、まさにこの宗教的なものの現前からの、分離であるからです。だからこそ哲学は、生きた操作であって、同じ身振りの歴運的に規定された反復ではないのです。哲学とは、絶えず変化する真理の条件のもとで、意味との分離を常に再開するものなのです。結局のところ、遙か昔から、哲学は、たとえそれが神学的な哲学であっても、もし神がいなかったら、もし神が死ぬようなことになったら、人間は何を考えるだろうか、人間はどうなるだろうか、ということを考えています。宗教的なものは構造的だ、とするラカンには同意できますが、しかしそれにはこう付け加える必要があるでしょう、哲学は、宗教的な執存《アンシスタンス》からの分離が繰り返し開始される場所の一つである、と。そのため皆さんは、宗教は哲学のうちで執存する、と言うことができるのですが、ただしこう付け加えなくてはならないでしょう、哲学はその構成からして、そうした執存《アンシスタンス》を中断する体制なのだ、と。

われわれは次いで、哲学ないしは形而上学を、「政治の穴を塞ぐもの」として同定するという問題に着手していました。どのような意味において、政治が一つの穴として同定されるのかについては既に申し上げました。この点について私は、ＲＳＩ（現実的なもの、象徴的なもの、想像的なもの）と結びついた構造を提案しました。以下がその分節化となります。１．政治は現実的なもののうちの想像的な穴と見なされうる。２．政治は想像的なもののうちの象徴的な穴と見なされうる。３．政治は象徴的なもののうちの現実的な穴と見なされうる。そして哲学は、この三重の穴をいっぺんに塞ぐものである、というわけです。

第一の点は、現実的なものにおける想像的な穴としての政治でした。〈資本〉の組織する絶対的分散《ディセミナシオン》という現実的な試練において、政治は想像的な糊づけとしての集合態ないし集団を維持します。これがまさに、ラカンがその〈教会〉効果、〈学派〉効果と呼んだものであり、ラカンはこれを、その糊づけ効果（son effet de colle）とも呼んでいました。この点には立ち戻りません。これは先回長々と説明した点です。

というわけで第二の点から改めて出発しましょう。ディスクールの想像的な一貫性における、象徴的な穴としての政治です。政治とはディスクールではありません。厳密に言えば、政治は間－ディスクール「ディスクールの間にあるもの」（un entre-discours）であり、実践です。そして実践が物事を進め、そうして政治の或る存在がある限りにおいて、それはその機能（son fonctionnement）が決して、何であれディスクールの想像的な一貫性といったものとは一致しないというまさにその意味においてそうなのです。政治が現実に存在するとき、それはディスクールというかたちで提示可能な想像的癒着には還元できないような一つの機能なのです。マルクス主義は自らの言葉で、これを次のように述べていました。革命的政治理論、共産主義理論は支配的なイデオロギーに穿たれた穴、その途切れたところに（en trouée）位置している、というのがそれです。ラカンはおしまいにはこう言います――私が思うにこれは実際、穴を象徴的な穴としてことさらに示している格言です。その〔象徴的な〕穴においては想像的なディスクールのポジションの及ぼす付着力に対して、その外に中心を持ち、そこから自律した仕方で操作がなされるのです――ラカンはおしまいにはこう言います。「私は人々からは何も期待しないが、機能からは何かを期待しているのだ」[*1]。これが、彼の政治に関する究極的な言表です。したがって、「機能」は、集団のディスクール的な想像的なもののうちでまとめてしまうことできないような諸効果を生み出します。これらの諸効果と比べたとき、人々、諸人格は、それらの固有の虚無へと送り返されてしまうのです。

このテーゼは興味深いものです。結局ラカンにとって、その最も一般的な意味における政治とは、まったく単独で機能する象徴的な権威付け（autorisation）と結びついており、機能が生ずるためには、必須のエージェントのポジションに一定の人々が就いていることを明確にするということは必要とされないのです。そしてこの機能からは、何かを期待することができます。この何かとは何でしょうか。この点には最後に戻ってくる必要があるでしょうが、それは知というべきもの（du savoir）です。政治は想像的なディスクールと、それが含意している主体のポジションにおいて象徴的な穴をなしているのですが、その意味において政治は、ラカンにとっては知の機能なのです。それは知そのもの（le savoir lui-même）ではありませんが、知というべきもの（du savoir）が、それを利用する人々の特殊性とはある種無関係なかたちで機能する可能性です。これはまた、或る意味で政治は真理に届くことがないということ、少なくとも直接には届くことがないということを意味しています。政治とはせいぜい、知というかたちで一つの機能からわれわれが期待できるものなのです。

そして最後に、政治は象徴的なもののうちでの、あるいは法のうちでの現実的な穴でありうるわけですが、これは単に、それが生死を決めることのできるポジションにあるからです。政治は死を決めることができます。そして政治が死を決めるとき、ご承知の通り、それはいつも法の穴があいたところで、その途切れたところにおいて（en trouée）なされます。政治はしたがってまた、象徴的なもののうちにおけるそうした現実的な穴の可能なポジションにもある、ということになります。まさにこのことを、われわれはカール・シュミットとともに、次のように再定式化しましょう。現実的な政治の使命は、法－外に（hors-loi）例外状態を成立させることなのだ、と。

以上のすべては、かなり明確な構造論的記述をしうるものです。そしてラカンはこう言うでしょう。これら三重の穴は、哲学によって横断的に捉えられ、隠蔽されている。この哲学を彼はこの場合、形而上学と呼んでいます。どのようにして形而上学は、これらの穴を塞ぐのでしょうか。形而上学はこれらの穴を、穴がないと想定されている一つのディスクールによって塞ぎます。そしてこの哲学の、穴がないと想定されているディスクールとは、理想的な政治のディスクールであり、善き政治、ないしはついにその概念において基礎づけられた政治のディスクールです。実際ご存じの通り、理想的な、善い、基礎づけられた政治のディスクールは、本源的に哲学的なものです。この点に疑いは全くあり得ません。われわれ見たところプラトンを突き動かしているのがまさにそれである、ということを見れば十分です。われわれはプラトンを読むにあたってしばしば、あたかもプラトンの思考においては、全てが政治について穴のないディスクールを、〔すなわち〕すべてがあるべき場所にあるようなディスクールを述べることができる可能性に従属しているかのように想定してきました。そしてわれわれは、「共産的な」都市国家の構築が、〔プラトンの〕『国家』においてはそうした穴のない政治的ディスクールの理想のもとにおかれている、と言うことができたのです。

『国家』のことを、ラカンはあまり好きではありませんでした。彼はそれが、きちんと運営されている馬牧場に似ている、と言っていました。しかし、ラカンはそこから、プラトンは異常だ、全体主義的だ、といった結論を引き出しはしません。そんなことはしないのです！　彼がそこから引き出した結論は、この対話篇の始めから終わりまで、プラトンはわれわれを虚仮にしている、というものでした。別な言い方をするなら、プラトンほどの人が——というのもラカンにとって、プラトンはどうでもよい人などではなかったからですが——これほど恐ろしい、これほど痛ましいものを信じ得たなどとは、到底信じられない、というわけです。したがってラカンは、この対話篇、『国家』が、根底的にアイロニー的なものであると考えていました。これは興味深い仮説です。というのも、何故だかわからないが実際それぞれのものがあるべき場所にあるというこの一大構築は、政治が一つの穴であることのアイロニー的な呈示になるだろうからです。プラトンがこれについて与えている最良の証拠は、ラカンのそうした読解によれば、もしその穴を塞ごうとすると、きちんと運営されている馬牧場といった悲しげな有様がすぐさま現れてくる、ということです。これこそ最も純粋なアイロニーです。ただラカンは、別のところでは、それでもやはり哲学者がやっていること、すなわち政治の穴を塞ぐということはよいことだ、と言います。とはいえラカンはプラトンに、一つのアイロニーを認めます。それは歴史的にみて、とてつもない《モニュマンタル》〔＝記念碑的な〕アイロニー、つまり、厳密な意味における、記念碑《モニュマン》というかたちをとったアイロニーだといえるでしょう。

ただ、哲学はそこまで盲目だったのでしょうか。ここで根本的な問いが回帰してきます。すなわち哲学は、自分自身の企てに反対するものに対して盲目だったのだろうか、という問いです。私はそうは思いません。プラトンの『国家』という極限的な事例をとってもそうです。確かに、プラトン的な国家の一大構築が存在します。さまざまな地位の分配がなされ、職人と農民は一意的に彼らのなすべき仕事に結びつけられ、無私で禁欲的な、番人としての哲学者はその上にいる、というわけです。もし政治の穴を塞ごうというのであれば、自分自身を栓の位置におくというぐらいのことは、まったくなんでもないことです。したがってまさに哲学が、より正確には弁証法が、高みにあって穴を塞ぐということは首尾一貫しています。これがまさに、プラトンの言っていることです。もしイデアにふさわしい政治を望むのであれば、哲学者が権力の座に就かなくてはならない。しかしお気づきになると思いますが、対話篇でソクラテスの対話相手は、すぐさまこう言って冷笑します。それは一朝一夕のことではないですよ、と。そしてこの反対は、対話篇を通じて、はっきりとわかる執拗さで流れています。政治の現実的なものに関して、つまり実際に生起することに関して、プラトンはけっして、それを解消したり、それに盲目であったり、ということはありませんでした。そこに危険な開口部があるということを、彼はよくわかっていたのです。

この危険な開口部の兆候を、われわれは三つあげることができるでしょう。これらは三つとも、『国家』における政治的構築物をしっかり理解するためには欠かせないものです。一つ目は、複数性の承認です。プラトン的な態度とは、次のように述べるという点に存しています。すなわちさまざまな政治（*des* politiques）がある、ということです。現実的なものとはこれなのです。僭主制もあれば民主制もある。寡頭制もある、というわけです。実際にあるのは、まさにこれです。具体的な政治（de la politique）があるということに関する盲目は、プラトンにはまったくありません。この「ある（il y a）」は、還元不能な複数性が「ある」ということです。第二に、この構築物のまさに核心において、プラトンは政治の尋常ならぬ不安定性《プレカリテ》を認めています。「不安定性《プレカリテ》（précarité）」という語が示しているのはまさに、何かが決して埋められないということ、いかなる穴も、永遠には塞がれないということです。第三に、プラトンはその構築の持つ、危なっかしい性格を認めています。

政治の不安定性《プレカリテ》については、三重の意味で言われています。

まず、あらゆる政治は他の政治へと変容することになる、ということです。数ある政治のうち、現実的な政治のいかなるものも安定してはおらず、自らを脱同一化し、他の政治へと変容するプロセスをたどっているのです。プラトンにとって模範的な事例とは、民主制が僭主制となる変化の避けがたさです。ただそれだけではありません。実際には政治が現実的にとるかたちがいかなるものであれ、抜きがたい変わりやすさを刻み込まれているのです。

この不安定性《プレカリテ》の第二の、さらにいっそう深い意味は、プラトンが提示している「理想的な」態勢が、それ自体不安定《プレケール》であるということです。プラトンは、現実的な政治の不安定性《プレカリテ》を、あらゆる不安定性《プレカリテ》から解放されているような政治で置き換える、といったことを主張しているわけではありません。彼の議論は、実を言えばたいへん奇妙なもので、ただ象徴的にはとても印象的なのですが、その議論の中で彼は自らの国家プランが実現したとすると、その国家もまた不安定《プレケール》であり、変質してゆくことになるだろうと告げています。それは避けがたく名誉支配制（timocratie）へと変容することになるだろう、というわけです。プラトンが示している理由は――分析家はこの点をよく考えてみてもよいでしょう！――まったく尋常ならぬものです。それは、ある時点で抑圧が、否認が、忘却がおきるだろうからだ、というのです。すなわち、ある数（un nombre）の忘却です。[*2] この〔優秀な人間による支配の〕仕組みがうまく働くためには、指導者たちが数をはっきりと念頭においていなくてはなりません。なぜなら理想的な政治的構築物のコード化は、それぞれのものがそのあるべき場所に、調和的に、数字化された仕方で、比率によって、あらかじめコード化された分配と配分によって置かれてあるということを前提としているからです。したがって根本的な数のネットワークといったものがあって、それがこの構築物を支配しているのです。さてプラトンがわれわれに説明しているのは、記憶が欠けるということが起きるだろう、ということです。あるときに、最も重要な数のうちの一つが忘れられるでしょう。そしてそのとき、われわれが今日はっきりと眼にしているように、政治の穴が生じるのです。これは、フロイトの意味における抑圧です。数が指導者の無意識のうちに消えてしまうのですが、その数はまさに、公民的秩序の象徴なのです。そして多少周縁的ですが驚くべきは、この忘却が持っている、腐敗させる効果です。その経験的な効果、具体的な効果とは、教育課程において、体育が音楽に対して優位を占めるようになるということです。何か直接的に軍隊的な養成に属するものが、知的で精神的な養成の一般的な要素に対して優位を占めるのです。こうした全てがはっきり示しているのは、プラトンが、政治のあらゆる同定は還元不能な要素としてその不安定性《プレカリテ》を内包していなくてはならない、と完璧に自覚していたということです。理想的な政治ですら――ラカンの表現を用いるとするなら、政治の穴を塞ぐと想定されている政治ですら――実際には、忘却の遡及作用という来るべき開口部のうちにあって、主体の統一性の破断となるのです。これはあの、音楽に対する体育の優位という話が意味しているのが、主体‐市民の内的な組織化に属する何かが崩壊して、軍事的な独裁制を利することになるだろう、ということであるからです。徒競走やフェンシング、競馬の支配が、そうした独裁制を準備するのです。

最後に、根本的な点を申し上げますが、これは政治においては開口部をなくしてしまうことができないということを告げています。すなわちプラトンが、彼の計画が成功するかどうかは、結局のところ偶然の問題であると認めているということです。理想的な構築は、ただあやふやでありそうにもない条件のもとで初めて現実のものになります。この条件はその上、都市国家のうちに場所を持たず（atopiques）、その中心を外に持つ（excentrées）条件です。プラトンは例えば、この然るべき根拠のある政治を学んだ者が、それを総体として、或いは部分的に実現するのは、彼自身の都市国家においては決してない、という点を執拗に強調しています。それは別の場所でだろう、見知らぬ場所、彼の場所ではないような場所においてだろう、というわけです。そしてソクラテスの対話相手が彼に「あなたの言う哲学者たちは決して権力の座に就くことはないでしょう」と言ったとき、ソクラテス／プラトンはこう答えました。「可能性はあります。あるんです」。しかしそれ以上のことはわからないのです。真実は、それが実現するという理由はまったくないのですが、しかしそれが実現しないという絶対的な理由もまたないのです。現実的な穴は依然としてそこにあります。それは塞がれていないのです。ただ構築の内側から、この穴は一連の名前によって、改めて名付けられています。われわれがいま見たとおり、政治の穴はプラトンによってはっきりと特定されており、これは三つの異なった仕方で名付けられています。すなわち、複数性、不安定性、偶然です。

この地点まで来たところで、われわれはラカンに向き直って、彼に次のように言うことができます。さて、哲学は政治の穴を塞ぐ（われわれは本当にはそう思っていないわけですが、思っているふりをしましょう）というわけですが、その穴を塞がない、ということは何に存しているのでしょうか。反哲学的な政治的ポジションとは何でしょうか。反哲学的な政治といったものがあるのでしょうか。あるいはまた、政治の穴を塞がないことを本質とする政治といったものがあるのでしょうか。そうしたものは、現実に存在するのでしょうか。この点に関して、ラカン的な教説は急進的ですが、同時に実は、維持ないし把握するのが難しい教説となっています。これはその教説が、私の考えでは、さまざまな隠喩というかたちでのみ与えられているからです。だからこそひとは、ラカンの「政治的な」教えについていまなお議論を戦わせています。その教えは、本質的に隠喩的な仕方で伝達されているのです。

集団の問題を取り上げてみましょう。どのような条件の下で集団は、想像的な癒着の体制のもとにはないということになるのでしょうか。集団がそうした想像的な効果から逃れなくてはならないということ、このことをラカンははっきりと、一九八〇年における自身の〈学派〉の解散に付随するさまざまな決議書《プロトコル》のなかで述べています。私がここに創造するものは、集団効果（effet de groupe）を免れなくてはならない、と彼は言います。「〈フロイトの大義〉[*3]（La Cause freudienne）が、私が告発している集団効果を免れるということ、このことが問題である」。こう言うのはよいのですが、しかし集団効果を免れるにはどうすればよいのでしょうか。この点に関してなされている提言が、期待はずれのものであるということは認めなくてはなりません。というのも、その提言は一方では既によく知られていますし、他方では道理を尽くしてというよりよりむしろ比喩に訴えてなされている提言であるからです。それは何に存するのか。それは、配置転換、階層的な不安定化、全体の変動性（labilité）ないし可動性、集団の持続としてあらわれる共立性の解除の提言です。一九八〇年三月一一日に、ラカンはこう宣言しています。

〈フロイトの大義〉は〈学派〉ではなく、〈場〉（Champ）である。［これは隠喩です。〈場〉は変動性、配置転換、不安定性によって同定されることになるでしょう。そしてそのあとに、ラカンが創り出すものに関して、素晴らしい定式が示されます。すなわち］ここから次のことが演繹される。つまりそれは［一つの〈場〉であるような〈学派〉は］一時的にのみ存続するだろう、ということだ。[*4]

そして最後に述べられるのが抽象的な原理ですが、われわれはそこに、何か純粋状態における超民主的ユートピアといったものを認めることができるでしょう。

［…］〈大義〉におけるあらゆる人の、あらゆる人との協働［今度の隠喩は渦の隠喩です］、実際それがまさに手に入れることが問題となるものだ。ただしその時期が来れば、ということである。かく渦巻かんことを（que ça tourbillonne ainsi）。*5

こうした全てはたいへん結構なことです。しかし重要なもの、真の格率は、実は解散（la dissolution）です。〈フロイトの大義〉という集団は、一時的にのみ存続するだろう、というわけです。さて、解散を執拗に繰り返させる連続的再出現、とまでは言わないにしても、一時的なあり方を整え設えるということ、これは何でしょうか。解散は、一つの行為です。それがそのあと執拗に繰り返されるという意味においてそうなのです。詰まるところ、われわれはまさにこの点において、ユートピア的民主主義そのものの古めかしいマトリクスをあらためて見出しているのではないでしょうか。ユートピア的民主主義というこの言葉は、原子的であれ量子的であれ、粒子的な平等主義という意味で理解しましょう。これはほかでもない、あらゆるものが渦巻き状に運動するうちに、［他の］あらゆるものと一緒になって形成する渦であり、癒合です。渦巻き状の運動は、不安定な適合関係を規定します。その適合関係は次いでおのずから解除されるのです。これはルクレチウスの描く世界に似ています。原子の滞りが仮初めのかたちをとるが、しかしそれは内在的な不安定性によって解けてしまうことを運命づけられている、というわけです。このためわれわれには、次のような疑問が出てきます。すなわち、この場合、状況はむしろ、さまざまな穴しかない、ということになりはしないか、ということです。それは脱全体化の急進的な手法ですが、これは一つの政治を構成することになるのでしょうか。私は、ラカンが政治哲学として同定したものと、彼が政治について究極的に述べた事柄の間に、ある対称性を見ています。実際、一方では穴を塞いでしまうということができます。全てはあるべき場所にあります。しかし他方で、表だって言われない規範として、もはや〔あるべき〕場所といったものはまったくない、ということがあります。場、渦とは厳密にそういうことです。それは〔あるべき〕場所のない空間なのです。それは、本質的に穴の空いた空間であり、穴で構成された空間なのです。

難しいのは、配置を－移す《デ・プラスマン》（dé-placement）ということがどういうことかに関する、さまざまに変化する原理に従いつつ諸々の場所《デ・プラス》（des places）の問題を相手にするということ、このことが政治の本質に属するという点です。おこがましくも配置《プラスマン》の永遠を基礎づけようといった意図は、確かにあらゆる現実的な政治の外部にあるものです。ただ、解消された場所の渦、遍在する穴しかない、と主張するような仕組みもまたそうです。あらゆる政治はある仕方で配置を移す《デプラスマン》ことを提案するものであると認めるとするならば、ラカンは政治については何も言っていない、あるいはとにかく、無政府主義的な傾向のある左翼主義の、確立されたさまざまな変異体《ヴァリアント》のなかですでに言われていないようなことは何も言っていない、ということになります。ラカンの最も急進的な提言は解散をめぐる提言ですが、これが実はラカンの真の政治的ビジョンを表現しています。このビジョンは、専制的無政府主義（un anarchisme tyrannique）とでも申し上げておきましょう。

ここで「専制的（tyrannique）」と申し上げましたが、これには価値判断はありません。そう、価値判断がない、と申しますのも、この点で私はプラトンに与する者ではないからです。確かにプラトンは専制君主を好まないのですが、その理由は、専制君主が古代ギリシャにおいては、地理的にも時間的にも異なった場所でも同様ですが、貴族に対して敵対的な民衆的勢力の代表者であるからです。まさにそのために、プラトンは専制君主を好まないのです。プラトンは専制君主が邪悪であり、自分自身の欲望のことしか考えないから彼らを好まない、というふりをしています。実際には、よく知られているとおり、プラトンが専制君主を好まないのは、専制君主的な運動が、古典ギリシャの社会においては、ともかくもいくつかの世襲貴族《パトリキ》の一族支配よりは開かれた空間における、立憲的改革の誘因となるものであったからです。したがって私は、「専制的」という言葉を、行為という意味、集合態（le collectif）の空間において自分自身に働きかける能力という意味で理解しています。ラカンはまさにそうしたものとして、『解散書簡』のなかで機能しています。そこでラカンは、完全に専制君主的なポジションを引き受けており、これを「厳-父〔＝固執〕（*père-sévère*）」と名付けています。ラカンは、自ら引き退くことで全てが解体するようにする者として、そして唯一その権能を持つ者として、完全に専制君主的なポジションを占めています。そしてまた〔そのポジションは〕――そう、抜きがたく――無政府主義的でもあります。なぜなら解散という専制君主的な身振りも含めて、すべてがどんな理想のもとで行われていたかと言えば、それは〔あるべき〕場所なき渦巻くものの理想であったからです。ただ、とにかく彼の場所は違います。それは孤独であるがゆえに破壊できないものでした。「精神分析の大義への私の関わりにおいて、私がずっとそうであったのと同様に一人で」とラカンは言います。[*6] 皆さんがひとりでいるとき、皆さんは自分が占めている場所から離れることはできません。孤独の場所は、他のあらゆる場所にたいするプラス一〔となる場所〕（plus-un）です。しかしこの、全ての人に対するプラス一のポジションは、専制的な無政府主義のポジションです。そしてこのポジションは古典的であり、さまざまな政治の歴史、政治哲学の歴史において、標定し同定することができるのです。それはこれまでにないポジション、分析的ディスクールに固有のポジションではまったくありません。

以上の点について、少なくともさしあたりの締め括りということでこう申し上げましょう。ラカンは一方で政治哲学が、〔政治の〕基礎付けをめざすなかで入り込む袋小路として政治の現実的なものを標定していることを見誤っていたのですが、他方でそれと対称をなすように、彼自身の政治的身振りが政治の哲学的同定を免れるものではないこと、その身振りは哲学の地点そのものから標定可能であるということも見誤っていました。その身振りは、哲学が政治の同定を我がものとする、その運動において同定できないほどの特異性のうちにあるわけではなかったのです。精神分析はこの意味では、政治的には沈黙のうちにとどまっています。ラカン的な政治的創造はありませんでしたし、ラカン的な政治的制度ないし創設はありませんでした。こう言ったとしても、もしラカンのほうが哲学に対して、政治の穴を塞いでいるという反対をしていなかったとすれば、それは何かラカンへの反対だということには結局ならなかったことでしょう。

繰り返しになりますが、あったのは解散だけなのです。つまり彼ら分析家が解散させられたとするならば、彼らは解散したままなのです。これこそがラカン派の精神分析の状況です。彼らは解散し続けているのです。なぜなら彼らに遺贈された至上命令とはまさに、「解散せよ！（Dissolvez-vous !）」であるからです。しかしこの命令は、他の多くの命令よりはましです。それは確実に「結集せよ！（Rassemblez-vous !）」や「互いに愛し合え！（Aimez-vous les uns les autres !）」よりはましな命令です。

要するに、以上が政治においてラカンが辿った道でした。解散は継続しているし、継続するだろう、なぜなら解散以外の創設はなかったからだ、というわけです。そして各々が、解散とは別のものであると信じながら再創設を行うわけですが、しかしそれは解散しつつそうするのです。各々の一者としての分析家は、政治の穴を塞いでいるのです！　それはおそらく哲学の能くする塞ぐことよりも、いっそうコンパクトな塞ぐことです。なぜなら政治の穴を塞ぐということに関して言えば、分析家は、それに取り組むとなれば並ぶ者とてないということ、このことは認めなくてはならないからです。

私が強調したい最後の点は、ラカンの考えによれば、マルクスがすでに、哲学が政治の穴を塞ぐのに役立つことを見て取っていた、ということです。これは、マルクスのフォイエルバッハについての最後の〔第一一〕テーゼの、ラカン流の解釈です。

　哲学者たちはいままで、ただ世界を解釈してきたにすぎない。いまや問題は、世界を変革することである。[*7]

これは次のように理解できます。哲学者はさまざまな解釈でもって、政治の穴を塞いできた。そして問題なのは、その栓を抜き、それをあらためて開くということだ、と。『ラジオフォニー』のマルクス主義的な反哲学の見事なテクストのなかで、ラカンはこう言います。

　質問五：（a）科学、（b）哲学、そしてとりわけ（c）マルクス主義、さらには共産主義における、その［無意識の発見が第二のコペルニクス的革命に行き着くということの］帰結はどのようなものでしょうか。

回答：〔〔…〕〕マルクス主義がその現実の革命で証明したことによって消えてしまわないような、いかなる存在の喧噪も、また虚無の喧噪もありません〔これは、哲学者のことです。サルトルおよび他の全ての哲学者です〕。〔マルクス主義が現実の革命で証明したこととは〕すなわち、真理からは、あるいは安寧からは、期待すべきいかなる進歩もなく、ただ想像的な無力（l'impuissance imaginaire）から不可能なもの（l'impossible）への方向転換があるだけだ、ということです。この不可能なものは、論理においてのみ基礎づけられるような現実的なものであるということが明らかになります。〔論理において、とは〕つまり、無意識が宿っていると私が注意を促したところにおいて、ということですが、ただそう注意したのは、この方向転換の論理は行為を急ぐ（se hâter de l'acte）必要はない、と言うためではありません。*8

結局のところラカンにとっては、マルクスが示したのは、良き国家、良き社会についての哲学的な夢想のかわりに、現実的なものという観点から〈資本〉の論理を規定しなくてはならない、ということでした。マルクスの現実の革命は、哲学を清算するものです。マルクスは哲学の想像的なものに、科学的知を置き換えた、というべきでしょうか。そうではない、とラカンはわれわれに言います。というのも、この方向転換の論理は行為を急がねばならぬ、という主張がなされなくてはならないからです。

つまりおわかりの通り、政治の穴を塞ぐものとしての哲学ないし形而上学という反哲学的な批判は、結局のところ、塞ぐことのできない政治の穴がある、ということをわれわれにはっきりと告げています。

マルクスがすでに、このことをしっかりと見て取っていました。問題なのは、何が良いのか、何が良き国家、良き政治なのかを述べた上で、何についてであれ進歩を実現する、といったことでは絶対にありません。そうしたものはすべて、想像的な無力です。あるのは、現実的なものを捕らえ、場合によっては行為の急ぎ（la hâte de l'acte）を要請するような論理です。ラカンの眼には、マルクスは症状を発明し、享楽の理論を発明した者と映っていました。それは、政治の哲学的ビジョンと徹底的に袂を分かった者でした。マルクスはラカンにとって、論理と行為の相関関係です。これが、マルクスとの関係における、最も強力なラカン的主体化の地点です。それは、論理（une logique）と行為（un acte）の相関関係であって、認識（une connaissance）と計画（un projet）の相関関係ではないのです。

これは、私の考えでは、依然として大きな妥当性を持っている区別です。政治に関する「古典的な」ビジョンは、在るものを認識することと、しっかりとした根拠のある計画を立てることの混合として、政治を規定しています。しかしこの、ラカンが同定したようなイメージは、マルクスによって退けられます。政治は認識と計画ではなく、論理、つまり現実的なものの生起であり、それが行為を要請するのです。もしそれが認識と進歩であるとするなら、政治は意味の体制に服するものであり、意味を分配することでしょう。もしそれが論理と行為であるとするなら、政治は意味を免れており、これはつまり、あらゆる形式における進歩を、進歩の表象という考えそのものを免れていることになります。

現実的なものにおける想像的な穴、ディスクールの想像的一貫性における象徴的な穴、象徴的なものないし法における現実的な穴としての政治に関しては以上です。

それでは最後の点に参りましょう。この点はやや手早く取り扱うことにします。なぜラカンは、哲学のディスクールの核心には愛がある、と言ったのでしょうか。何よりまず、どのような愛が問題なのでしょうか。

これはラカンのコーパスに、大変執拗に現れてくる問題です。その最初の形式は、師に対する愛と、転移性恋愛によるその解明の問題に向けられています――これは〔セミネール『転移』における〕プラトンの『饗宴』の分析のなか、ソクラテスのアルキビアデスへの関係の分析のなかで出てきます。そこで鍵となる点は、すぐには取り扱いませんが、ラカンにとっては知への愛（amour du savoir）はありうるが、知りたいという欲望（désir de savoir）は決してありえない、ということです。このことを彼は〔一九七五年の〕『エクリ』のドイツ語版への序論で述べています。

しつこく申し上げるが、知へと差し向けられるのは愛である。欲望ではない。というのも「知欲動（Wisstrieb）」に関しては、フロイトの検印をもらいはしているけれども、見直してよいからだ。そうしたものは全くないのだ。ことほどさようにそうであるので、それによって語る存在における主要な情熱が基礎づけられてさえいるのである。その情熱とは、愛（l'amour）でもなければ、憎しみ（la haine）でもない。それは無知（l'ignorance）なのだ（『シリセット』第五号、一六頁[*9]）。

ご存じの通りラカンにとって人間存在の三大情熱は、愛、憎しみそして無知です。しかし結局のところ、主要な情熱とは、無知なのです。それが無知である、というのは、いかなる知の欲望も存在しないからです。この大変急進的なテーゼは、これまで十分に指摘されてこなかったかもしれません。愛が占めている、鍵となるポジション、それは、実は愛こそが知に対する主体の真の相関関係であり、それ以外には存在しない、ということです。実際、知ることへの愛（amour de savoir）は存在しうるのですが、しかしこの愛は、いかなる欲望によっても支えられてはいないのです。

このテーゼは簡単には理解できないというばかりか、一つの深淵を開くものでもあります。しかしさしあたっては、このテーゼはひたすら文字通り受け取っておくことにしましょう。知に対する愛といったものは、場合によってはあるかもしれません。欲望の側では、人間存在の絶対的な情熱とは、無知です。あらゆる知の欲望を〔徹底的に〕引き去るということ（soustraction）があったために、無知が、こういってよければそうした引き去りを情熱として満たしているのです。ただ、知への愛はありえます。そして哲学が――ラカンによるなら――この知への愛に付け加えたのは、真理愛（un amour de la vérité）の錯覚です。ラカンの見るところでは、哲学の大きな想定とは、真理愛があるというばかりでなく、真理愛があらねばならない、ということでした。哲学的な至上命令とは――そのためにこれが哲学のディスクールの核心にあるのですが――「真理を愛さなくてはならない！（Il faut aimer la vérité !）」だというわけです。そしておそらくそれはさらに暴力的な、「汝自らを愛するよりも真理を愛せ（Aime la vérité plus que tu ne t'aimes toi-même）」といったものなのです。

ここでもまた問題になるのは、なぜラカンの側から、反哲学的な過程が生じることになるのかという点です。これは、直接に真理愛の問題に関わるというよりむしろ、真理愛において何が愛されるのかという問題に関わる点だということになるでしょう。これに関するテクストは数多くありますが、私は『セミネール XVII 精神分析の裏面』のなかで、ラカンが真理愛とは何かと問うているテクストを取り上げましょう。分析家のディスクールと彼が呼ぶものの内部に自らを置きつつ、彼は次のように答えます。

真理愛とは、われわれがそのヴェールをいささか持ち上げた、あの弱さの愛です。それは真理が隠しているもの、去勢と呼ばれるものの愛なのです。〔彼は付け加えてこう言います、〕こうしたことをわざわざ改めて指摘するには及ばないかもしれません。こうした指摘はいわばたいへん現実離れしていますから。〔それからラカンは、おなじみの対抗人物、すなわち分析家たちを叩くことになります。〕どうやら精神分析家において、とりわけ彼らにおいてこそ、彼らの話をしみだらけにしているいくつかのタブー語の名のもとに、真理の何たるかが気づかれるように思います。すなわち無力（l'impuissance）です。*10

つまり、ラカンにとってお気に入りの攻撃目標である分析家が、全く理解していないことが一つある、というわけです。それは真理愛が弱さの愛であり、真理が隠しているものの愛であること、すなわち最終的には去勢の愛であるということです。それはまた次のようにも言われています。真理愛は、ある無力さへの愛なのです。結局のところ、これが言わんとするところはよくわかります。ラカンにとっては、全体性に対して無力であるものの愛以外に真理愛はあり得ないということ、このことは明らかです。真理愛が真理において愛しているのは、真理を全て言うということは不可能であるということ、真理はつねに半ば－言われる（mi-dire）ものであるという点です。〈全〉（le Tout）に対するこの弱さ、この無力こそが、哲学者にとっては愛の対象となっているのです。

さらにまた、去勢が象徴的なものへのアクセスのかたちとして、背景にあるということ、そして結局のところ、ただこの条件のもとでのみ真理効果があるということ、このことも明らかです。真理愛は、この条件そのものの愛でなくてはなりません。ということはつまり阻止し、句切り、限界をなすものの愛でもなくてはならないのです。そして真理愛をどのような方面からとりあげたとしても、次のことはよく理解できます。すなわち真理愛といったものがあるとすれば、それは一つの弱さ、無力、阻止、限界、半ば言うこと等々の愛であるということです。

ラカンはここから、いくつものことを結論として導き出しています。分析家の側について言えば、それを愛さないほうがむしろ良いのです。分析家であれば、それを愛するにはまったく及びません。これに対して、それが知を愛するということであれば、そうするべきです。私が最初から予告していたこのテーマが、どれほど絶え間なく流れているか、おわかりいただけると思います。真理はその一部が闇の中にとどまり続けるであろう一方で、知の問いの及ぼす磁力をめぐって行為の問題が重要になる、というこの運動は、皆さんおわかりでしょう。これが反哲学的テーゼです。これに対して、真理愛は哲学的ディスクールの核心にあります。ただ——そしてラカンが哲学に対して申し立てた訴えは、まさにこの点にその主要な論拠を見出すわけですが——哲学者は、真理を力（puissance）として愛しているのであって、無力（impuissance）として愛しているのではないと言い張るのです。したがって、ラカンの反哲学的言表は、知への愛と反対位置にある真理愛の問題を直接に対象としているわけではありません。その言表が対象としているのは——とはいえこれは本質的には言いがかりなのですが——哲学が真理愛を、力として教化し主体化すると言い張っているという、まさにその点です。そしてこの忌まわしい錯覚が——分析家はなんとしてでもそれに陥らないよう用心しなくてはならないのですが——哲学者のディスクールの核心にあるのだ、というわけです。

今日のところはここまでにしておきましょう。さしあたりは簡単にこう申し上げておきます。ラカンの真のテーゼは、真理を力として愛すると言い張り、あらゆる本当の真理愛は、無力ないしは弱さの愛であるということを抹消してしまうとするならば、真理を強さ（la force）として愛すると言い張るならば、そのときひとは、無知に対して無力になってしまうだろう、ということです。これはたいへん強力な弁証法です。〔哲学に帰されているような、力としての真理愛の〕主体化というかたちでは、無知への情熱（la passion d'ignorer）を堰き止めることはできません。この情熱は、こう言ってよければ、人間存在の常態です。真理というかたちでこの情熱を堰き止めることができるのは――というのもさもなくば知への愛があることになるからですが――真理において愛されているのが弱さである限りにおいてのみなのです[*11]。これは逆説的に見えるかもしれませんが、全然そうではありません。無知に対する強さも含んでいるような、真理愛の強さ、それはまさに弱さの愛であるということであり、ある無力さの愛であるということです。結局、真理愛は、無力さの愛であるとき初めて力を持ったものとなります。あるいはその場合、われわれは知に、知への愛に、こちらは現実的な強さ〔＝力〕を持っている、知への愛に助けを求めなくてはなりません。われわれがそのいずれをも望まないとすれば、真理‐弱さの愛も、知‐強さの愛も望まないとすれば、無知への情熱（la passion de l'ignorance）に向かう道が開かれることになります。現実的なものの地点から見ると、この情熱は、ラカンの教えによれば、力としての知に、あるいは無力としての真理に向けられた愛によってのみ阻まれます。強さの強さを望み、弱さの強さを望むのでないのなら、哲学の方にではなく知の方に向かうがよい、というわけです。

この「向かいなさい！（tournez-vous !）」のところでお別れとしましょう。

訳註

＊1　一九八〇年一月一五日のセミネール。このセミネールのテクストは『ル・モンド』紙の一九八〇年一月二六日版で公開された。

＊2　プラトンは『国家』の第八巻で、独自の数論にもとづく適切な出産の周期が存在するとした上で、支配者がこれを見抜くことができず、いわば悪しき出産から生まれた子供たちが支配者となることが政治体制の変動を導くとする議論を展開している。プラトン『国家（下）』（藤沢令夫訳、岩波文庫、一九七八年）一九三―一九六頁（五四六A―D）。

＊3　*Ornicar ?* 20-21, p.18. 一九八〇年一月五日付のいわゆる「解散書簡」で〈パリ・フロイト派〉の解散を宣言してのち、ラカンのもとには彼と続けてゆきたいという希望を伝える手紙が千通あまり届いた。彼らは同年二月二一日、〈フロイトの大義〉（La Cause freudienne）の設立を宣言する通知書を受け取る。設立に反対する人々は、やがてこの千人《ミル》に宛てられた手紙を、ラカンの後継を目されていたジャック＝アラン・ミレールの名前をもじって「千人《ミル》が《・》‐彷徨う《エール》（Mille-errent）」と呼ぶようになったが、その一方で、彼らに敵対する人々は、彼らのことを「〔解散に反対して申し立てられた〕仮処分《レフェレ》派の奴ら（référendards）」「明らかな捏造者（faussaires avérés）」、そしてとりわけここでの議論との関連では、「学派なすこと（écoler）」を望まない「糊‐同僚（colle-lègues）」と呼んだ（Elisabeth Roudinesco, *La bataille de cent ans. Histoire de la psychanalyse en France.* 2, Paris, Editions du Seuil, 1986, p. 658）。

＊4　同日付の書簡。*Ornicar ?* 20-21, p.15. この書簡には「学派なすことについて（D'écolage）」というタイトルがつけられている。但し「ここから……」で始まる文は、三月一八日付書簡から引用されている。Cf. *Ornicar ?* 20-21, p.18.

＊5　一九八〇年三月一八日付書簡。*Ibid.*, p. 19.

＊6　一九六四年の「設立綱領」（Acte du fondation）の冒頭。Cf. AE, p. 229.

＊7　「フォイエルバッハに関するテーゼ」、『新編輯版　ドイツ・イデオロギー』（廣松渉編訳、小林昌人補訳、岩波文庫、二〇〇二年）二四〇頁。

＊8　AE, p. 331, 339.

*9　AE, p. 558.

*10　Jacques Lacan, *Le Séminaire, Livre XVII, l'envers de la psychanalyse*, Paris, Editions du Seuil, 1991, p. 58.（以下「S.XVII」）

*11　この一文は講義ノート（« Alain Badiou 1994-95 : Séminaire sur Lacan (Notes d'Aimé Thiault et transcription de François Duvert) », *op. cit.*）をもとに訳した。

反哲学の形式的特徴は、思い出しておきましょう、全部で三つありました。1．哲学を、その理論的自負から解任すること。この解任は常に信用失墜（un discrédit）という形を取り、論駁（une réfutation）という形は中心的ではないし、また主要な形だというというわけでもない。2．哲学的な操作の本当の性質に光を当てること。哲学に想定され信用を失墜させられた理論的自負の背景には、一つの厳密な意味における哲学的な身振りがあるのであって、この身振りが反哲学そのものによって突き止められなくてはならない。なぜならその身振りは一般に哲学者によって隠されているため、あいまいで表に現れないからである。3．このように再構成された哲学的行為に、新たな型の行為、哲学の解任の仕上げとなる、根元的に他なる行為を対置すること。

これらの一般的な特徴は、類的な仕方で、あらゆる著名な反哲学に見出されます。どのような意味において、あるいはどのようなかたちで、これらはラカンのうちにも見出されるのでしょうか。この最初のまとめでは、この点がわれわれの取り組む作業となります。

まず哲学の理論的自負からの解任が意味しているのは、より特定して言うとするなら、哲学の、現実的《レエル》なものの理論（une théorie du réel）である――この現実的《レエル》なものがどのようなものとして想定されているにせよ――という自負からの解任です。実際ラカンの眼には、哲学には現実的なものの理論を産出することはできないと映っていました。そしてこれは、少なくとも四つの理由によります。

第一の理由は、哲学は主人のディスクールというかたちにとらわれている、というものです。この点を間近から見るとすれば、むしろ哲学は、ディスクールの回転を免れている、と言わなくてはならないでしょう。大事なのは、哲学が主人のディスクールという点から言表されているということではなく、その固有の、構成的な自負として、自らをディスクールの回転を止めるものであるとする主張があるということです。ご存じのようにラカンにとっては、四つのディスクール的な配置があります。ヒステリー者のディスクール、主人のディスクール、大学のディスクール、分析家のディスクールです。これらはみな、『セミネールXVII　精神分析の裏面』にあります。この理論は力動的な理論であって、分類的な理論ではありません。ディスクール的な配置を本当に理解するためには、これらの配置があるものから別のものに移動する際の四分の一回転を把握しなくてはなりません。さて哲学は、自らがディスクール的布置一般の停止点となっていると主張します。これはラカン的装置の中から見ると、哲学は自らが基礎づけるものであると自負している、ということを言うもう一つのやり方です。というのも自分自身を基礎づけるようなディスクール、哲学の場合つねにそうであるように、自己創設的であるようなディスクールは、ディスクールの布置の避けがたい回転を不動化するようなディスクールになるであろうからです。この意味で、この哲学の第一の不能性は、そのディスクールを自足的なものとするような停止点を打ち立てる者たらんとする自負として指摘することができます。

この点はまったく別の言い方で言うことができます。これはラカンに関してはよく起きることです。これは次のように言うことができます。哲学は、メタ言語があると主張しているのです。この点でラカンは、ウィトゲンシュタインと共犯関係に入ります。二人の反哲学的人物の交錯というわけですが、この共犯関係は、ウィトゲンシュタインが哲学に、四つのディスクールを上から見下ろすようなメタ言語たらんとする不可能な自負を指摘したということを、ラカンが確認するというかたちをとって成立します。ラカンがこうした自負を指摘する際に用いた表現は、「哲学的卑劣（canaillerie philosophique）」という表現です。[*1] まさに卑劣であるようなことが、メタ言語の想定のうちにはあるのです。

余談ということで申し上げれば、あらゆる卑劣さが、こうしたメタ言語が現実に存在するという想定のうちにあるのかどうか、考えてみるのは興味深いでしょう。それは十分あり得る話ですが、それはまた、注意していただきたいのですが、あらゆる卑劣さは哲学的である、と言う一つのやり方でもあります。これは、哲学が単に卑劣である、という言表よりもさらに強い言表なのです。

第二の理由は、哲学がその本質からして、現実的なものとは結局性関係の脱《アブ》-意味《サンス》（ab-sens）であるということを無視してしまうということです。哲学はこの点を排除すること（forclusion）の上に築き上げられている、と言っていいのです。論理的ないしは形式的な観点から見ると、このことは次のことを意味しています。すなわち哲学のうちにはつねに、非-関係（non-rapport）を強いて関係にするという契機があるということです。哲学は、その内部で非-関係が無理矢理に関係にされてしまうような、ディスクールの専門分野です。これはまた次のように言うこともできるでしょう。哲学は、まさに脱《アブ》-意味《サンス》（ab-sens）であるようなものを、強いて意味《サンス》にするのです。この点は、無-意味の哲学者、不条理の哲学者、等々がいるということと、完全に両立可能です。無‐意味を主張するまさに哲学的な様式は、依然として脱《アブ》‐意味《サンス》（ab-sens）を強いて意味にするということです。この脱《アブ》‐意味《サンス》（ab-sens）は、ここまで繰り返し申し上げてきましたが、無‐意味（non-sens）とはまったく別物なのです。無‐意味という哲学的カテゴリーは、脱《アブ》‐意味《サンス》を強いて意味にするという操作であり続けています。まさにそこに、全体性の幻想はその起源を持っています。ラカンにとって、全体性、ないしは体系に関する哲学的幻想の――伝統的――批判はむしろ、原因というよりむしろ結果として考えられるべきものです。真の原因は、非‐関係を強いて関係にするということ、脱《アブ》‐意味《サンス》（ab-sens）を強いて意味にするということであり、意味への関係の一般化のうちで、あらゆるものを全体化するということなのです。

第三の理由。哲学は、享楽について何も知ろうとせず、したがってまたラカン的な意味における〈もの〉についても何も知ろうとしません。哲学は、享楽の〈もの〉を嫌悪しているのです。まただからこそ――私はラカンにあるかどうかわからない論点を付け加えて申し上げるのですが（ラカンが何を言ったかは決してわかりませんし、ラカンが言った全てのことを知っている人など誰もいないのです！）――〈もの〉そのものへの回帰を、こう言ってよければ強迫的に呼びかけるさまざまな哲学があるのです。事象そのものへと回帰すること、これがフッサールのスローガンであることはご存じですね。この回帰の強迫をラカン的な観点から解明するとするならば、哲学がそうした強迫にとりつかれているのは、〈もの〉についてそれが何も知ろうとしないからにすぎない、とわれわれは言うことになるでしょう。この「それについてなにも知ろうとしない（ne rien vouloir en savoir）」こそが哲学をして、強迫的に事象そのものへの回帰を至上命令として唱えさせているのです。

第四の理由。結局のところパルメニデス以来、哲学は「存在は考える」という誤った公理を引き受けてきました。ところがラカンの眼からすると――ここが最重要の点なのですが――思考があるのはただ、存在が場所《トピック》的に欠落しているところにおいてのみなのです。存在が欠けているところではじめて、それは考える（*ça pense*）のです。問題はここで、「存在は考える」を「主体は考える」に対立させるということではありません。なぜなら、たとえ主体の想定された存在が問題であるとしても、それが考えるのはただ、その存在の欠落の点においてのみであるからです。ラカンの定式は、それが考えるところに、私はない。私のあるところでは、私は考えない（*là où ça pense, je ne suis pas ; là où je suis, je ne pense pas*）でした。これが、デカルトのコギトの、ラカンによる解体の中心的なモチーフです。デカルト的な構築において受け入れがたいとラカンの眼に映っていたもの――それがしかるべく脱中心化されていないということ以外に、ということですが――それはもちろん、コギトから「考えるもの（*res cogitans*）」への移行です。ラカンにとっては、「私は考える」という言表があるということから、思考の場所が〔ラテン語の〕「レス（*res*）」というかたち、ものというかたちをとるということは推論されないのです。そしてここでもまた、実は哲学は、思考の場所《トピック》について脇道に逸れてしまうため、その対象ないしその争点をとらえそこねることになります。それが考える（ça pense）場所のほうは、結局のところ、思考があるところには存在がある、という誤った公理、「存在と思考は〈同じ〉である」というパルメニデス的な公理のもとで、絶対的に遠ざけられてしまっています。この公理は決定的に哲学を、思考の場所《トピック》に関する盲目に陥らせてしまうのです。

　以上まとめたとおり、ラカン的な様式による反哲学の第一の形式的特徴とは、現実的なものの理論であるという自負から、哲学を解任するということです。哲学は主人のディスクールの配置にとらわれたままであり、非-関係を強いて関係にし、享楽と〈もの〉とについて何も知ろうとせず、思考の場所《トピック》について脇道に逸れてしまうのです。

さて、第二の特徴にまいりましょう。この特徴は、哲学のディスクール的な見かけが、ある固有の行為を成す、構成的な諸操作を隠している、という点に存しています。この行為を、われわれは再構成しなくてはなりません。これらの操作に対しては哲学自身が盲目です。ただそれらは、哲学の固有の行為を成しているのです。三つの操作が結びあわされ、接続され、構成的なものとなっています。これらを思い出しておきましょう。すなわち、数学の廃位であり、政治の穴塞ぎであり、愛の格上げですが、この最後の愛の格上げは〔実際には〕その横領です。これらについては〔ここまでの二講で〕すでに長々とお話ししてきました。

ラカンの反哲学の、第三の形式的特徴に関していえば――われわれにとって決定的な特徴ですが――これは哲学の形式的諸操作に、前例のない行為《アクト》が対置されるという点に存しています。この行為についてはその存在が、フロイトの仕事が出現したことによって確証されていると指摘しました。それを分析的行為と呼ぶことに異論はないでしょう。フロイトの問題系は一つの迷宮ですが、これに入るより前に、われわれはこの分析的行為、噴火のようにして突如出現し、哲学の諸操作を圧倒しているこの分析的行為が、容易に確認できるさまざまな弁別特徴を実際備えており、それらの特徴によって哲学に根元的に対立している、と言うことができます。そのいくつかを挙げましょう。

哲学的な諸操作は究極的に、満足を、さらには至福（une béatitude）を与えるものであると自負しています。これは懐疑主義あるいは虚無主義の哲学にも当てはまりますし、おそらくはとりわけそれらに当てはまるのです。だからこそ、哲学者は幸福か、たとえば専制君主よりも幸せか、という問題についてのプラトンの議論は決定的な意味を持つのであって、二次的ではないのです。哲学が生み出す固有のものとは、知的な至福の可能性、およびその代価の検討であると言表するということ、このことは哲学的活動の本質に属しています。哲学的主体は、その行為という点から言えば、潜在的に満ち足りている（comblé）主体として現れてくるのだ、と言ってもよいでしょう。おわかりの通り、われわれは依然として栓《ブーション》の隠喩の中を進んでいます。哲学者は埋め満たす（comble）のであり、満ち足り塞がっている（comblé）のです。この点は安定しており、哲学の持つ調子《トーン》とは無関係です。その調子《トーン》が否定的ないし批判的であるときにもまた、そしておそらくはそのときにこそ、このことはあてはまります。実は、常に問題なのは、満ち足り塞がった主体（sujet comblé）の諸条件を明らかにするということなのです。

反対に、分析的行為とは、分析家自身にとっては不安（l'angoisse）と居心地の悪さ（le malaise）しか引き起こすことはありません。それが分析家の運命なのです。一九八〇年一月二四日の日付を持ったテクストで、ラカンは唐突に、公理と見なしてよいような言表を述べます。「そう、分析家は自らの行為を厭わしく思っているのだ（Oui, le psychanalyste a horreur de son acte）」[*2]。これは強い意味で受け取られるべき言表です。別の言い方をすれば、もし分析家がそれを厭わしく思っていないとするならば、それはたぶん、彼の行為が効いていない［＝行為になっていない］（inactif）からなのです。自らの行為に満足している分析家とは、哲学に蝕まれた精神分析家なのです！　彼は精神分析的行為のうちにあると思っているのですが、哲学的行為のうちにあります。彼は満ち足り（il est comblé）、自らを埋め塞いでしまったのです（il s'est comblé）。

このことはまた、行為のポジションの違いをも示しています。既に言及した相互に結びついた諸操作のシステムは、満ち足り塞がった主体を潜在的に問題にしているわけですが、そうしたシステムにおいて哲学的行為は、ディスクールの産出物として現れてきます。ディスクールはその固有の効果ないしは可能な産出物として、満ち足り塞がった主体を持っているのですが、この主体はたえず手直しされた姿であらわれてくるものの、その姿は本当に執拗に、至福の姿をとって現れてきます。分析的行為の方は、厳密に言えばディスクールの産出物ではありません。ただそれはある意味で、全面的にそうした緊張状態のうちにあります。分析的行為は、言表的な行為ですが、それはまたそうした行為の先祖返りであり、中断であり、また屑（le déchet）でもあります。この屑という本質的なカテゴリーについては、またあとで戻ってくるつもりです。ただその結果として次のようなことがおきます。すなわち行為への関係は――仮にこの概念が意味を持つとするならば、ということですが、結局のところ少なくともその関係があるからこそ、それはその支持体たる主体に厭わしい思いをさせるわけです――それを産出するというよりはむしろ、ラカンはやがてこう言うのですが、それに直面する（y faire face）という関係なのです。精神分析家と、その行為との対決（un face-à-face）、哲学的な概念把握とはまったく異質な体制であるような、行為と直面するということがあります。哲学的な概念把握の結果ないし固有の産出物ということであれば――反哲学者の言に従うなら――それは満ち足り塞がった主体ないしは至福というかたちを取ることでしょう。これも一九八〇年一月二四日のテクストですが、ラカンは自らの固有の目標をまとめて次のように書いています。「行為、これに直面する機会《チャンス》を私は彼らに与えている」[*3]。彼らに与えている、というわけですが、誰に与えているのでしょう。気の毒な精神分析家たちに対してです。ラカンはいつも彼らに語りかけているのですが、これは彼らこそが、哲学者という人物像に抗して戦われるその戦いにおいて、ラカンの対抗人物（contre-personnage）であるからです。私は彼らに、それに直面する機会《チャンス》を与えているのだ。そしてそれが結局のところ、分析的ディスクールなのだ。つまりその固有の役割なのだということです。分析的ディスクールとは、分析的行為に直面し、その厭わしさを引き受け、そしておそらくより正確には、その厭わしさを担う可能性、行為の厭わしさを担い、耐え忍ぶ可能性を解放することである。これが、分析理論が何に機会《チャンス》を与えているのかということです。もし分析理論が行為に直面する機会《チャンス》を与えるものでないとするなら、それはなんといっても無駄口でしかないでしょう。分析理論は結局、偽装した哲学なのだ、ということになります。もちろん、ディスクール——伝達のディスクール、教育のディスクール、養成のディスクール、なんでもよいのですが——ディスクールを正当化する唯一のものとしての、行為への直面というこの構想は、典型的な反哲学の構想です。理論のディスクールは——つまり彼ら反哲学者が行うことは、ということです。彼らは皆、ものを書き、教え、教育機関を運営しているのですから——それが行為に直面する機会を与えるものである限りにおいてはじめて価値を持つ、というテーゼは、あらゆる反哲学が引き受けている（ただしそれは分析的行為ではなく、別の行為なのですが）といってもいいかもしれません。たとえばニーチェはこう言うでしょう。煎じ詰めるところ、あらゆる系譜学的理論、作用力、反作用力の装置をめぐるあらゆる繊細な分析、思考とディスクールの一般形態に関するあらゆる類型学、そうしたすべては行為に直面することができるようになるということをひたすらに目指しているのであって、この行為とは、世界の歴史を真っ二つに割ることであり、つまりはディオニュソス的肯定の行為である。これだけが大事であって、ディスクールは、そうした行為の絶対的な強度に比べればたいしたことではない、というわけです。昨年大変細かく注釈を加えたテクストの中で、ウィトゲンシュタイン自身はこう説明していました。究極的に重要なのは、重荷を担うようにして、倫理的行為を担うということである。ここにも厭わしいものに直面するということが見出されます。というのも倫理的行為とは、面白いものでは全くないからです。ウィトゲンシュタインがオーストリアの泥だらけの村に教えに出かけて行くことにしたとき、彼は自らの行為を厭わしく思う気持ちのただ中にありました。そして彼が周囲にいる全ての人たちに薦めていたように、その行為を担い、それを重荷のようにして担うということ、これが彼にとっては、いかなるものであれディスクール的な形成物の、真の使用目的なのです。ディスクールがそれに直面することを可能にするような、厭わしいものとしての分析的行為と――反哲学者によれば――哲学がみずからのディスクールの産出物であり得ると想定しているような、満ち足り塞がってしまった主体の至福との間には、明らかに際だった二律背反《アンチノミー》があるのです。

分析的行為とさまざまな哲学的行為の間の根元的な対立、そうした対立の二番目の事例は次のようなものです。哲学的行為は自らが、真理と共外延的であると主張するのです。ほとんど類的な仕方で、哲学は自らのことを、真理の探究であると言うことになるでしょう。さて、精神分析はすくなくとも真理の探究ではないということは明らかです。それは真理の探究ではありませんし、そうした探求の領域のうちに想定しうるものでもないのです。分析的行為は、想定された知とマテームとして伝達可能な知とのあいだの句切り（césure）のところにあると考えることはできるかもしれませんが、しかしそれは、真理の探究の契機に実際なっているとはまったく考えられません。これはおそらく、結局のところ単純化だということになるかもしれませんが、次のように言ってもいいかもしれません。分析的行為と哲学的活動の間の隔たりは、真理、知、現実的なものの三つ組み（triplet）の配置転換《デプラスマン》なのです。この三つ組みは、哲学と精神分析の双方に見られます。そしてまさにこのために、これら二者のあいだの境界画定を、恒常的に行う必要があるのです。哲学は、現実的なものの真理を、知のうちに置き入れると主張するのだと言うことができます。これが真理の探究です。それは、現実的なものの真理を、伝達可能な知のうちに置き入れる可能性です。これに対してラカンにとっては、分析についての彼の捉え方は、こうしたかたちでは言えません。ラカンは三つ組みを配置転換させるのです。『ラジオフォニー』をご覧ください。

質問六：知と真理は、どのような点で両立不能なのでしょうか。

ラカンの与えてくれる回答は、この三つ組みを明示的に呈示するものです。

なぜなら知のうちで現実的なものの機能を果たすものを想定することによって、真理は位置づけられるからです。知は、それに（現実的なものに）付け加わるのです。*4

ここでわかるのは、ラカンにとって真理効果とは、知において、現実的なものが機能するようになり、機能するということから来るのだということです。真理の場所論《トピック》は、現実的なものが知において機能するようになることを要請するのであって、だからこそ精神分析は、いかなる仕方であれ真理の探究としてとらえることはできないのです。精神分析は、現実的なものが知において機能を果たすようになる限りにおいて、真理効果を巻き込むということではあるかもしれませんが、しかし真理の探究ではまったくありません。この意味で、精神分析の行為は――伝統と反哲学の双方に従って――哲学的行為の野心がそれであるはずだとわれわれが言っていたものには還元され得ないのです。

このことからは、初歩的ではありますが大変重要な一つの帰結が出てきます。精神分析の通俗的な定式化がありますが——通俗的ですがしかし恐ろしく執拗で、精神分析を紹介するときにはこれがいつも内在的な誘惑となっています——これは、無意識は意識的なものの真理を与えてくれる、とする定式化です。ラカン的な教育を受けてきている人々はここで、大声を上げて次のように言うでしょう、明らかにそうではない!と。ただ、これはそれほど自明というわけではありません。そうではない、という立場を取るということ、これは私の考えでは、ラカンの教えの大きな賭金の一つでした。結局、無意識は意識的なものの真理を与えてくれるというこの定式はまさに、精神分析の哲学的我有化です。まさにこの定式と、その数知れぬ潜在的なヴァリアントこそが、精神分析の哲学化を実現しています。そしてだからこそ、ラカンの反哲学の力をなしているのは、この定式の論駁なのです。

ご記憶と思いますが、ラカンの晩年のテクストの一つを引用したことがありました。そこで彼は、「私は哲学に対して反乱を起こす」と言っています。精神分析が、哲学に対する信用失墜を理論的に掻き立て、その行為を同定し、それに絶対的に異質な行為を対置したあとで、さらに哲学に対して反乱を起こす必然性とはどのようなものでしょうか。なぜこうした極端に暴力的な言表がなされたのでしょうか。何故に最晩年のラカンはなお、自分は哲学に対して反乱を起こすのだと言表する必要があったのでしょうか。その理由は哲学が、つねに精神分析を我がものとしようとしているからであり、そしてこの我有化が、こう言ってよければ、真理という語の下で進行しているからです。これはつまり、無意識が意識的なものの真理の場所であると想定するならば、精神分析は哲学の妨げになるどころか、反対に哲学を承継し再開するものとなる、ということです。真理という点について哲学の我有化に屈服したいという、こうした内在的な誘惑を精神分析から取り払うには、反哲学的な決意が必要になります。そしてこの反哲学的決意、この反哲学的反乱は――この点を強調しておきますが――精神分析に内在する危機を指し示しています。この危機は、すなわち自身の行為の顚倒なのですが、この顚倒は、自らの行為を厭わしく思う代わりにこれに満足するということによって、これまた直接的に指摘されます。結局のところ、あらゆる満足した人間は、自分がそうだとわかっていない哲学者なのです。

誰かが発言する：そうした隔たりは、フロイトの仕事に関して構築できる人間学については述べていません。この人間学は、社会的力動の鍵は性的抑圧と結びついていると主張します。性的抑圧についてフロイトは、フロイト的主体の人間学化の危険《リスク》を冒しています。つまりフロイトは精神分析の人間学化の危険《リスク》を敢えて引き受けているのですが、この危険《リスク》は君の言う哲学的な我有化と結びついています。

まったくそのとおりです。誘惑がすでにフロイトの仕事のなかにあったのではないか、という問いには、肯定で答えることになるでしょう。というのも、もしフロイトの仕事が真の創設であったとするならば、必然的にそれは哲学の内在的な誘惑に自らをさらしてもいるはずだからです。それはともかく、これはラカンの仕事の中にもある誘惑です。この点については改めて見る機会があるでしょう。反哲学がどのようにして、反哲学を活気づけている哲学的な誘惑に、そのいかなる点においても取り憑かれていないといったことが可能になるのか、これはラカンが問うことになる問いでもありますが、ラカンはこれを人間学化の危機ではなく、むしろ論理学化の危機のうちで問うのです。しかし人間学化と論理学化の違いはありますが、哲学の脅威はフロイトとラカンにおいて明確に現れています。いずれの場合においても、問題となるのは行為の顚倒の可能性です。たださしあたっては、反哲学的な反乱のラカンにおける必然性を説明するため、次のように述べるにとどめようと思っていました。すなわち、真理、知、現実的なものの三つ組みを少々配置転換するとすぐに、ラカンの目には精神分析の哲学的腐敗と映るような何かが成立するのです。

無意識と真理のこうした問題に関して、私は二つの明快で重要なテクストを思い出していただこうと思います。一つは『ラジオフォニー』のなか、もう一つはセミネール『…ウ・ピール』のなかのテクストです。これらが重要なのは――無意識は意識的なものの真理である、という形での――無意識のあらゆる哲学的我有化に対抗することが問題なのだということを、はっきりと示しているからです。『ラジオフォニー』で、ラカンはこう述べています。

> われわれにわかっているのは、無意識とは、不可能なものとして現れてくることではじめて支えられているような知を指し示す、隠喩的な言葉にすぎない、ということです。そのように現れてくることで、その知は自らが現実的なものであることを確証するのです。[*5]

こうして無意識は、一つの知を指し示します。この知はそれが不可能なものとして現れた時から、現実的なものという外見をとります。お気づきと思いますが、真理はこの、無意識の定義である定式の中では言及されていません。真理はここで問題になっている知とは同一では全然ありませんし、またもちろん、この知を知るということと同一では尚更ないということ、このことをよく理解する必要があります。それでは、分析における真理は、無意識との関わりでどこに位置づけられることになるのでしょうか。それは、一つの知が不可能なものとして現れたならば、この知の中にはめ込まれた現実的なものの機能が成立するという想定のうちに位置づけられます。無意識に関して、一つの知が不可能なものとして現れてくるやいなや、真理が位置づけられるということが起きるのです。精神分析の脱我有化にむけた反哲学的努力はひたすら、無意識ということに関して真理を遠ざけておくこと、真理をただ、一つの知のうちにある現実的なものの機能としてのみ位置づけることで遠ざけておくことに存しているということが、われわれにはよくわかっています。セミネール『…ウ・ピール』の紹介文には、「知として明らかになる限りでの無意識 (l'inconscient en tant qu'il s'avère comme savoir)」という大変特徴的な定式が出てきます。*6 無意識は知という外見をとるときに、自分自身の真理へと到来するのです。しかしいかなる場合においてもわれわれは、無意識は真理である、と主張することはできないでしょう。そこからわれわれは、実は非常に大きく、見たところ乗り越えがたい隔たり、分析的行為の諸条件と、哲学的活動の諸条件との間の隔たりを再構成することができます。われわれが主張しようとしているのは、ラカンにとっては、現実的なもの、真理そして知という三つ組みは、三つの否定をめぐって組織されている、ということです。第一に、現実的なものの真理はありませんが、その一方で哲学を定義しようと思えば、現実的なものの真理の知だということになるでしょう。〔ラカンにとっては〕知のうちに現実的なものの機能がある、その限りにおいて真理はあります。しかし「現実的なものの真理」は、厳密にいって言うことのできないものなのです。第二に、現実的なものの知もまたありません。あるのは何かというと、真理の位置づけを可能にするようなある一つの知における現実的なものの機能です。第三に、もちろん、真理の知もまたありません。せいぜい言えるかもしれないのは、少々隠喩的ではありますが、ある一つの知の真理が、そこで現実的なものがその機能を引き受け機能している度合いに応じて成立するのだ、ということです。つまり、現実的なものの真理はありませんし、現実的なものの知も、真理の知もないということです。最後に、真理、知、現実的なものの三つ組みがあるのですが、これを切り分けることはできませんし、これをばらばらにして分配することもできません。あるのはこの三つ組みだけなのです。つまり真理は、現実的なものの機能が一つの知にあることがわかり、あるいは割り当てられるようになった時点から初めて位置づけることができるようになります。結局のところ、哲学はこの三つ組みをペアにするということです。というのも哲学が前提することになるのは、現実的なものの真理があり、そしてその真理の知がありうる、ということだからです。ペアにすること《ミーズ・オ・ペール》、ペア《ペール》（le pair）、そして父《ペール》（le père）。それは恐るべき父にすること《ミーズ・オ・ペール》なのです。それは三つ組みを、そのあらゆる可能な構成要素においてペアにすることです。現実的なものの真理もあれば、現実的なものの知もあるでしょうし、真理の知もある、等々というわけです。そして反対に、ラカンの反哲学の可能な定式化の一つは、真理、知、現実的なものの、いかなるペア化も妥当ではない、というものです。無意識とは、〈父〉にすること《ミーズ・オ・ペール》（la mise au Père）の究極的な不可能性なのです。

結局のところラカンにとっては、哲学とは、三つ組みの不当な分解であり、二による三の壊乱です。哲学とは、それらをもはや一緒にしておかないものなのです。このとき結果として、ある定理が生じます。この定理は、今日は証明することはしませんが、二によって三を壊乱すると、〈一〉の誤った思考が生じる、というものです。この誤った（哲学的な）思考は「〈一〉は存在する（l'Un est）」というふうに述べられますが、これに対して〈一〉の真の思考は〈一〉というべきものがある（il y a de l'Un）というふうに述べられます。ラカン言うところの、「〈一〉というべきものあり《ヤドラン》（y'a d'l'Un）」です。皆さんにやっていただきたいもう一つのラカン的練習問題、それは――真理－知－現実的なものの三つ組みの哲学的なペア化という――いま具体的な例を示したような意味において、二によって三を壊乱したとすると、それは「〈一〉は存在する（l'Un est）」型の〈一〉の教説を前提とし、要請するということの証明です。これは、ラカン的に言えば、哲学的行為と分析的行為を対立させるさらにもう一つのやり方となるでしょう。これらは次のように言うことで対立させられます。すなわち分析的行為は、「〈一〉というべきものあり《ヤドラン》（y'a d'l'Un）」というテーマによって支えられるが、これに対して哲学的活動は、「〈一〉は存在する（l'Un est）」の定立を要請するのだ、というわけです。

もし事態を逆向きに取り上げるとするなら、皆さんは次のことにお気づきになるでしょう。〔すなわち〕哲学が現実的なものの真理を前提しているとするなら、〔そして〕哲学がこの真理の知であり、つまり哲学が三つ組みのペア化であるとするなら、ラカン的な言表はそのペア化を解体（disloquent）するのです。というのは現実的なものの真理はありませんし、厳密に言えば現実的なものの知もありませんし、真理の知は尚更ありはしないからです。従ってあるのは、哲学の構成的諸言表の解体であり、根元的な散種です。この点において、私がずっと、真の反哲学について申し上げてきたことが成就します。その究極的な目標は、哲学を破壊すること（*détruire*）なのです。これは単に批判ではありません。分析的行為が現実に存在するとすれば、そしてそれが現実に存在する限り、哲学は解体されます。ただ〔それには〕分析的行為は現実に存在するのでなくてはなりませんし、それを厭わしく思うということが耐えられなくてはなりません。そして、それに対する厭わしさを耐え、それに直面するには、分析的ディスクールの総体があるのではなくてはなりません。結局のところ、この大変複雑で、おそらくは偶然に左右されるところの多い、分析的行為の諸条件のシステムは哲学の解体を引き起こすのですが、哲学はこの解体から、ちょうど巫女たちに引き裂かれたディオニュソスの身体が元どおりになるように、つねに甦ってくるのです。

ここまでの道程を通して、分析的行為の性質決定が少しずつはっきりしてきました——分析的行為は、ラカン的反哲学の鍵として捉えられています。

次の点をよく考えてみましょう。現実的なものは、それについての真理があるようなものではなく、知られるものでもありません。実際、もし皆さんが、現実的なものは知られるものである、あるいは現実的なものはそれについての真理があるようなものであると想定したとすれば、皆さんは三つ組みをペアにしていることになります。もし現実的なものが真理－知－現実的なものの三つ組みの中においてのみ位置づけられるとするならば、現実的なものと行為との間に一つの相関関係がなくてはなりません。これを改めてもっと簡単に言うとすれば、次のようになります。現実的なものについてのラカンの捉え方の中では、現実的なものはけっして認識されるものではありません。「認識（connaisance）」を未分化の、真理と知の両方の意味を包摂する言葉として受け取ることを認めるとしても、真理という意味においても知という意味においてもそうではないのです。さて、反哲学にとってこの語は、まさにそれが二つを包摂すると自称しているが故に、一貫性を欠いたものになっています。従って確実なことがあるとすれば、それは現実的なものが、認識されるものではないということです。しかしそれは、認識されないものでもないのです。この微妙な点についてはまた戻ってくる必要があるでしょう。というのも、現実的なものは認識されないものである、という言表は、大変魅力的であるからです。さて、現実的なものはラカンにとって、現実的なものに構成的な認識不能性とその曰く言い難い性格の教説において言われているような、認識することを選択的に免れているようなものではありません。そうした教説の目安ということで三つ申し上げれば、カント的なもの自体や、ウィトゲンシュタインの神秘的要素、懐疑論者の真理がそれにあたります。

われわれの問いは従って以下のような問いです。現実的なものに関して、認識することに対立しているのは何でしょうか。現実的なものが、認識されないもの、ないし人が認識することのないものであるとするなら、なんであれ現実的なものに対するアクセスはどのようになっているのでしょうか。思考がそれにアクセスするということは、何によるのでしょうか。そしてどのような様態《モード》によるのでしょうか――この様態は認識的では確かにないのですから。ラカンはここで、哲学的なものと反哲学的なものの間を通る細い道の上にいます。彼は曰く言い難いもの、認識不能なものの教説に陥ることなく、現実的なものが認識することを免れることができるようにしなくてはなりません。彼は従って、現実的なものは認識可能でもないし、認識不能でもないと述べなくてはならなくなるでしょう。われわれはここで、彼の反哲学のもっとも内奥に位置する中心点にたどり着いています。『ラジオフォニー』をご覧ください。

こうして現実的なもの（le réel）は、現実（la réalité）とは区別されます。こう申し上げたのは、現実的なものが認識不能である、と言うためではありません。〔それは〕自らをそこで認識するという問題ならぬそれを明示するという問題がある、と言うためなのです。*7

この箴言《アフォリズム》をよく検討してみましょう。一番簡単なところからはじめるとすると、「現実」と呼ばれるのは、認識することの可能なものです。つまり、「認識」は「現実」に割り当てられることになり、ということはつまり強い想像的な調子《トーン》に割り当てられています。われわれはここで、ラカンが幾分カント主義のほうを向いている地点にいます。現実は現象的なものであるということを認めるとしましょう。それは認識されることのありうるものであり、現実的なものは、認識不能なものです。このときわれわれはカントのもとにいます。カントとは、反哲学の哲学的な周縁地帯《リジエール》です。この周縁地帯は、その後批判哲学と呼ばれています。そしてラカンが行おうとしているのは、こうしたカント的解決を回避するということです。ラカンは批判者ではありません。確かに、現実的なものは現実から区別されます。現実は、その体制を認識に固定しています。しかしラカンはすぐさまこう言います。私は現実的なものが認識不能だと言おうとしているというわけではないのだ。私はカント主義者ではない。私は、認識不能な現実的なものを認識可能な現実に対置しているわけではない。現実的なものは従って、認識不能なものではなく、「そこで自らを認識するという問題ならぬそれを明示するという問題がある」のである。現実的なものが、現実とは区別されているものとして、認識可能なもの、現実の特性である認識可能なものから免れているところでも、現実的なものはやはり、絶対的に認識不能なもののうちに陥っているわけではなく、明示されるという可能性に身をさらしているのです。

この謎めいた「明示すること（démontrer）」に進む前に、私は次の点を強調したいのですが、この点はわれわれを行為へ、そして現実的なものへと導いてゆくことでしょう。ラカン的な意味における現実的なものが、認識することに対する根元的な外部性のうちにあるということ、「認識しないこと」という認識することの特殊な形式に対してもそうした外部性のうちにあるということ、このことを理解することは非常に重要です。認識不能なものは、認識可能なものの一カテゴリー、認識可能なものの一様態に過ぎません。それはその反対なのですが、しかし同じ体制のうちにあるのです。これはそもそも、われわれがみたとおり、無－意味《ノン・サンス》が意味の（哲学的な）一カテゴリーであって、脱《アブ》－意味《サンス》はそうでないというのとまったく同様です。この場合、現実的なものは認識不能であると言うということは実際、現実的なものは現実と同じ体制にあると宣言することです。なぜなら現実的なものは、結局それに失敗することになるにせよ、認識することとの問題の方に向かっているということになるからです。こうして「現実的なもの」という語が指し示しているのは、認識することとは徹底的に無縁であり、認識不能なものとして考えられることも許さないようなもののことです。現実的なもの、現実的であるものが、認識することに対しても認識しないことに対しても外部にある、とするこのテーマは、決定的で一般的で中心的な反哲学的テーマです。まさに現実的であるようなものは、認識することとは無関係であり、認識することの否定の側から言表したり、割り当てたり、象徴化したりということができるものでもありません。別の言い方をするなら、現実的なものは、認識しないことも包括しているような、そのものとしての認識することと無関係なのです。

ただ認識可能なものと認識不能なものが、実存するものの全領野をカバーしていないということは、証明の必要のある事柄です。というのも現実的なものはまさに、認識可能なものと認識不能なものの双方から抜け落ちているものでありながら、実存に避けがたく立ち現れてくるものだからです。つまりアクセスの場所が見出されることになるのは、分析的な意味における〈全て〉、つまりAかつ非A、存在かつ非‐存在、認識可能なものおよび非‐認識可能なものという意味における〈全て〉に対して、一見余分な〔=員数外の〕ものとして（surnuméraire）現れてくる現実的なものにおいてなのです。要するに、現実的なものに関する、反哲学的なテーゼとは、認識することの装置は、それが認識不能なものを加えられたとしても、全てを尽くすわけではない、ということです。現実的なものとは、認識可能なものと認識不能なものの選言の余りとしてあります。われわれはここで、あらゆる反哲学が持っている、反弁証法的な次元がどれほどのものかがわかります。現実的なものへのアクセスの場所には、否定的な仕方では到達できません。認識可能な現実に関しては、いかなる否定の手順も現実的なものへのアクセスを与えてはくれないのです。あらゆる反哲学において作動している、この反弁証法という点に関して、反哲学の歴史におけるいくつかの目印を指摘したいと思いますが、これはラカンによる解決の独創性に立ち至るためです。なぜなら私の考えでは、反哲学の先行する諸布置と比べて、この点に関するラカン的な特異性といったものがあるからです。この特異性は、現実的なものが、認識可能なものと認識不能なものの双方から脱落するものとして与えられる、その固有の仕方の特異性です。

以下で私が行う参照は、その密度という点でまちまちですが、これはラカンへの準備に関わるさまざまな理由からです。私はパスカルやルソー以上に、とりわけキルケゴールに重点を置くことになるでしょう。

パスカルにとっては、理性的に思考するあらゆる哲学の神は、無神論という結論に至るのであれ、その存在を「証明」するのであれ、神性をそなえた現実的なものより一歩退いたところにあります。そうした神的な現実的なものは、認識可能なものと認識不能なものの理性主義的な対立を免れているのです。これはパスカルの弁神論において問題になっているのが、まさに次のことを理解するということであるからです。すなわち神の名の下では――現実的なものの名の下では――何かが認識することの体制を絶対的に免れているのでなくてはならない、たとえその認識が「認識しない（on-ne-connaît-pas）」という形をとるとしてもそうなのだ、ということです。もちろんこれが、パスカルの立てた、イサク、ヤコブの神、心に感じられる神と、所謂「哲学者と学者の神」との対立の本当の意味です。〔パスカルの言う〕この哲学者の神は、認識することの方を向いている神であり、存在証明の方を向いている神です。これは、それが神は認識されない、神は存在しない、と宣言するためであれ、やはりそうなのです。その点は重要ではありません。この神はデカルトの神であり、デカルトはその存在を証明したわけですが、しかしそれはあらゆる思弁的無神論の神と同じ神なのです。いずれの場合にも、現実的な神は捉え損ねられており、不在です。その現前には、特異な道を通ってはじめてたどり着くことができます。そしてその道は神に、認識することと認識不能なものの対立を免れさせているのです。

この装置はルソーにおいてはどのように提示されているでしょうか。ここで皆さんに、参考文献を指示したいと思います。これらのテクストは、皆さんご自身であらためてお読みください。完全な反哲学的宣言が、『エミール、あるいは教育について』の第四篇で陳述されています。これは理性と情念の年頃（一五歳から二〇歳にかけて）に関するものでしたが、とりわけ宗教教育に関わる第二章、有名な「サヴォワの助任司祭の信仰告白」のくだりにおいてそれは陳述されています。教育論の中でこうした参照すべき箇所が見出されるのは偶然ではありません。ルソーはそこでまさに、反哲学的教育の可能なあり方を提示しています。そこには、認識することと無知に現実的なものが上乗せされるというあの事態に行き着く、三つの決定的な点が改めて見出されるでしょう。まず、哲学者の理性的な認識に投げかけられた不信がありますが、これは本当に、パスカルからラカンにいたるまで、繰り返し現れてくる反哲学的テーマです。「サヴォワの助任司祭の信仰告白」ではこう言われています、

一般的、抽象的な観念は人間の最も大きな誤りの源だ［これは相も変わらぬ哲学の重い罪を申し立てる訴えです。哲学は、単に誤っているだけでなく、有害なのです］。形而上学のたわごとは

たったひとつでも真理を発見させはしなかったし、それは哲学を不条理なことでいっぱいにしているのだが、そこから大げさなことばをとりのけてみれば、人はそのばからしさに恥ずかしくなる。[*8]

体系的な哲学は、ここでもまた形而上学の名のもとに置かれていますが、有害であると同時に――「最も大きな誤り」――無力です。思弁的な思考の長所に数えることのできるようなものは何もなく、ただの一つもない。これは、何らかの真理に到達することを可能にする行為の場所が、理性ではなく、ルソーが良心（la conscience）と名指すものであるからです。

理性はわたしたちをだますことがあまりにも多い。わたしたちは理性の権威を拒否する権利は十二分に獲得することになった［これは想像力がわれわれを欺くという、伝統的な装置に対置されています。ここでは理性の解任に訴えなくてはなりません］。しかし、良心はけっしてだますようなことはしない。[*9]

「良心」の名の下に置かれているのは、認識することと理性から外れたものとして、現実的なものへの疑い得ないアクセスを与えるものです。「良心はけっしてだますようなことはしない」というわけです。この「けっして（jamais）」は決定的に重要です。実際われわれは、人は何を認識し何を認識しないのだろうかという問いが問題なのだといった考え方からは、絶対的に離れたところにいます。認識する／無知であるといった対立は、適切ではありません。〔一方には〕われわれを欺く理性があり、〔他方には〕われわれを欺かない良心があります。それから、最後の点ですが、行為の規定があります。「良心の行為は判断ではなく、感情だ」[*10]。

一般的で抽象的な認識することという主題の下で哲学が廃位されるということがあり、認識可能なものと認識不能なものの対立に対する余分な場所として良心が規定されるということがあります。そうしてついに、現実的なものへのアクセスを開く行為の規定にたどり着きます。そしてこの行為は、判断というかたちを取るのではなく、感情というかたちをとります。結局、感情／判断の対立が、ルソー的な用語法においては現実的なもの／真理の対立につながるものとなるでしょう。この後者の対立は、ラカンにおいて部分的に存在しています。ただそれは彼の語彙ではありません。良心の行為としての感情、決して欺かない場所としての良心、これは現実的なものの地点そのものであり、理性の認識的な体制とは全面的に別の原理に支配されています。この〔理性の認識的な〕体制はたしかに、われわれを現実と調和させてくれますが、しかし結局見せかけ《サンブラン》の領域に属するような彷徨（une errance）のうちにあります。

以上申し上げたのは、次の点を確認していただくためでした。すなわちパスカルにおいてもルソーにおいても、いってみれば古典的な反哲学においては、現実的なものの場所の名がつねに見出される、ということです。「現実的なものの場所」ということで私が理解しているのは、認識可能なものと認識不能なものの対立に対して余分〔＝員数外〕になっている場所のことです。そこにはまた行為の名もつねにあります。この行為が、その場所において現実的なものへのアクセスを開くのです。ルソーの場合、この場所は良心であり、その場所における行為は感情として提示されています。そこには反哲学であればどこにでも見出されるようなテーマがあります。すなわち決して欺かないような、主観的経験がある、というテーマです。現実的なものが、認識可能なものと認識不可能なものの対立を逃れるものであるということになるとすぐに、情動の領域にある何かが、決して欺かないものとなります。心に感じられる神、とパスカルは言うでしょうし、感情であり判断ではない、とルソーは言います。不安、とラカンは結局言うでしょう。[*11] 反哲学においては、欺かないのは理性ではなく、他のものであり、それはいろいろな名前を持っているのです。

最後にキルケゴールを見ておきましょう。キルケゴールは、ラカンにとって重要な源泉です。まさに反復の問題についてそうなのですが、しかしそれにとどまりません。ルソーでいま取り上げた三点が、そこでも見出されるでしょう。第一に哲学、とりわけヘーゲルのそれが打ち立てると主張しているような認識することの体制に対する、信用失墜に向けた嘲弄的な運動があります。第二に、現実的なものが認識可能なものとは別のものとなるような場所の同定。第三に、この場所を同定する一つの行為です。哲学に関しては、『あれかこれか』冒頭の「ディアプサルマータ（*Diapsalmata*）」から引いてきた一節を引用しておきましょう。これは私の大好きな話です。

哲学者が現実についていうこと［ここでもあいかわらず同じ反哲学的な語彙が使われています］はしばしば、古道具屋で一つの看板に《洗濯物しわのばし》と書いてあるのを見る場合と同じくらい人をだましやすい。しわのばしをさせようとして洗濯物を持ってきたら、だまされることになろう。あの看板はただ売るために店にあるのだから。[*12]

哲学は古道具屋であり、そこでは就中「これが然るべき生き方だ」が置かれています。もし人がそこに自分の生を持っていったとすれば、その人は欺かれています。それは他のものと同じ、売り物のディスクールだったのです。これは大変気のきいた話で、キルケゴールが哲学について感じていることをよく伝えています。真の生の何たるかについては、キルケゴールは次のように付け加えます。「大事なのは反省ではなく、意志の洗礼（le baptême de la volonté）なのだ」[*13]。反哲学にとって、哲学的な意味において認識することとは、どんな意志にも洗礼を施すことができないものなのです。

ここでキルケゴールの概念の非常に精巧な細部にまで立ち入ろうとは思いませんが、瞬間における主体化、あるいは主体そのものの瞬間的な召喚が、認識することに対して実存を決定的に対立させるということを理解しなくてはなりません。まさに実存こそが、主体の瞬間的召喚のうちに自らを実存（＝外立）させることによって（s'existant elle-même）、認識することと認識しないことの対立を免れているのです。そしてこれをキルケゴールは、あらゆる認識的な場所に対立する、倫理的な場所と呼ぶことになります。このテーマについての記憶を新たにしていただくために、皆さんには『哲学的断片への結びとしての非学問的あとがき』のなかにあるものを参照していただきましょう。『哲学的断片』は小著ですが、『あとがき』のほうは長大です。第二部第二篇第三章は、「現実的な主体性、倫理、主体的思想家」と題されていますが、その全体が、認識することと認識しないことの対立を免れている現実的なものの場所を入念に構築するにあたって何が必要なのかをすべて教えてくれるでしょう。それはディスクール的な約束を売り物にするといったこととは別のものです。

これから三つの抜粋を読みます。それらをわれわれは一つの格言にまとめることになりますが、このようにするのはそこにあるかもしれない、ラカンにつながりうるものの調子《トーン》を皆さんが感じ取っていただけるようにと考えてのことです。キルケゴールの根本的なテーゼは次のようなテーゼです。現実の認識は、そのまま、そしてひたすらに、諸可能性の認識であり、現実的なものの認識ではない。これは、現実的なものが関わってこない、ということを言うための、彼なりのやり方なのです。認識的な様態の下での現実への関係のあらゆるかたちはつねに、これもまた、そしてひたすらに可能性の把握なのです。

［第一の断片］現実性についてのすべての知は可能性である。実存する者が、それについてただ抽象的に知っているというより以上の唯一の現実性は、彼がそこに存在しているという、彼自身の現実性なのである。そしてこの現実性は彼の絶対的な関心である。彼に対する抽象性の要求は、何ごとかを知るために無関心になることである。彼に対する倫理の要求は、実存することに無限に関心を持つことである。[*14]

ここから心に留めておいて頂きたいと申し上げていた格言が、もう少し先のところで出てきます。

［第二の断片］知ることによって主体性は可能性の平面上にあるのだから、真の主体性は知る主体性ではなく、倫理と実存の主体性である。抽象的思想家はたしかに実存しているが、彼が実存している、と言うのはむしろそうした思想家自身についての諷刺のようなものである。彼が考えているということによって、彼が実存していることを証明する、というのは奇妙な矛盾である。なぜなら彼が抽象的に考えれば考えるほど、彼はまさしく彼が実存するという事実を抽象するからである。[*15]

反デカルト的な嘲弄にご注目ください。この言いがかりを間近から見てみると、それがラカンによるコギトの脱中心化と大変密接な関係にあることがおわかりと思います。改めて当該の文を読んで差し上げましょう。「彼が考えているということによって、彼が実存していることを証明する、というのは奇妙な矛盾である。なぜなら彼が抽象的に考えれば考えるほど、彼はまさしく彼が実存するという事実を抽象するからである」。私が抽象的に考えるところでは、私は存在しない、という主張がここには見られます。キルケゴールはこれを実存と呼ぶのです。そしてもう少し先で、彼はデカルト的コギトの批判から、次のような帰結を引き出します。

> ［第三の断片］思考から実存へと推論することは、したがって矛盾である。なぜなら、思考はまさにその逆に、現実から実存〔＝現実存在〕を取り去り、現実を止揚することによって、すなわち現実を可能性へと転移させることによって、現実を考えるからである。*16

キルケゴールにとって、認識することの根元的な条件とは、実存が引き去られるということです。そうすることで、現実は可能性へと移し替えられ、あるいは変容させられるのです。認識することの相関項としての現実は、可能性でしかありません。それはラカンに見出されるもの、つまり現実的なもの（le réel）に対立する現実（la réalité）の想像的な性格の、キルケゴールにおける等価物です。キルケゴールにおいて、ラカンが想像的なものに割り当てていたポジションを占めているのは、可能なものです。従ってもし、現実的なものを復元したいと思うのであれば、認識することから逃れなくてはなりません。というのも認識するという操作そのものの相関項は可能性でしかなく、つまり見せかけ《サンブラン》でしかないからです。

可能性にしか送り返されないような、認識することと認識不能なものの双方から私が逃れることを可能にする行為とは、結局どのようなものになるのでしょうか。それは、実存者が自らに、自身の現実的なものを与えるような行為となるでしょう。その場所が倫理的な場所であるということがひとたび定立されると、キルケゴールはこの行為を選択（le choix）と呼びます。それが意味するのは、実存を決定するということ（décider l'existence）です。あとで私は、キルケゴールの言う「実存を決定すること」とラカンの言う「現実的なものを明示すること（démontrer le réel）」の、著しい親近性を強調するつもりです。いずれにせよ、この場合現実的なものから到来するものは、行為の場所においては、実存決定というかたちを取ります。これが選択なのですが、しかしそこから直ちに現れてくるのは、——そしてこれはラカンについてあらためて検討しなくてはならない点ですが——その本質は、これあるいはあれを選択するということではまったくなく、まさに選択を選択すること（choisir le choix）ということです。中心となる参照先を示そうと思いますが、これは『あれか、これか（*Ou bien ... ou bien*）』（場合によっては『二者択一（*L'Alternative*）』と訳されていますが）の第二部のまるまる一章で、「人格形成における美学的なものと倫理的なものの均衡」[*17]というタイトルがついています。この章は、それらの不均衡をもっぱら取り扱っているのですが、行為についての教説になっています。おそらく行為の反哲学的教説がどのようなものであり得るかについての、最も展開された、最も意義深いテクストのうちの一つです。

ちょっとだけ時間をいただいて、キルケゴールが尋常でない緊張感をもってわれわれに言おうとしていることを強調させてください。すなわち、何についての行為であるかによって規定されていないような行為がある時にはじめて、現実的なものは、つまり認識することと認識しないことの二律背反から遊離した実存はある、ということです。その行為とは、キルケゴールが絶対的な選択、選択の選択と呼んでいるものです。彼は例えばこう言うでしょう。

私の「あれか、これか」はさしあたり善悪のあいだの選択を指すのではなく、ひとが善と悪を選ぶか、それとも排除するか、その選択を指すのである。ここで問題になっているのは、ひとがどんな規定のもとで実存全体を観察し、みずから生きようとするかということである。[*18]

まさにこの点で、われわれは決して欺かないものを見出すことになります。もしそこに到達できるとするなら、それはもはや決して欺くことがない。これをキルケゴールは次のように述べるでしょう。

ある人間を、選択する以外にもはや出口がないような岐路に立たせることができさえすれば、彼は正しく選ぶだろう。[*19]

皆さんが選択の選択の地点までいらっしゃれば、それは決して欺くことがないのです。もちろん語彙と思考の若干のねじれはあるでしょうが、分析的治療とは、人間をそのような岐路へと導いてゆくという点に存すると考えられるでしょうか。彼にとっては選択以外のいかなる出口もないような地点へと導いてゆくという点に存すると考えられるでしょうか。皆さんは、何の選択なのかと問われるでしょう。それは大事ではありません。ええ、それは大事ではないのです。大事なのは、選択以外のいかなる出口もないということであり、それだけなのです。皆さんはこうおっしゃるでしょう。しかしそれでは、選択するよう強いられている、ということなのか、と。そうではありません。選択以外の出口がない、というのはつまり、選択を選択しなくてはならない地点までやって来た、ということなのです。これこそが、行為です。選択するという可能性しかない地点にいるということです。そしてそれは、欺くことがないのです。

ではラカンの方では、現実的なものと行為の関係のなかで、何かが同じ領域に属しているのでしょうか。これは二つの問いを前提としています。すなわち、1. 行為は「ある地点まで連れて行く」ということを前提としているのか。行為の地点があるということを前提としているのか。これはキルケゴールでははっきりしています。しかしラカンではどうでしょうか。治療の過程は、そして結局のところ分析的行為は、「〈主体〉をある地点まで連れて行く」という意味を持っているのでしょうか。2. 何か欺かないものがあるのだろうか。〔これは〕キルケゴール、ルソー、パスカル、そして結局あらゆる反哲学者が主張している意味において、つまり行為の地点に到ったとすると、われわれは自らを欺くこと〔＝誤ること〕も、欺かれることもない、という意味において何か欺かないものがあるのだろうかということです。

『ラジオフォニー』でラカンは、行為ということに[*20]関して、次のように言っています。「正しい象徴化（une symbolisation correcte）の屑（déchet）として産出される行為効果（l'effet d'acte）」。正しい象徴化——そもそも正しい象徴化とは何かという問題はあるのですが——これが、選択する以外に出口のないような地点に——ただ「選択すること（choisir）」というのはここで適切な語でないにしても——われわれを導いてくれるものと見なされうるのでしょうか。この選択によって回顧的に、正しい象徴化は選択を産出するものとなるのではなく、むしろ選択の地点にたどり着くため、選択以外に出口がないようにするために必要とされるものとなります。これによって分析的行為自身はつねに、その象徴化の屑であり、そこから打ち捨てられたもの、そこから脱落したものであると言われうるのです。このとき残るのは、その正しい象徴化の屑が、まさしく決して欺かないものであるのかという問題でしょう。ただ、見たところ一つの条件があるということはおわかりと思います。つまり、象徴化が正しいものでなくてはならない、ということです。象徴化が正しいものである限りにおいて、そしてその想定の下で、行為は欺かないのです。

以上のさまざまな問題を、次回は考えてゆくことにしましょう。

訳註

＊1　S.XVII, p. 69.

＊2　*Ornicar ? 20-21*, p. 13.

＊3　*Loc. cit.*

＊4　AE, p. 443.

＊5　AE, p. 425.

＊6　AE, p. 549.

＊7　AE, p. 408.

＊8　ルソー『エミール（中）』（今野一雄訳、岩波文庫、一九六三年）一三八頁。

＊9　同前、一六四頁。

＊10　同前、一七〇頁。

＊11　『不安』のセミネールで、ラカンは不安を「欺かないもの（ce qui ne trompe pas）」と定義している。Cf.「われわれが究極において待ち受けていたもの、そして不安の真の実質であるもの、それは「欺かないもの（ce qui ne trompe pas）」、まったく疑いのないもの、です」（『不安（上）』（小出浩之、鈴木國文、菅原誠一、古橋忠晃、岩波書店、二〇〇四年）一一七頁）。

＊12　『キルケゴール著作集1　あれかこれか　第一部（上）』（浅井真男訳、白水社、一九六三年）五九頁。

＊13　ここで参照されているのは「ディアプサルマータ」ではなく、おそらくバディウがキルケゴールの「選択の選択」を論じている部分での引用箇所（後述二三一頁以降）に続く部分である。「ここで君はふたたび、選択がなされるということがどんなに重要なことか、また肝要なのは決して反省ではなく、意志を初めて全的に倫理的なもののなかに受け入れる意志の洗礼だということがわかるのだ」（『キルケゴール著作集4　あれかこれか　第二部（下）』（浅井真男ほか訳、白水社、一九六五年）三一—三二頁）。なお、以下キルケゴールからの翻訳は『キルケゴール著作集』（白水社）を参照したが、訳語の統一等の必要からフランス語原文に照らして改変している。

＊14　『キルケゴール著作集8　哲学的断片への結びとしての非学問的あとがき（中）』（杉山好・小川圭治訳、白水社、一九六九年）二三八頁。
＊15　同前、二三九頁。フランス語原文に照らして訳文を改変した。
＊16　同前、二四〇頁。
＊17　『キルケゴール著作集4　あれかこれか　第二部（下）』（浅井真男ほか訳、白水社、一九六五年）一一頁。
＊18　同前、三一頁。
＊19　同前、二九頁。
＊20　AE, p. 423.

第VII講　一九九五年四月五日

ラカン的な反哲学の組み立てという、非常に複雑なあの問題を、改めて取り上げることにしましょう。先回申し上げたのは、要するに次のようなことでした。ラカンの装置の構成的な一部分をなす、哲学の解体は、三つの否定的言表から結果する。すなわち、現実的なものの真理はない。厳密に言えば、現実的な知もない。〔さらに〕真理の知はない〔の三つです〕。さて、哲学の諸操作はいずれも、当該の哲学の方向性がどのようなものであれ、現実的なものの真理の知（un savoir de la vérité du réel）がある、というテーゼに依存しています。哲学者という主体のかたち、主人のディスクール、卑劣さ（canaillerie）、メタ言語を越えたところで、哲学は、現実的なものの真理の知の可能性に関するテーゼに宙づりになっている〔＝全面的に依存している〕、そのようにラカンの眼には見えていたのです。そしてこのテーゼは、いま申し上げた、三つの否定的言表によって解体されることになります。

ラカンはまったく別の仕方で、知、真理、現実的なものの三つ組みを組み直してゆきます。彼は次のように言います。思い出しておきましょう。

なぜなら知のうちで現実的なものの機能を果たすものを想定することによって、真理は位置づけられるからです。知は、それに（現実的なものに）付け加わるのです[*1]。

まさにこの格言が、三つ組みの三項を改めて連接させています。この運動の第二の極は、知において現実的なものの機能が発見されるその仕方が、分析的行為に宙づりになっている〔＝全面的に依存している〕ということです。この分析的行為については、二つの重要な特徴を指摘しておきました。第一に、分析的行為とは、分析家自身が厭わしく思うようなものである、ということ。これが言わんとしているのは、その行為が、それを耐え抜き、堪え忍ぶということがそれだけで重大な問題となるような行為である、ということです。第二に、そして上記の帰結として、何よりも重要なのは、ラカンがいうところの、分析的行為に「直面する（faire face）」ことである、ということです。ラカンの教え全体の究極的な用途は、そして私の考えではこれ以外の用途はないわけですが――彼自身がのちにそう言うことになります――それは分析家に、自身の行為に直面する機会《チャンス》を与える、ということなのです。

あらゆる理論的構築、あらゆる繊細な分析、あらゆる概念的見直し、あらゆるトポロジー、あらゆる分析的審級の理論、行為そのものについて言われうるあらゆること、そのすべてが、実はただ一つの機能、ただ一つの用途しか持っていません。それは、行為に直面する機会《チャンス》をもう少し多く与えるということです。だからこそ私の考えでは、分析的行為を考慮しないでいると、ラカンの理論的装置は首尾一貫していない、と安易に指摘してしまうことになるのです。これは何度も指摘されてきたわけですが、しかしそれはこの問題の、反哲学的ではない、哲学的なアプローチにおいてのみ意味を持つ指摘です。というのもラカンのそれのような思考空間においては、究極的に問題となるのが、行為に直面する機会《チャンス》を与えることだけであるということ、そしてすべてがそれに宙づりになっている〔＝全面的に依存している〕ということ、このことはまったく正当であるからです。ここからわれわれは、ここでわれわれの興味を引いているプロセスへと入ります。すなわち、私の呼び方で言えば、分析的行為の性質決定（*qualification*）のプロセスです。

還元不能な反哲学的行為としての分析的行為の特異性とはどのようなものでしょうか。この行為に、知における現実的なものの機能が発見されるということは依存している。われわれはそう言いました。知における現実的なものの機能は、この知の知〔＝この知を知るということ〕の地点からは発見され得ないため、まさに行為の地点から、その機能は発見されるのでなくてはなりません。

また冒頭から、われわれは次のように申し上げてきました。この行為は、ある知の装置がそこから切断を蒙る、その範囲においてのみ証示される。従って行為が証示されるためには、伝達可能な知の装置が現実に存在するのでなくてはなりません。そもそも現実的なものの機能が発見されるということが、まさに行為にかかっているわけですから。

最後に、あらゆる全面的に伝達可能な知はマテームであるわけですから、ラカンの反哲学において、すべては最終的に、行為とマテームの間の謎めいた相関関係に宙づりになっている〔＝全面的に依存している〕と言うことになるでしょう。真理、知、現実的なものを反哲学的に、正当な仕方で組み直し、そうして解釈学的誘惑を遠ざけ、重要な対話相手（哲学者ではなく分析家）に彼らの行為に直面するささやかな機会《チャンス》を与える可能性は、まさに行為とマテームのそうした謎めいた関係にこそ帰着するのです。

ここで少々経験的な余談を申し上げましょう。ラカンの死後、更にはその生前から、ラカンを奉ずる人々の間で生じている論争の大部分は、臨床と教説の関係の問題を対象としてきました。ラカン派のまるまる一系列が、論理主義ないしは理論主義、あるいは臨床への誇張された距離、あるいは臨床に関する無知について糾弾されてきました。その一方で逆に、やはりまるまる一系列が、臨床的経験主義だとして、あるいは理論的装置の決定的な点について譲歩しているというので糾弾されていました。結局のところ、一方で「おまえは臨床家じゃない」と、他方で「お前は概念について譲歩している」が、この論争の一般的な背景となっています。この点でそれは、共産主義の革命運動に内在している、理論と実践の関係の問題についての周知の論争を繰り返しているのです。

この点について何を考えるべきかは単純です。そうした〔臨床と概念の〕分離は、構築を損なうものであるということです。こうした分離の点からラカン的な構築を検討することは、いかなる仕方をもっても不可能です。私がそう申し上げることで言おうとしているのは、総合ないしは融合が、理論の臨床的応用が、それら二つが一つになる場所がある、ということではありません。そうではないのです。〔私が言おうとしているのは〕こうした区別を利用すること自体が、構築を損なうものだということです。実際、分析的行為は、それが臨床の核心において証示されていると想定するならば、マテームの欲望によって支えられている範囲でのみ、その過程とその伝達という二重の意味において、生産的（producteur）であり得ます。行為とマテームは、それ自体臨床と教説の対立へと回付されるような、分離されたかたちではとらえることができません。従って、行為の核心にはマテームの欲望があるということ、そして逆にマテームそのものが、行為という地点から初めて知解可能になるということ、このことをしっかり理解しなくてはなりません。

見通しを立てるために、次のように申し上げましょう。私が暫定的なカテゴリーということで、マテームの欲望と申し上げているものとは、それなくしては分析家が自分自身の行為を堪え忍ぶことのできないような何かです。マテームなくしては、自らの行為に対する厭わしさが勝ってしまうのです。マテームなくしては、分析家は彼を余りのポジションに至らしめるような零落を堪え忍ぶことができません。そのため行為とマテームが〔別々に〕ある、と言うべきではありませんし、臨床と教説が〔別々に〕ある、と言うべきではなおさらないでしょう。というのもまさに、マテームの問題は、何かそれによって行為に機会《チャンス》が与えられるようなものに深く関わっているからです。

一つ回り道をしましょう。次のキルケゴールの一文を見ていただきましたね。

ある人間を、選択する以外にもはや出口がないように岐路に立たせることができさえすれば、彼は正しく選ぶだろう[*2]

絶対的な選択と呼ばれているのがある一つの配置であって、この配置の中では現実的なものへのアクセスは——行為という仕方でのみ現に存在する、現実的なものへのアクセスは——欺くことがありえないようなものでもあるということ、このことがおわかりと思います。全ての問題は、選択以外に出口のないような、そうした「岐路」に導いて行かれた、ということなのです。

この問題には、一つの拘束（une contrainte）があります。それは他でもない、自由の厳しい拘束です。キルケゴールは絶対的選択ということを言いますが、この選択は方向付けられています。すなわち人間は、選択以外の出口がないようなところへ導かれさえすれば、正しく選ぶだろう、ということです。つまり、この絶対的選択としての選択、キルケゴールが選択の選択とよぶこの選択は、それが拘束されている限りにおいて――というのも他には出口がないからですが――欺かないものである、ということです。主体性がそこに背水の陣で連れて行かれ、選ぶ以外のことがもはやできない、というのでなくてはなりません。この「人間を岐路に連れて行くこと」を、私は拘束装置（un dispositif de contrainte）と呼んでいます。

別な言い方をするなら、現実的なものの問題を行為の問題に宙づりにすると――これはあらゆる反哲学の一般的格率であるわけですが――問題はどのような装置がわれわれを行為へと導いてゆくのか、どのような拘束的な（contraignante）かたちにおいて行為が切断をなすのか、という点に集約されます。行為がその中で切断をなすような装置の拘束的な布置が手にはいるなら、行為は外的な規範を必要としません。行為が欺かないということは、それが自身に対して自分自身の規範となり、自己規範化されるということを意味します。自己規範化された行為が存在する、すなわちその真理の意味作用に関してもはや外的な規範を参照先とせず、内在的に欺かないものであるような行為が存在する、というのは反哲学の根本的なテーマです。勿論この「欺かない」は、行為がその絶対性を疑い得ないような拘束のネットワークのなかに捉え込まれているということを前提としています。

こうした全ては、ラカンにおいてはどのように現れてくるでしょうか。われわれの出発点は、私が既に強調した文の、二番目の部分についての注釈になります。

こうして現実的なもの（le réel）は、現実（la réalité）とは区別されます。こう申し上げたのは、現実的なものが認識不能である、と言うためではありません。〔それは〕自らをそこで認識するという問題ならぬそれを明示するという問題である、と言うためなのです。

現実的なもの、これを明示すること（démontrer）がひたすら問題なのです。明示するとは、ここでは認識する／認識しないの対に対立しています。認識することが問題ではありませんし、認識不可能なものが問題なのでもありません。問題なのは明示すること、脱 - 示（dé-montrer）することです。[*3] しかしこの脱 - 示（dé-monstration）とは何でしょうか。この明示（démonstration）こそが、拘束と他の出口の不在とを同時に含むことになるでしょう。何以外の出口、ということなのか、この点はあとで見ます。ここではいずれにせよ、こう申し上げておきましょう。何以外の出口がないのかといえば、正しい出口以外の出口がないのです。明示は必然的にそうした全てを含むことになりますし、欺くことの不可能性をも必然的に含むことになります。まさにこうした理由で、それは明示すること（un démontrer）となるでしょう。すなわちいかなる欺くことも可能でないと確かめることを可能にするものとなるでしょう。

これはわれわれに、分析的治療の暫定的な定義を与えてくれます。分析的治療とは、〈主体〉の現実的なものの明示なのです。この明示においては同時に、行為が現実的な切断をなします。他の出口が意味を持ち得ないような拘束があるのでなくてはなりませんが、同時に行為はこの拘束に還元されることはなく、そこで切断をなします。皆さんは誰かを選択するところまで連れて行きます。選択すること以外の出口はありません。しかしそれは、他の出口がないという事実が選択を説明する、ということを意味しません。選択はその選択としての絶対性のうちにとどまっています。キルケゴールからラカンに移るとするなら、治療とは現実的なものがそこで明示されるに至るような空間である、と申し上げ、さらに加えて、この明示すること自体のうちで、行為が現実的な切断をなすのだ、と申し上げることにしましょう。治療という明示は、拘束であると同時にその切断の縁（son bord de coupure）なのです。治療とはそこで行為が現実的な切断をなすような、拘束的形式化なのだ、と言ってもいいでしょう。

しかしこの明示とは正確には何を意味しているのでしょうか。「明示《デモンストラシオン》（démonstration）」とは、現実的なものは示されるものではなく、脱‐示《デーモントル》されるもの（ce qui se dé-montre）であるということ、つまり現実的なものは、示すこと《モンストラシオン》（monstration）の脱落であるということを意味しています。形式化の方に近づくとするなら、それはまた次のことを意味しています。すなわち、〈主体〉の現実的なものが、明示されるものとして繋がれ〔＝連鎖し〕（s'enchaîner）うるのは、エクリチュールであるということです。現実的なものは、まさに示すことの領域のうちにはないが故に、脱‐示されるものであり、この脱‐示することが現実的なものをエクリチュールに繋ぎ〔＝連鎖させ〕ます。そのものとしてのエクリチュールだけが、示すことなく脱‐示するのです。このエクリチュールは現実的なものの象徴化ではあり得ません。というのも、現実的なものは象徴化不可能なものだからですが、これはつまり現実的なものは認識の問題を免れていると言うのと同じことになります。明示のなかには、間接的な示すことがあります。つまり形式化の袋小路によって示すこと、エクリチュールによる可能な繋ぎ留め〔＝連鎖〕の袋小路によって示すことという策略があるのです。現実的なものは当然、それによってそこで示されるものではなく、そこで明示〔＝脱示〕されるものとなるでしょう。別な言い方をするなら、〔現実的なものは〕不具合において、袋小路においてそこに到来するものとなり、あるいはキルケゴールの語彙を用いて言えば、出口の不在において、無‐出口（non-issue）においてそこに到来するものとなるでしょう。要するに、明示が意味しているのは、現実的なものが執存することになる空間そのものにおいては、われわれは象徴化の袋小路を手にしているのでなくてはならないが、その象徴化は袋小路をなすような拘束を孕んでいるのでなくてはならない、ということです。さもなくば、象徴化は何の役にも立たないか、或いはそれは無際限に続くことになるでしょう。従って、象徴化の無‐出口の縁《ふち》で、現実的なものしか到来し得ないが、ただし今度は行為という仕方で到来しなくてはならない、といった拘束条件の下で、何かが象徴化に到るのでなくてはなりません。

さて、拘束効果という点について今度は強調しようと思うのですが、この効果は、それなしでは治療指導（la conduite de la cure）[*4]がひたすら無限に続く解釈学となってしまうような効果です。さて、治療がそうならないのはまさに、治療が創設する象徴化の体制が、無‐出口に行き着くよう拘束されているからです。この拘束効果は、象徴化不可能なものを明示（＝脱示）的に引き立てることのうちに含まれています。ラカンを引用しましょう。

精神分析において問題なのは、無力［無力を説明する形式化］を論理的不可能性［現実的なものを引き渡してくれる形式化の袋小路］にまで高めることである。[*5]

皆さんには次の点だけを申し上げましょう　無力を論理的不可能性にまで高めるということ、これはキルケゴールの言う、人間を岐路まで連れて行くことにあたります。それは行為そのものを含んでいるわけではないのですが、無‐出口が生み出される装置なのです。

余談です。陳腐な見方ですが、人が精神分析に通うのは、出口がないからであり、そしてそれを〔精神分析が〕与えてくれるからだ、と思っている人たちがいます。否、とラカンは言います。皆さんが精神分析に通うのは、出口があるからで、私はそれを皆さんからとりあげるのだ。私は内側から、特殊な無－出口の地点を構築して差し上げよう。そこで皆さんの現実的なものとの結合（le conjointement）が生じることになるだろう。この点でラカンはキルケゴールと完全に一致しています。勿論キルケゴールは、大事なのは人々を解放することなのだ、と言ったりはしないでしょう。大事なのは人々を選択へと追い込むことなのですが、人々を選択に追い込むためには、さまざまな拘束の途轍もないネットワークを組織しなくてはなりません。さて、ラカンの眼には、分析的治療における拘束のプロセスは、まさに次の定式によって定義されています。すなわち幻想《ファンタスム》を説明するような無力を、現実的なものを体現する論理的不可能性にまで高める、という定式です。別な言い方をするなら、行為の方に向かうあらゆるもの、あるいはその可能性の縁を構成するあらゆるものは、無力の不可能性への変形という言い方で要約されるのです。ということは次のように言うのがより正当だということになるでしょう。人が分析に通うのは、その語のあらゆる意味において、何らかの仕方で無力であるからであり、人がそこから抜け出すのは、不可能なものの窮地に追い込まれたから、選択するより他の出口がないところに追い込まれたからなのです。

この定式を細かく見てゆきましょう――行為とマテームの関係という筋を見失っていたなどとは思わないでくださいね！

無力、これをまず位置づける必要があります――それは分析的な手続きの、本質的な作業なのです。その場所を構築しなくてはなりません。無力のシニフィアン的分離を行うことができなくてはなりません。無力のシニフィアンを分離し、切断し、切り出すということ、これが最も重要です。周知の通り、無力が想像的な機能としてのファルスによって体現されるということは、学説上の要点です。したがって初めのうち、無力を不可能なものへと高めることができるためには、たいへんな位置づけの作業が、無力そのもののシニフィアン的トポロジーの作業が必要になるでしょう。そしてこの無力は、ラカンの言に従うなら、想像的な機能としてのファルスによって明確化され、体現されます。それが道程のはじまりということになるでしょう。それから、ひとたび無力のシニフィアンが分離されると——これは幻想《ファンタスム》の一種の露呈（découvrement）に帰着するわけですが——これを不可能なものへと高めることが必要になるでしょう。

この手続きの諸段階の詳細に立ち戻る前に、行為が突然立ち現れるということについての問いを問うてみましょう。キルケゴールにおいて、誰かを岐路へと導いてゆく、と言われていたことは、ここでは無力を不可能なものにまで高める、と言われています。皆さんが不可能なものの窮地に立たされるとき、ラテン語好きのマルクスが好んで言っていたように、「ここがロドスだ、ここで跳べ（*hic Rhodus, hic salta*）」、つまりまさにここで現実的なもののなかに飛び込まなくてはならない、ということになります。別の言い方をするなら、皆さんを〈主体〉として証示するのはもはや行為しかない、ということです。これには二つの段階があります。解釈的操作と連続的切断によって、無力のシニフィアンを分離することと、それからこの無力を論理的不可能性にまで高めることです。これら二つの段階は、無-出口へとわれわれを呼び立てます。その時、行為がこうした象徴化操作の総体から生じた屑として現実的なものを露呈させることになるでしょう。これは既に示した引用を正当化します。改めて示しましょう。「正しい象徴化の屑として産出される行為効果」がそれです。

かくしてわれわれは、ラカンにとって正しい象徴化が何であるかを示す定義を手にしました。それは無力を不可能なものに実際に高めるということであり、それ以外のものではありません。行為効果は正しい象徴化の屑として生じることになる、ということ、これが意味しているのは、この効果が精神分析においては究極の屑であり、正しい象徴化の総体から卑賤なもの（abject）として、卑賤なものを投棄すること（abjection）において産出されたものであるということです。この象徴化はそれ自体、位置づけられた無力さを論理的不可能性にまで高めることとして考えることができます。

分析的治療、あらゆる哲学に直ちに失墜することを要請する臨床のあるべき姿を規定するこうした運動は、五点にまとめられます。

1. 現実的なものを明示することは、プロセスの領域に属していますが、それは現実に存在する限りでの治療のプロセスです。分析的な治療があったと言えるのは、そこで脱‐示された現実的なものがある限りにおいてのみです。このプロセスは規範化されており、この規範は「治療指導（la conduite de la cure）」[*6]と呼ぶことができます。加えて私は、ラカンによる定式化ではありませんが次のように主張したいと思います。すなわち、このプロセスは分析家の側では、マテームの欲望（le désir du mathème）のもとで初めて作動するのだということです。たとえば自由連想にせよ漂う聴取[*7]（l'écoute flottante）にせよ、マテームの欲望のもとで初めて理解されます。どうしてでしょうか。反対であるように見えるかもしれませんが、それらはまさに、拘束の空間を構築することを目指した諸規則であるからです

2. 現実的なものの脱‐示は、プロセスとして、その名を「正しい象徴化」と呼ばれる形式的拘束の領域に属しています。そもそもこのことだけからしても、われわれはそうした脱‐示が、意味の解釈学

では決してないということを理解することができます。その観点から見ると精神分析において――ラカンはこの点を明らかにしているのですが――「解釈」という語は両義的です。これを保持することは可能ですが、しかしそれはまた再構成する必要のある語でもあります。もし「解釈」ということで、意味の解釈学に帰着するような何かを理解するとすれば、この語は不適切です。なぜなら問題となっているのは適切で拘束を課すような形式化であり、隠された意味の露呈といったものでは全くないからです。

3．第一段階――時系列的にということではありません、これは沈殿物ですからね――で要請されるのは、無力が位置づけられるということです。結局、〔分析を動機づける、分析主体の〕分析の要求（la demande d'analyse）はいつも、ある無力に対して準備を整えること〔を求めるの〕であり、それは突き詰めれば愛の無力に対して準備を整えること〔を求めるの〕です。性的な無力〔＝不能〕はそうした愛の無力の異型の一つにすぎません。生きることの無力、実存することの無力と言うこともできます。要求はそこにあるわけですが、しかし無力を位置づけ、それによって形式化の手順《プロトコル》がその無力に適用され、あるいはそこから学ぶようにしなくてはならず、これは、最初は全く自明ではありません。われわれはそこから出発します。無力の彷徨（l'errance de l'impuissance）を中断するような何かを始動させるというところから出発するのです。そもそも――こう言っているのは私なのですが――この無力の彷徨のことを、「苦しみ（souffrance）」と呼ぶことができます。無力さそのもの〔のことをそう呼べる〕というわけではありません。というのももし無力が無力でしかなかったとするなら、人は折り合いをつけることができるでしょうし、そもそもひとはいつも折り合いをつけています。ひとはいつも、何らかの仕方で無力なのです。惨状をもたらすのは、無力の彷徨です。要するに、治療指導の第一段階では、少なくとも無力の彷徨が中断されなくてはなりませんが、これが意味しているのは、無力が位置づけられ（située）なくてはならないということです。無力が位置づけられ、それをファルスの想像的な機能に割り当てる幻想《ファンタスム》の枠組みに捉えられている限りにおいてこそ、その無力に対し、これを形式的に〔不可能性へと〕高めるということが繋がりうるのです。確かに第一段階では、皆さんは無力の彷徨を止めることになるでしょう。しかしそこで皆さんが止まってしまったとするなら、その無力は改めて彷徨することになるという、ただそれだけのことです。従って次いでこれを論理的不可能性にピン留めしなくてはならないのです。

4．つまり第二段階は、無力を論理的不可能性に高めるということです。位置づけられた無力、その彷徨が一時的に治療の手順《プロトコル》において中断させられている無力をこうして高めるということは、絶対的に重要な段階です。それはまた現実的なものへの接続（une conjonction）の切迫を導入するが故に、もっともリスクのある段階でもあります。この段階は行為の領域に属するような、現実的なものへの接続を導入するのではなく、現実的なものへの接続の切迫を導入します。そうした接続は実は、論理的無‐出口を脱‐示することにおいて、ということはつまり論理的不可能性を脱‐示することにおいてはじめてなされ得るのです。それはまた、われわれがフィールドを変え、操作を変える瞬間であると言うこともできます。位置づけ、位置づけること、中断であったものが、現実に形式化になるのです。確かにここで、われわれは絶対的に解釈の両義性から離れます。そこに分析家の技法の全てがあります。すなわち、ひとたび位置づけの操作が為されて後、つねに特異的であるような諸々の波乱を経て、無力を不可能なものにまで高めるという役割を務め、あるいはそれを支える者となるということです。無力の位置を決定するという第一段階は一般に、その反復の諸効果において、単調なものです。まさにそこでは、無力と孤独のさまざまな階梯に関する、同じ悲しい物語が聞かれます。これに対して第二段階では、固有の様式で無力がシニフィアン的にピン留めされ、論理的不可能性に高められることになるわけですが、その様式は特異性の真の技法の領域に属しています。それはアド・ホックな〔＝その都度特に設えられた〕形式化です。標準的な形式化はないのです。位置決定《ロカリザシオン》は、形式化よりもはるかにいっそう標準的です。結局のところ、何が問題になっているのかを知るということ（「診断《ディアグノスティック》」）は難しくありませんが、無力を論理的不可能性に高めることは、本当に大変な複雑さをもった操作なのです。

5．正しく、適切な象徴化が得られたとすれば、つまり論理的な無‐出口にあたる不可能性への高まりが成立したとすれば、そのとき切断の縁（un bord de coupure）が生じます。その縁は、不可能なものの地点そのものにおいて――ただし不可能性は、形式化の袋小路が生じたときにはじめて成立します――現実的なものを、行為の言表的な次元のうちへと到来させるのです。

要約しましょう。位置づけと形式的に高めること、切断の縁、これらが治療指導の主要な句切りとなります。治療指導は拘束の構築と行為の持つ縁効果（effet de bord）を同時に指示しています。

ラカンが考えているような精神分析の反哲学的な特異性とは、拘束の構築を、無力を不可能性に高めることと順序づけて並べているという点です。これは、種別的であり、特異的です。精神分析は無力を不可能性に変形することができるのでしょうか。この点は慎重に考えましょう……しかしいずれにしても、問題なのはまさにそれです。無力が――広い意味での要求の起源である無力が――存在することの不可能性へとひとたび変形されると、行為の地点において、一個の〈主体〉とその現実的なものとの接続が生じるのです。

では、これら全てのなかで、欺かないものとは何でしょうか。

ルソーあるいはキルケゴールのパラダイムを辿るとするなら、この「欺かない」は行為の縁を構築する拘束のシステムのもとで明らかになるはずのものであるように思われます。ラカンの形式的な立場は、欺かないものとは不安である、というものです。『セミネールXI　精神分析の四基本概念』をご覧ください。

不安は分析にとって最重要の参照項です。というのは、実際不安は欺かないものであるからです。[*8]

治療の手順《プロトコル》がさしあたりわれわれの関心事であるわけですが、この手順において不安は何と相関しているのでしょうか。われわれが踏み込もうとしている問題をよく理解してください。というのもそれはかなり難しいのですが、しかし大変重要な問題だからです。キルケゴールの話をしましたが、彼はこう言っていました、欺かないのは行為そのものである、と。皆さんが選択する限りにおいては、選択するよう拘束〔＝強制〕されているわけですから、そのとき皆さんは正しく選択しているのだ、というわけです。選択以外の選択がないとすれば、皆さんは正しく選択しているのです。これに対して、皆さんがもし選択する以外の仕方で何とかうまくやってゆくことのできる地点にいるとするなら、たとえ皆さんが選択するとしても、正しく選択しているかどうかは確かではありません。選択は、キルケゴールの意味においては、行為のポジションにあるということを認めましょう。テーゼはこうです、すなわち行為が拘束の縁にあり、行為以外には－無－出口である（la non-autre-issue que l'acte）ことの領域に確かにある、その限りにおいて、行為こそは欺かないものなのです。これは極度に重要な点です。というのも結局のところ、哲学と反哲学は、やり方はどうあれ真理の問題を共有しているからです。反哲学が主張しているのは、絶対的に非哲学的な行為があり、それが良心の声であれ、キルケゴールの実存的選択であれ、分析的行為であれ、まさにそれは欺くことのない行為であるということがわかる、ということです。それは、真理あるいは判断の保証人です。そして哲学は、真理の保証人が、真理の知の領域に属するのだと信じることによって行き惑うのです。哲学と反哲学の中心的な論争は、このように提示されます。

つまりラカンが、欺かないものとは不安である、とわれわれに言うとき、われわれは不安と行為の相関関係はどのようなものかという問いの地点へと呼び招かれているのです。不安と行為は同じものではないと確かに思われますからね。われわれはキルケゴールと同じ場所に身を置いているわけではありません。従ってわれわれは、行為に対して不安を位置づけなくてはならないのです。

その手助けになればということで、不安は結局キルケゴールのカテゴリーでもある、というご指摘をいただくことでしょう。うまい巡り合わせです。キルケゴールは『不安の概念』を書きました。不安について彼はどんなことを言っているでしょうか。キルケゴールにおいて、不安は罪と相関させられています。不安とはまさに、罪の内在的な在処なのです。さて、ラカンと治療の方に近づいてゆくとするなら、罪とは無力である、と認めることができます。この点は問題ありません。最初の仮説は、次のようになるでしょう。不安は、無力の状況、罪の状況に近づいていることの、内在的なしるしなのだ、という仮説です。そもそもこれは、ほとんどそのままキルケゴールがわれわれに言っていることです。不安とは、罪の最も確実な心理学的近似なのです。しかし結局、それは罪そのものの現前ではありません。なぜなら罪、根元的な徴づけとしての罪、原罪（われわれはキリスト教の領域にいます）、つまり起源を徴づけるものとしての罪は、その現実的なものを感じとるためには、質的な飛躍が、不安に対してすら必要なのです。この質的な飛躍においてのみ——実のところこれは、選択においてのみ、ということなのですが——罪の現前はあります。この場合不安は、罪の現実的なものの体験された可能性であり、この現実的なものが与えられるということではない、ということになるでしょう。ここには先回申し上げたことが改めて出てきています。すなわちキルケゴールにおける、可能なものと現実的なものの根本的な対立です。不安はわれわれに、罪の現実的なものを与えてはくれません。罪の現実的なものは、行為の体制のもとにとどまっています。ただ、不安はその、確実な内在する縁となっています。最も確実な近似なのです。キルケゴールにとって、不安は従って、直接的な仕方で行為と相関させられているのではありません。それは行為の可能性の情動です。罪ということに関して、不安がわれわれを欺くことはありません。それは確実なのです。われわれが不安に苛まれるとき、われわれは絶対的に確実な仕方で、罪の根元的な可能性を体験します。その罪は、起源的な徴づけの現実的なものなのですが、われわれはそうした徴づけの現前を手にするわけではないのです。したがって、今晩皆さんにご提案しようとしていた表現によれば、われわれはこう言うことできるでしょう、キルケゴールにとって、現実的なものは明らかに、行為の側というよりもむしろ拘束の側にあるのだ、ということです。不安は主体的な形式主義の等価物となっています。そしてその現実的なものが罪なのであり、それは到達不能なものにとどまっているのです。まさに罪こそがわれわれを不安するのですが、しかし罪はそこにはありません。われわれが手にするのは、罪の可能性の内在的な体験だけなのです。

　ではラカンは不安について何と言うでしょうか？　不安はラカンにとっては欺かないものであったわけですが、この不安の問題は拘束と行為との関わりでは、どのような布置をとるのでしょうか。皆さんの多くがご存じの通り、ラカンは不安を、現実的なものの過剰に関係づけます。象徴的なものはすべて欠如を前提としているのですが、この欠如が塞がれることによって、象徴化の阻止《ブロカージュ》が起きます。不安が生じるのは、象徴化を可能にしてくれる不在の機能が——「花」ということばが「あらゆる花束に不在の花」を到来させるように、[*9]象徴は実際、事物の不在の場所を占めているのですが——つまりこの不在が、不安によって蝕まれ、風化させられ、そうしてあたかも現実的なものがあらゆる方向に広がりだしたかのようになった時です。ラカンはこれについて見事な定義を与えています。「不安は欠如の欠如である」というのがそれです。[*10]不安がどうして欺かないものであるのか、よくわかります。というのもそれは現実的なものに結びついているのみならず、過剰な現実的なものに、欠如の領域のうちにある象徴的機能を麻痺させるような現実的なものに結びついているからです。しかしながら不安とは、行為という意味での現実的なものそのものなのでしょうか。これまたそうではありません。治療指導においては、不安そのものを解放するということが問題なのではありません。分析的治療が目指すところは依然として、行為が実際に行われるということです。

それで私が主張したいのは、ラカンにとっても不安は、キルケゴールにとってと同様に、依然として拘束の側にある、ということです。私が「拘束（contrainte）」と呼んでいたのは、現実的なものが論理的不可能性として召喚されるような袋小路を構築する形式化のことでしたね。不安もまたそちらの側にあるということになるでしょう。これが前提としているのは、治療指導が不安の計算（calcul）であるということです。不安は欺かないものですが、ただし拘束の空間において、ひとがその計算可能なかたちを手にしているということが条件となります。これがまさに、やはり『セミネールXI』で、ラカンがはっきりと言っていることです。

分析経験においては、それ［不安］の水捌けをよくして、あえていえば、不安を適量配合して、すっかり浸ってしまわないようにすることが必要です［そしてラカンは次のように付け加えますが、これはとりわけわれわれの関心を引く点です」。この難しさは、主体を現実界に結合する際の難しさと関連したものです[*11]。

従って、不安の適量配合（le dosage）、これを私はその計算と呼んだわけですが、そうした配合が正しい象徴化の問題に重なってくる、と言えるでしょう。別な言い方をするなら、治療空間における拘束の構築は同時に、そして解き難く錯綜した関係において、正しい象徴化であり、無力を不可能なものに高めて無‐出口という地点にまで至るということであり、そしてラカンが言うように、主体と現実的なものとの結合と相関している不安の計算なのです。

これを理解するのは、枢要であると同時に困難なことですが、これは拘束の構築が、ということは行為の可能性の条件の構築が、形式化の焦燥《アンパシアンス》と不安の適量配合が強いる忍耐《パシアンス》との絡み合いとなるだろうからです。実際、もし皆さんがこの問題全体の完全な弁証法を理解なさりたいとすれば、不安が象徴化の阻止《ブロカージュ》であるということを、しっかり見て取らなくてはなりません。その定義が直接に述べているのは、まさにそのことです。不安が現実的なものの過剰における、欠如の欠如であるとするならば、それはまさに不安が象徴化の諸操作の麻痺を恒常的に生み出すからであり、そもそもそれは、そうした麻痺の情動なのです。これに対して、拘束の手順《プロトコル》そのものは、正しい象徴化の手順《プロトコル》です。ここから次のような逆説が出てきます。すなわち、欺かないのは象徴化ではなく、不安によるその阻止《ブロカージュ》である、という逆説です。したがって、象徴化そのものと共に――というのもこの象徴化の屑としてしか現実的なものはないでしょうから――不安という、この一種の反‐象徴化（contre-symbolisation）の制御、ラカンの言うところの適量配合を遂行しなくてはなりません。というのも不安はわれわれを欺かないものでもあるわ

けですからね
以上は二つの格率をもってまとめることができますが、それらはほとんど二つの至上命令になっています。現実的なものにとっての縁をなすべく到来する、マテームの理想のもとで——なぜなら問題なのは論理的形式化であるわけですから——無力を不可能なものにまで高めること。これは拘束の形式的次元です。これをラカンは正しい象徴化と呼んでいました。そして不安を適量配合することですが、これはある反 - 象徴化がガイドとして働くことを前提としています。というのも象徴化の過程において、それこそがまさに欺かないものであるからです。

不安の適量配合は、不安をさじですくって重さを量り分配するかのようにして与えられはしません。では不安の適量配合はどこで与えられるのでしょうか。それは象徴化のなかで与えられます。それ以外にはありませんからね。その手順《プロトコル》は、まさに象徴化によって、無力を不可能なものにまで高めることです。不安の適量配合は、象徴化のある特異な特徴において与えられます。それは象徴化の持続であり、リズムであり、その時間です。そしてこの時間の方は、不安の適量配合によって規範を定められることになります。そしてその結果、不安は象徴化そのものについて、その持続の内在的な組織化に関してわれわれを欺かないものとなるのです。

形式化する性急さといったものがあります。形式化は、その時間という点について規範を定められることがないのです。だからこそ精神分析では、時期尚早な解釈についてしばしば話題にすることができたのでした。そうした解釈の、主体に対する効果は悲惨なものとなります。しかし問題の根底は、厳密に形式化に限ったとしても、形式化の性急さといったものがあるのであって、その理由はまさに、それが論理的に高めるということであり、そうして皆さんは論理的時間に内在的な性急さのうちに身を置くことになるからです。治療とは、論理的時間が不安の時間によって制御される固有の様式のことである、と申し上げてよいでしょう。

それではこうした全てのなかで、行為はどうなるのでしょうか。私は次のような言表を提案したいと思います。行為とは、縁効果として、形式化する性急さと情動による抑制の——この場合は不安の抑制の——合流する地点につねにあるのです。私は「抑制（retenue）」という語を、何かわれわれを欺かないことによって、その時間そのものにおいて、形式化する性急さを抑制するようなものをその語のうちに思い描いていただけるような意味で理解しています。行為は形式化する性急さと情動による抑制が、こう言ってよければ実際に利用可能《プラティカーブル》な無-出口を構築する、あの焦点となるポイントに位置しています。この無-出口が実際に、急速にかたちをかえて行為となるのです。

精神分析家の観点からは、次のように言えるでしょう。マテームの欲望、これをわたくしは正しい象徴化の可能性に内在しているものだと思っていますが、このマテームの欲望は、妨げられた欲望（désir contrarié）として現実化します。何によって妨げられているのでしょうか。それは、欺かないものによって妨げられているのです。精神分析とはまさにそれですし、同時に精神分析家もそうです。マテームの欲望、伝達可能な知の欲望は、欺かないがしかしそこで情動の領域に属するようなものによって妨げられている。そしてこの妨害《コントラリエテ》が、私の考えでは、分析の倫理の要点のすべてなのです。「汝の欲望について譲歩するなかれ」、いいでしょう。ただ、マテームの欲望（以前は解釈の欲望と言われていました）として、それはまさに妨げられているのです。従って次のような至上命令もまた発せられます。汝の欲望を妨げるものについても譲歩することなかれ。行為は形式化する性急さと不安の適量配合があらかじめ交錯してしまっているであろうまさにその限りにおいてのみ、証示され証明されるだろうということ、この点について譲歩することなかれ。

以上のような理由で、われわれは次回、こうしたすべてを別の角度から、つまりよく知られている、精神分析の倫理の問題という角度から検討してゆくことになるでしょう。

訳註

＊1　AE, p. 443.

＊2　『キルケゴール著作集4　あれかこれか　第二部（下）』（浅井真男ほか訳、白水社、一九六五年）二九頁。

＊3　動詞 démontrer（および名詞形の démonstration）は強調の接頭辞 dé- に「示す」という意味の動詞 montrer を組み合わせて成り立っているが、接頭辞 dé- は反対・剝奪・分離等の否定的な意味を持つ場合もあり、ここではハイフンの入った dé-montrer（および名詞形の dé-monstration）がそれにあたると考えられる。そのため基本的に前者を「明示」、後者を「脱 - 示」と訳しているが、文脈によっては「明示」が「脱 - 示」の意味を含んで用いられる場合もあることをお断りしておく。

＊4　本講の訳註6を参照。

＊5　「…ウ・ピール：一九七二 - 七三年度のセミネール報告」（AE 551）。

＊6　治療の方向を定め、実際におこなうことを指す言い方だが、ここでは特に前者の規範的側面が強調されている。戦争の遂行指揮を意味する「戦争指導（la conduite de la guerre）」があり、これに即して訳した。

＊7　「平等に漂う注意（＝漂いわたる注意）（l'attention également flottante / gleichschwebende Aufmerksamkeit）」という言い方がより一般的。「自由連想」は分析主体の側に、批判や選択を加えずに連想を報告することを求め、それによって抑圧を乗り越える手がかりを得ようとするものだが、フロイトはそれを聴き取る分析家の側に偏りがあることによって抑圧が維持され続ける危険を戒め、分析主体が語ることを聴く際には特定の要素をアプリオリに特権化することのない「平等に漂う注意」が必要であると説いた。Cf. フロイト「精神分析治療に際して医師が注意すべきことども」（一九一二）『フロイト全集12』（須藤訓任、門脇健訳、岩波書店、二〇〇九年）二四八、二五二頁。

＊8　ラカン『精神分析の四基本概念』（小出浩之、鈴木國文、新宮一成、小川豊昭訳、岩波書店、二〇〇〇年）五二頁。

＊9　マラルメ「詩の危機」『マラルメ全集2　ディヴァガシオン』（松室三郎、菅野昭正編、筑摩書房、一九八九年）二四二頁。

＊10　「〔ラカンが不安の現象にアプローチするにあたって手がかりとしている〕「*L'unheimlich* 無気味なもの」は、マイ

ナス・フィーがあるべきところに現れるものです。すべてはまさに想像的去勢からはじまります。なぜなら、当然ですが、欠如のイメージというものはないからです。そこに何かが現れるとき、それは、こういう表現が許されるなら、欠如がたまたま欠如する時です」（ラカン『不安（上）』（小出浩之、鈴木國文、菅原誠一、古橋忠晃、岩波書店、二〇〇四年）、六二頁）。

＊11　ラカン『精神分析の四基本概念』前掲、五二—五三頁。

第Ⅷ講　一九九五年五月三一日

いまから一冊の注目すべき著作についてお話ししたいと思います。この著作は、われわれの側から特によく考えてみる価値があるでしょう。すなわちジャン＝クロード・ミルネールの『明晰な作品（*L'Œuvre claire*）』で、副題には「ラカン、科学、哲学」とあります。彼とはこの本について六月一四日に討論する予定です。われわれの会合の最後の日に位置づけられている対話ですが、これには一種の批判的補論といった意味を与えることができます。このため今日の話は、暫定的結論といった調子を帯びることになるでしょう。

現実的なものは認識されず、明示される（se démontre）、とラカンは言います。どうしてこれが決定的なのでしょうか。なぜなら、明らかにこの脱－示（dé-monstration）のただなかに、分析的行為の還元不能な特異性があるからです。別の言い方で言うとすれば、行為は精神分析に、あらゆる教育的な目的を免れさせるものであるという点をつねに指摘しなくてはなりません。ラカンの語ることは、ディスクールの徴のもとに現れてきてはいるものの、大学のディスクールからはもちろん離れていますが、あらゆる教育的な目的からはさらに深いところで離れています。そもそもそれは、反哲学的な所与なのです。というのも、哲学のうちには教育欲動がある、というのがラカンの信念であるということ――この信念は容易に共有できるものですが――このことは立証することができるだろうからです。結局のところ、創設的なものと見なされているプラトン的装置は、教育的な装置であると見ることができます。哲学のそうした教育的な目的に対して、たとえ「教育（éducation）」という言葉を可能な限り高貴な意味でとるとしても、対立しているのは次のことです。すなわち精神分析は、そのディスクールのうちにおいてであろうと、あらゆる教育的な目的に対する断絶であるということです。ラカンはこのことを、この上なく断固とした態度で、一九七〇年の大会の閉会挨拶のテクストの中で言っています。彼は「私を教えること（l'enseignement）から救うもの、それは行為である」[*1]と言っています。

勿論、ラカンが行為こそは彼を教えることから救うものだと説明しているとすれば、それは明らかに、彼が教えることによって脅かされていたからです。彼は、教えることから救われる必要があったのです。ラカンにおいてはいつもそうなのですが、ここには両義的なもの、境界領域と同時に、その明確化がありますす。つまり、精神分析においてのみならず、精神分析に対するラカンの態度の中には何か、ある瞬間に大学のディスクールの境界領域に位置するものがあるということ、このことをラカンは完璧に心得ていました。しかし究極のところ、ラカンはそれから行為によって救われます。さて行為と――現実的なものの明示（démonstration）のうちに含意され、あるいは要請される行為と――つなぎ合わされたこの反哲学的な装置は、ラカンが哲学の抜きがたい弱点と見なしているものと、一つ一つ対置されます。これはわれわれにとっては、これまで言ってきたことをまとめて示す一つのやり方ということになるでしょう。

まず第一の欠点は、哲学者は数学に対して塞がれているということですが、その一方で分析的プロセスは、無力を論理的不可能性にまで高めることを固有の目的としています。この論理的不可能性に高めることは必然的に、形式化の理想のもとに置かれています。これがマテームの地点であり、このマテームの地点は哲学教育を曇らせる、数学にたいする閉塞に対置されているのです。

第二の点は、哲学は真理愛に身を委ねている、ということです。これに対して分析的プロセスは、この愛を解除しますが、これはそのプロセスが、真理のもつ無力さの次元を到来させるものであるからです。この真理の持つ無力さの次元の理論的な名称は実際、去勢です。従ってもし真理愛といったものがあるとするなら、結句それは去勢愛として現れてくる、ということにならざるをえないでしょう。これに対して哲学は、あたかも充溢としての真理愛が存在しうるかのように振る舞います。この点で哲学は、その愛そのものにおいて、欺瞞なのです。

最後に、第三の欠点は、哲学は政治の穴を塞ぐということです。精神分析はこの隠蔽が持っている想像的なもの、この閉塞が持っている想像的なものを指摘し、そして透かし模様のようにして、集合態(le collectif)の理論、解散強迫(la compulsion dissolutive)を乗り越えた、〈精神分析〉の〈学派〉の名に結局ふさわしいものとは何か、という点に関する理論を提示することになります。

この最後の点にしばらく立ち戻りたいと思います。結局ラカンは、集合態の理論、組織の理論、集団の理論に関して、何にたどり着いていたのでしょうか。本質的だと思われるのは次の点です。すなわち、何らかの集合態(collectif)にとって正当性とは、その集合態の為すこと(faire)の、束の間の連続以外にはあり得ないということ、これが最終的なラカンのテーゼだということです。集合態が明示的に為すことの〔束の間の連続〕、伝達可能な知を生産し、マテームを生産するその経験的能力の〔束の間の連続〕、ということですね。従って——ここが大事な点なのですが——ラカンが究極的に考えていたのは、何であれ一集合態の持続に内在する正当性といったものはない、ということです。特に、何かを為そうという計画《プロジェ》は、見せかけ《サンブラン》の領域に属しています。というのは、ここで勿論、何かを為そうという計画——これはすでに穴を塞ぐことであるわけですが——これと何かを為すこと——こちらは内在的に証明することが可能であり、これが集合態の暫定的な凝集を正当化するように思われます——これらを区別しなくてはならないからです。〔ラカンの書いた〕『A氏』ではこの指示が、問題に関する決定的な言葉となっています。引用します。

> くっつきあうがよい、何かを為すのに必要な時間だけ、そして然るのちに解散せよ、他のことを為すために。[*2]

問題は次の点です。集合態が、あるものから別のものに移行する能力のことを、かなり一般的な意味でなら政治ということはできるでしょうし、より正確には「政治的組織化」と言うことはできるでしょう。「政治」とは、何かを為すのに必要な時間だけくっつきあっているということを意味し得ない、と証明することもできるかもしれません。それはおそらく、運動ではあるでしょうし、何でも構いません、集団、あるいは集団化、群れ、あるいは群れることではあるでしょう。ただそれは、その語の政治的な意味における組織化ではありません。なぜなら政治的組織化はまさに、何かが別のものに移行することの必要性がある地点からのみ、要請されるものであるからです。政治をこのように定義したとすると、われわれは次のように言うことになるでしょう。すなわち、ラカンの最終的なテーゼは、現実的なものに関して政治はない、ということなのです。私が言いたいのは、哲学によってその穴が塞がれる政治以外の政治はない、ということです。こう申し上げさえしてもよいかもしれません。ラカンの表現ではないのですが――ラカンが奥底で考えているのは、全く政治など存在しない、つまり政治哲学といったものがあるにすぎない、ということなのです。そして、自らを政治的であると信じている組織は、実際には、哲学的組織なのです。この帰結を、ラカンは当時、〈フロイトの大義〉（la Cause freudienne）に関して引き出し、〈フロイトの大義〉は一時的にのみ存在するだろうと宣言しました。どうやらそれ以後、かなりの数の分析学派では、むしろ持続によって時間稼ぎをすることが選ばれたようです。おそらくこれは、どんな犠牲を払っても、政治をしようとしたということなのでしょうか。さらには哲学をしようとしたということなのでしょうか。

ご承知の通り、分析的行為によって結局、数学と愛、政治という三重の領域において、哲学の、創設する者としての自負が抹消されるということが可能になります。反哲学について結論を出すということ、それはつねに、それに固有の行為とその行為の倫理について結論を出すということです。ここで問題となるのは、分析的行為であり、その固有の場所とは精神分析治療の特異性なのですが、そうした治療は分析家と分析主体の二人で行われるものです。そしてその〔課す〕試練とは、〈主体〉の現実的なものなのです。

われわれが申し上げたのは、治療においては、不安の適量配合の手続きが、正しい象徴化の手続きと重なっているということでした。また、不安とは象徴化の阻止《ブロカージュ》なので、そのプロセスにおいてわれわれは次の二つを同時に行わなくてはならないことになります。つまり現実的なものの袋小路の地点を構成する正しい象徴化を行うことと、不安によってその妨害《コントラリエテ》を適量配合するということです。このとき不安は欺かないものであり続けます。

したがって極度の緊張関係があることがおわかりでしょう。欺かないのは、象徴化ではなく、反‐象徴化の時間です。分析的なプロセスを、ほとんど実験装置として捉えるとき、行為のネットワークとしての分析的経験とは、絶対的に特異で、還元不能で、方法的な経験となります。それは霊感に突き動かされたいかさまなどではなく、真に方法的な手順《プロトコル》なのです。そこで起きることは、思考可能なものの領域に属しています。この思考可能なものとは結局――そしてここでわれわれは、治療そのもののことを話しているのですが――欺かないものの徴として規範化された反‐象徴化の思考可能なものであり、ということは勿論、その現実的な地点である、袋小路の地点まで導かれた正しい象徴化の思考可能なものなのです。〔袋小路の地点まで、というのは〕つまり、その限界まで、ということなのですが、これは正しい象徴化は、単にさまざまな象徴化を生み出す点にあるというわけではないからです。象徴化をその袋小路の地点にまで導いてゆかなくてはならないのは、そこでのみ現実的なものへの結合が可能であることが明らかになるからですが、もしそうだとするなら、それが意味しているのは、象徴化はとことん《ジェスコー・ブー》（jusqu'au bout）行われなくてはならないということです。しかし同時に、欺かないものの徴としての――これには象徴化に関して欺かないものの徴まで含まれます――反‐象徴化の統御があるのでなくてはなりません。これが意味しているのは、分析的行為が必然的に、形式化の極端ないしは終端《ブー》（le bout）を求める、形式化する性急さと、何か情動による抑制（retenue）、欺かない情動による抑制といったものとの合流する地点にあるだろうということです。というのは不安は適量配合されなくてはならないからで、さもなくば皆さんは、現実的なものの過剰の中でひっくりかえってしまうことになるでしょう。そして、現実的なものの過剰のなかでひっくりかえってしまうということは、行為への移行（passage à l'acte）として与えられます。[*3] 実は、分析的な意味における行為は、行為への移行とはまるっきり反対のものです。行為への移行は、症状の領域に属しています。行為とはまさに、それについていかなる移行もありえないようなものです。情動による抑制とはまた、行為が行為への移行によって決定的に損なわれてしまわないためのものでもあるのです。

　こうした全ての中で、マテームの欲望、純粋な知の欲望が、分析家の欲望、ラカン的な分析家の欲望となっています。そしてマテームの欲望とはまさに、正しい象徴化がとことん《ジュスコー・ブー》行われることへの欲望です。なぜならその終端《ブー》においてのみ、象徴化はその現実的なものによって袋小路に追い詰められ、マテームを生起させうるからです。したがって、分析家の欲望はマテームの欲望なのですが、しかしそれは妨げられた欲望としてのみ、現実化しうるのです。これが、私が皆さんに提案したい定式です。分析家の欲望が、妨げられた《コントラリエ》欲望としてしか現実化し得ないのは、さもなくばわれわれは一方的に、形式化する性急さと関わることになるからです。そして情動による抑制、不安の抑制が欠如することになるわけですから、人は自らを欺き〔＝間違い〕、欺かれることになります。誰によって欺かれるのでしょうか。分析主体によってです。〔他に〕誰がそうするというのでしょうか！　そしてこの妨害《コントラリエテ》――マテームの欲望が、妨げられた欲望としてしか現実化し得ないという事実――ただこれだけが、分析の倫理の肝心な点なのです。至上命令となっているのは、汝の欲望の、妨げられているという性格について譲歩するなかれ、ということです。これは、この場合、有名な「汝の欲望について譲ることなかれ」と同じことになりますが、これは分析家の欲望がもし真の分析家の欲望であり、彼の指導（sa conduite）の下で、治療が疑い得ない、伝達可能な現実的なものの効果を生み出すとするならば、彼の欲望はその本質において、妨げられた欲望であるからです。分析家の欲望の、妨げられている《コントラリエ》という性格は、統御《メトリーズ》と不安の間の対立《コントラリエテ》によって支えられていると言うことができます。思うに分析家とは、不安にさいなまれた主人《メートル》（un maître angoissé）なのです。〔とはいえ〕分析家が不安を経験する者であるというわけではありません。彼も不安を抱くということはあり得ますが、私が「不安にさいなまれた主人」と申し上げたのは、正しい象徴化に反‐象徴化を連接させるにあたり、情動による抑制を我が身に引き受ける主人、という意味です。この条件のもとで、結局のところ彼は自らの行為を行うことができるのです。

私の考えでは、まさにこの点において、精神分析の倫理と名付けられ、治療指導（la conduite de la cure）と名付けられているまさにこの点において、そう、まさにここにおいてラカンの反哲学は、何か抜き差しならないものに行き当たります。これが私の診断です。なぜなら問題は、どのような思考装置が問題となっている妨害《コントラリエテ》の典型となりうるのか、どのような思考装置においてわれわれはこの妨害《コントラリエテ》を表現しうるのか、という点だからです。先刻ご承知のとおり、さしあたって私はこの妨害《コントラリエテ》を記述することしかしていません。どのような思考装置が、マテームの欲望が不安の適量配合に捉え込まれる、その固有の様式を表現するのでしょうか。行為がその屑であるような正しい象徴化と、実はただそれだけが何か主体の現実的なものへの結合の時間といったものを定着させるような、規範化された反‐象徴化とを、互いにぴったりと合わせるにはどのようにすればよいのでしょうか。なぜなら、よく考えていただければおわかりの通り、正しい象徴化はいかなる時間をも定着させなどしないからです。マテームには、その本質において、時間がありません。時間をあらしめるのは、マテームの欲望があるということではなく、その欲望が妨げられているということなのです。従って、時間は必然的に、不安の適量配合の時間です。治療の時間とは、象徴化の時間ではなく、反‐象徴化の時間です。したがって次のことを認めなくてはなりません。すなわち、時間を定着するものとは――そしてわれわれがなぜ、治療の時間、その長短はともかく、分析セッションの時間という厄介な問題に抗いがたく近づいてゆくのか、皆さんおわかりですね――時間を定着するものとは、この時間はここで主体の、その現実的なものとの結合の時間であるわけですから、不安の適量配合という否定的な手続きに属しているのです。

　ラカンがわれわれを導いてゆくこの地点において、治療そのものについての新たな思考が待望されます。つまり、言ってしまいましょう、新たな規則のような何かが、ということです。なぜでしょうか。それは、もし分析が一つの思考《パンセ》(une pensée)であるとするならば――「思考《パンセ》」が意味しているのは、理論でも実践でもないものであり、そのうちで理論と実践が識別しがたくなるようなもののことですが――そうした思考《パンセ》の空間とは、分析的な過程《プロセス》に巻き込まれた行為です。そしてこの行為が歴史のなかで起きたということ、行為というべきものがあるということ(qu'il y a de l'acte)を証示しているのがまさにフロイトであるということを、われわれはよく承知しています。しかしラカンと共に、争点の、語彙の、諸事態の一般的空間の接続の根底的な移動が、転覆が、修正が生じました。やはりこの点をしっかり見なくてはなりません。実を言えば、フロイトと似たところはほとんどなくなっているのです。さて結局のところ、思考については奇妙な沈黙が保たれています。私がいま、思考とは過程《プロセス》そのものだと申し上げた、その意味での思考に関してはそうなのです。組織に関するラカンの省察はあります。パスの手順については、ラカンのさまざまな省察があります――この点はお話ししました。どのような装置が、分析というべきものがあるということを証示するのかという点についての省察、ということです。局所的には震撼すべきさまざまな分析があります。しかしラカンは、「何を為すべきか（Que faire ?）」は書いていません。こう申し上げるのは、何度も彼が、自らをレーニンに準えているからです。[*4] 彼は、フロイトがマルクスであるなら、自分はそのレーニンだ、と言っています。ラカンがどのようにして、レーニンの作品の残り全てを書いたのかということが、私にはよくわかります。ラカンはたとえば、「シカゴの帝国主義——精神分析の倒錯の最高の段階としての」を書きました。彼はイデオロギーについて、つまり想像的なものについて書きました。彼は「どのようにわれわれ自身を組織化するべきか」、また「解散しなくてはならない」を書きましたが、これは一九一七年九月のレーニンの思考でした。解散しなくてはならない、党とは汚いものだ、というわけです。ラカンはそうした全てを書いたわけですが、しかし「何を為すべきか」は書きませんでした。彼の相続人たちはそのことをよく心得ていますが、これは彼らには何を為すべきかわからないからです。彼らは組織化する術を心得ていますし、読むこと、研究すること、おそらくはまた分析をすることも、勿論心得ています——私は分析家を侮辱しているわけではないのです。彼らはそうした全てを心得ています。しかし何を為すべきか、ラカン的な意味においては、これは誰にもわかりません。実はラカン主義のもとで、そしてラカン主義以降、治療の謎があって、皆がこれにとらわれています。各々が自分のいるところで、できるだけのことをどうにかこうにかやっているのです。足したり、引いたり、少々フロイトを加えたり、というわけです。しかし、何を為すべきか、つまり他に何を為すべきか［はどうでしょう］。そう、他に何を為すべきか、です。というのは「為す」とはつねに、「他に何を為すべきか」を意味しているからです。反哲学的な布置においては、それがラカンの中心的な問題になるはずだったのです。ひとは短時間セッションや、超短時間セッション、さらにないも同然のセッションに目くじらを立ててきたわけですが、私はないも同然のセッションや短時間セッション、超短時間セッションについてのラカン的概念があればよかったのに、と思います。でもそんなものはありません！　そんなものはないのです。実際には、そうしたさまざまな問題について、何であれ地ならししたり基礎づけたりするものは、ラカンには何もありません。そしていくつかのテクストのここそこに、われわれは結局のところ好きなようにするのだと示唆する箇所があります。そう、でもそんなことを言ってよいものでしょうか。思考の装置がいま申し上げようとしたようなものだとしたときに、何を為すべきか、と問うにあたってそんなことを言ってよいものでしょうか。私の考えでは、客観的に見て、これはラカンの遺産の、還元不能な弱点です。これは確かです。そして特に、その組織化の将来についてはそう言えます。なぜなら思考可能なものの領域において、ラカン的な治療指導と呼びうるようなものはないからです。皆さんは、それにあたるのはフロイトへの回帰だ、とおっしゃるでしょうが、いやいや、そうではありません。フロイトへの回帰では足りないのです。レーニンとは、マルクスへの回帰ではありません！　なぜなら思考の新しさが、行為のネットワークの特異性のうちで証明されなくてはならない瞬間が確かにあるからです。そうでなければ、分析的な為すことを中心とした、つまり行為の場所を中心とした集合態《コレクティフ》を固めるためのいかなるものもないということになります。ただこれは、行為の場所の規則はない、といったことを意味するものではありません。そして「分析的ディスクール」、あるいは分析家のディスクールという表現は、ほとんど精神分析の同義語のようにしてラカンが時折使う表現ですが、この表現はそれでも、この点に関しては両義的です。なぜならラカンの思考が遺したものにおいてわれわれが理解できる意味における「分析的ディスクール」とは、何を為すべきかという問いに対して行き届いた答えを与えてくれるものではないからです。したがってそれは、何を考えるべきか、という問いに対しても、行き届いた答えを与えてくれることはありません。「考えること（penser）」をその厳密な意味において認めるとするなら、つまりそこでは理論と実践の境が不分明になるようなものという意味において認めるとするなら、そうなのです。

反哲学の分析を補完するような私の見解を申し上げるとすれば以下のようになります。つまり反哲学はつねに、行為の還元不能性を高らかに宣言するということによって支えられており、行為の名において哲学の、意味の糊（la colle）をあらゆるところにつけて回るとする根本的な自負を公然と非難するのだ、ということです。さて私の見解では、これにはつねに、思考において、行為の場所が相対的に不確定になるということが伴うのです。そしてこれには、次のような根本的な理由があります。つまり、あらゆる反哲学者が持っている確信、行為の場所の理論的な規定を進めてゆくとすると、あらためて哲学に導かれて行くことになるのだという確信です。そうしてそこでわれわれは、一回りして同じ所に舞い戻ってしまうことになるのだ、というわけです。結局のところ、反哲学は哲学のコーパス上に操作によってもたらされ、あるいは診断によって見出された句切りないしは開口部によって始まります。まさにこの意味において、反哲学はつねに、自らを哲学者の師《メートル》として構成するのです。この師は、哲学者は享楽を知らなくてはならなくなるということを望まない（ラカン）と教えることもあれば、哲学者は実存を抽象化する（キルケゴール）、現実的な神を知らない（パスカル）、心情とこころの声の敵である（ルソー）、等々と教えることもあるでしょう。しかしいずれにしてもそこにはいつも、反哲学者が行為の還元不能性のネットワークを展開するなかで、つまり自分自身の師としての《メトリーズ》立場から組織だてて話してゆくなかで、今度は彼自身が哲学的な顚倒に脅かされることになる瞬間があります。こうした顚倒の脅威が生じるのはなぜかといえば、反哲学者の行為の正当化の支配者的な手順《プロトコル》、そして特にその行為の場所の規定が、結局ディスクール的な論証と概念に依拠することになってしまうから、つまりただ単に哲学的なものになってしまうからなのです。

そうです、全ては行為の場所の問題にかかっています。そのネットワークとでも呼べるようなものの問題にかかっているのです。すなわち、行為がその不可能な必然性に到るにあたって経由するネットワークを、何が調整しているのか、という問題です。これが「何を為すべきか」という問いです。そしてこの何を為すべきかという問いに対して、いくら何でも分析的行為を為すべし！と答えはしないですよね。愚かな答えだということになるでしょう。何を為すべきか、という問いが意味しているのは、思考におけるどのような規定を、行為の場所に関して私は維持しなくてはならないのだろうか、ということです。あるいはラカン的な表現で言うなら、何が最良の仕方で、いかなる保証もないけれども、しかし最良の仕方で、分析家の妨げられた欲望を整えるのだろうか、ということです。どのような新たな規則が、象徴化と反象徴化の関係を少なくとも枠づけることができるのだろうか。私がラカン派の分析家だとすれば、何を為すべきなのか。フロイト以来皆がずっとやって来たこと以外に何を為すべきなのか。しかしこの点を規定するということは、結局のところ「何を考えるべきか」という問いに答えるということです。さて、反哲学者にとってこれはやりすぎです。哲学的に過ぎるのです。それは哲学のもたらす危機が再び現れる地点なのです。

たとえばパスカルにおいて、行為とは回心の問題だということはよく知られています。あらゆる思考よりも前に、回心しなくてはならず、信じなくてはならない、というわけです。ご承知の通り、こうした回心の思考可能な構造とは、賭の構造です。賭とは、まさにそのあるべき場所において真に捉えられた行為の時間です。なぜなら賭とは合理的な論証であり、明らかに回心の行為そのものではないがその場所を整える、一つの計算の提案であるからです。賭が提案されている空間において、行為とその場所には相関関係があることがはっきりわかります。しかし……しかし、どうして賭けなくてはならないのでしょうか。そう、これがパスカルにとってはつねに、抜き差しならないところで（en butée）問われる問いです。自由思想家《リベルタン》はこう答えることができます。私は賭けない！ 賭けたくないのだ！ あなたの計算も、どうでもいい！ このとき、何を為すべきかという問い、それがまさにそこにあるということをひとははっきりと悟るのです。つまり、彼が賭けてくれるためには何を為すべきか、という問いです。彼がひとたび賭けたときに、神の〔存在の〕方に賭けるということが全てではありません。彼がまず賭けるということが必要なのです。そしてそれは、プロセスの問題ですし、行為の場所の、ネットワークの問題です。そしてパスカルのテクストのなかには、この点については何もありません、あるいは、神に賭けると賭けないよりも多くのものがもたらされる、という貧相な論証的《アルギュマンタティヴ》哲学しかないのです。たいへん貧弱ですね！ 抜き差しならない状況です。結局のところ、思考における、パスカル的な行為――回心――の決定的な場所の、可能な正当化はないのです。そしてその場所が、賭けという形象なのです。なぜならどのようにして誰かを賭へと導くのかという問題は、賭けそのものから推理されるものではなく、哲学的説得のさまざまな方法へと抗いがたく戻ってゆくからです。

皆さんはこの問題がどうして私が治療指導に関して提起した問題と同一なのか、おわかりと思います。もちろん、分析的行為については、その場所があるのでなくてはなりません。しかしこの場所とは、その新しい点とは結局何なのでしょうか。何が難しいのか、どの点で哲学の回帰の脅威が現れてくるのかはとてもよくわかります。パスカルがなぜ賭けるのかという問いのなかに踏み込んでいたとしたら、一つの可能な答えがあったことでしょう。すなわち、自由思想家《リベルタン》は不幸であるということを示すという答えです。ただ、自由思想家《リベルタン》は不幸であるというテーゼ、自由思想家《リベルタン》は賢者よりも不幸であるというテーゼは、哲学の創設的なテーゼです。それはまさに、プラトンのテーゼです。悪人は不幸だ、というわけです。だからこそ、ソクラテスにとっては、これは都合がよいのです。なぜなら彼は、享楽的な僭主となるか、哲学者たる賢人となるかという選択肢を持っている人たちに対して、良い側は私の側ですよ、と言うことができるからです。私は皆さんに次のことを証明しよう、すなわち一方には幸福があり、他方には不幸があるのだ、というわけです。ですから皆さんが自由思想家《リベルタン》は不幸であると立証し始めようとされるなら、皆さんは哲学に耳まで〔どっぷりと〕浸かっているのです。そしてパスカルは、非常に厳密な人物であったので、そうした道には踏み込むことはありません。この賭が提案されている相手、唯一の相手、凝り固まった自由思想家《リベルタン》は不幸であり、回心すれば幸福になると示そうとしたりはしないでしょう。その結果われわれは、自由思想家《リベルタン》を賭の場所に導いてゆこうとすればどのようにすればよいのかわからないということになるのです。したがって、パスカル的な「何を為すべきか」も存在しないということになるのです。

話を遮る声：カリクレス[*5]が話すことを拒んだときも同様に、ソクラテス的な「何を為すべきか」はありませんでした。抜き差しならない状況もあります。

気をつけてください。あなたがしようとしている比較では、項の対応がとれていません。ソクラテス的な「何を為すべきか」はあるのですが、これはなぜかといえば、パスカルにとっての自由思想家《リベルタン》とは異なって、カリクレスはソクラテスの対話相手ではまったくないからです。ソクラテスがイデアの哲学的規定へと導いてゆこうとする相手ではまったくないのです。そのため、カリクレスが、そしてさらにまたトラシュマコスが話すことを拒んだとき*6、彼ら自身の悲しい運命に彼らを委ねたとしても、それはソクラテスにとっては問題ではありませんでした。なぜなら周知の通り、大事なのは若者たちであり、若者たちが彼ら——ソフィストたち——とソクラテスの間の争点になっていたからです。そして彼らとソクラテスの間の争点となっていた者たちには、何が起きているのかはっきりとわかっていました。ある時点で、カリクレスもトラシュマコスも口を閉じなくてはならなくなり、そして場の支配者であり続けたソクラテスが、幸福が自分の側にあることを示したということ、このことを彼らはわかっていました。つまりそういうことです。対称的な状況があるわけではまったくないのです。パスカルの方が自由思想家《リベルタン》を回心させようとしていたのに対して、ソクラテスにはソフィストらを味方につけようなどという意図は全くありませんでした。彼はただ、若者たちに対して、ソフィストらを黙らせ真面目な事柄のほうに進むことが可能であるということを示そうとしていただけなのです。

第二の反対：私が思うにラカンにとっての行為の場所は存在します。それは切断の点そのものにおいて維持される、共立的な〔＝まとまりを持った〕（consistante）状況です。

行為とは、あるトポロジーの共立的な〔＝まとまりを持った〕空間における切断である、とおっしゃるのはよくわかりますが、しかしそのとき問題となっているのは行為を形式的に考えるということであって、〈主体〉が切断以外に出口がないという事態に直面するよう共立性〔＝まとまり〕を織りなすことをめざして行われる自己統治のプロセスに関して「何を為すべきか」についてくれません。それは「何を為すべきか」について何も言ってはくれないのです。結び目を切断することが治療の最終的な操作なのですが、そう言ったとしてもわれわれは、プロセスの――プロセスそのものの状態について欺くことのない情動を適量配合しつつ、そうした切断に向けて〔主体を〕拘束するプロセスの――新たな諸規則といったことに関して前進するわけではまったくありません。

執拗な主張：では解釈はどうでしょうか？

解釈はわれわれの問いに対する答えにはなりません。なのでラカンはむしろ――ただしこれまた彼の言っていることではありませんが――できる限り解釈しないことを規則とすることでしょう。そもそもある解釈の自明性が避けがたく現れてくるように思われるところでまさにセッションを中断したいという誘惑がいつもあるということ――ラカン派の分析家がとらえられる誘惑です――はそこに由来しています。そこから短時間セッションは出てくるのです。しかしラカンは、この点に関して一つの規則が考え得るという可能性を構成するようないかなるものも、提示してはきませんでした。今日もなお、ひとは短いか短くないか、五分か一時間か、そんなことはどうでもよい、といつも主張しています。しかし煎じ詰めるところ、そんなことはどうでもよい、というのは本当ではありません。「何を為すべきか」

という問いは、絶対的に重要なのです。私には、この問いにどう答えればよいのか全くわかりません。しかし反哲学的な装置のなかで、あらゆる答えがないということがどういう意味を持つのかについてはある程度わかっています。ラカンが自らその名を創り出した精神分析の倫理に意味を与えるような現実的な形式、行動規則に関して沈黙を守ったということについては、ある程度わかっています。もしわれわれが精神分析の倫理という名を然るべく理解し、治療指導についての更新された考え方に関係するものとして理解するとするならばそうなのです。周知の通り、シカゴの国際〔精神分析〕《インターナショナル》協会には、規則というかたちを取った、客観主義的な道徳がありました。それは治療に、それが量化された諸条件を持つ技法的な装置であるかのようにして規範を与えていました。そして周知の通りラカンは正当にも、そこには分析的行為において賭けられているものの、根元的な忘却があると考えていました。この規則というかたちを取った、客観主義的で技法化された装置について、ラカンはそれが支配的な社会的ネットワークへの適応装置になってしまっていると考えていたのですが、しかし彼がそれに対置したのは、非常に断片的な、あるいはあまりに一般的な諸概念以外のものではなかったのです。

誰かが発言する：それでもやはり私にとっては、一つのシニフィアンがあります。分析家は聖者のように振る舞う（l'analyste fait le saint）というシニフィアンです。[*7] 私にとっては、それが「何を為すべきか」という問いへの答えです。

君が言っているのは、分析家の姿勢、一種の主体的な範例《パラダイム》のことですね。でもいま「何を為すべきか」という問いのもとで話題にしているのは、正確にはそういったものではありません。それは、プロセスそのものの組成の問題であり、そのプロセスの諸規則の問題です。こうした点にフロイトは何度も、また大変明確な仕方で踏み込んでいました。

質問者はなおも主張する：聖者のように振る舞うということ。はじめはそうしない方がよいのです。つまりもともとは、分析主体は別のところに身を置いています。つまり、それはまさに、何を為すべきかを述べているということだと……

いいえそうではありません。それは何を為すべきかを述べてはいないのです。それがしているのは、治療の一般的な軌跡を記述するということにすぎません。分析家は知っていると－想定された－主体の体勢《ポスチュール》、教導《メトリーズ》〔＝支配〕の体勢に近く、はじめ転移を促すような体勢から、「屑化（déchétation）」に、卑賤な残滓の身分に、脱存在の態勢《ポジション》にまで行き着くことを受け入れなくてはならないのですが、この態勢は実際、聖性のある禁欲的なかたちと比較することができます。[*8] それは、主体についての一つの理想の記述ですが、治療の実際のプロセスに関する、更新された規範となりうるものについては何も言っていません。その点は言っていないのです。なぜ規則がないのでしょうか。ラカンの治療の捉え方は、治療とは乱れているものだ〔＝規則に従わせられない〕（déréglée）ということなのでしょうか。そうは思いません。ラカンがそう考えていたということを示すものは何もありません。とはいえやはり、集合態《コレクティフ》の問題について、分析家とは何かという問題について、組織の機能の諸条件の問題について、彼があれほど多くの規則や手順を与えたのに、治療そのものに関しては何も、あるいはほとんど何も与えていないということには驚きます。私にとっては、これは驚くべき逆説です。ただ、治療がそのこれまでのあり方と似たようなものであるというなら話は別です。しかしそのときには、他に何を為すべきかという問いには答えはないでしょう。君の言うことはまったく正当だけれど、その場合ひとはこう考えることができます。それはこれまでずっとそんなふうだったのだ、と。フロイト的な治療は、それが存在している限りにおいては、そうしたものでした。つまり、この観点から言うと、ラカンは思考の一段階ではなかったということになります。なぜなら、ラカンという名前が指し示しているのが、治療のフロイト的装置の再解釈、根拠付けられたフロイトへの回帰にすぎないとすれば、それはここで話題にしている思考の意味での、思考の一段階ではないからです。ラカンは、フロイトのレーニンではありません。これに対して、もしラカンが思考の一段階の名前であるとするならば、それはもう一方〔レーニン〕ならこう言うでしょうが、革命の中での革命でなくてはなりません。私は、それが当てはまると思います。しかし私がみるところ、ラカンは、治療指導に関するどのような意味において、自分が現実にフロイト的革命の中での革命を提唱しているのかは言っていません。まさにその点については、彼はそれを言っていないのです。そしてそれが、彼自身の装置における、抜き差しならない、どん詰まりの地点（butée）を為しています。

誰か別の人が激しく反対する：でもラカンは治療の方向づけについて大変長いテクストを書いています……

いや、そのテクスト「治療の方向づけについて（Sur la direction de la cure）」[*9]の中には、治療の方向づけに関する事柄は何もありません！

教室内で多くの抗議の声があがる。

何もありません！　ラカンは何度も、治療の方向づけについて語りましたし、自分の思考は全て臨床から来ているとも語っていますが、誰が「治療の方向づけについて」を読んで、治療の問題に関して他の人々と統一見解をもったラカン派の一人であると自らを見なすことができるでしょうか。そんな人は誰もいません……

反対者の女性が、いっそう断固として：たぶんラカンはそうした統一化を求めていなかったのでしょう。ラカンは統一化する思考が仮に実現したとすると、それは危険であると考えていたのだとさえ思います。私は彼を、そのように読みました。これは大変重要なポイントです。ラカンは統一化する思考に対する、ある種の不信を持ってさえいました。そして彼はそのことを、多くのセミネールで述べています。ラカンはあなたが言及したパスカルの賭に、かなり近づきさえしています。彼は治療について、それは失敗を運命づけられているものだと述べています。そしてまた、それがわれわれに残された、病気がよくなる真に唯一のチャンスだとも述べています。その点について、ラカンにはとにかく、方向づけ（la direction）のアプローチがあります。その方向づけは、規範というあり方とは対極にあると思われるかもしれませんが、しかし私にとってはいずれにしても、保証、なんと言いましょうか、ある種の保証になっています。なぜならそれはまさに、統一化するような思考ではないからです。

統一するのでないような思考《パンセ》は、私にとっては、思考ですらありません。思考《パンセ》ということで、繰り返しになりますが、理論と実践を、能動的なプロセスのうちで統一するものを理解するとすればそうです。治療のなかであれ、行動の統一性の新たな形を提示しないで、どうして自分がフロイトのレーニンであるなどと言えるでしょうか。一つの〈学派《エコール》〉を設立することが何の役に立つというのでしょうか。もちろん、多くのラカン派の人たち、あるいはそう自称している人たちは、治療の方向づけの問題に関して自分たちが置かれている完全に不明瞭な状況が、師の真の教育であると信じさせることによって、何らかの優位を引き出しています。実際、ラカンはこの点に関して、教えるべき具体的なことは何もないと教えているかにみえます。しかしながら、ラカンはどんな種類の論点であれ、言いたいことがあるときには、それをはっきり言ってきました。なのでわれわれは、ラカンが思考の場所について、実践的な手続きについて、政治において「仕事のスタイル（le style de travail）」と呼ばれているものについて、かくも慎重であったということがいったい何を意味するのか、と自問することができます。もちろんシカゴの〔国際精神分析協会の〕人々は、全く官僚化されていると見なしうるようなさまざまな規範を定めました。ラカンは大まかに言って、こうした道徳を説くような官僚化が表現している、理論的な修正主義を断罪したのでした。しかし、繰り返しになりますが、ラカンが組織の諸問題に関して細かな点に立ち入る一方で、治療のプロセスそのものに関して述べていることの貧弱なことは、大変印象的な対比をなしています。実践に関わることは全てラカンにとってはどうでもよかったのだ、というのは真実ではありません。さまざまな逸脱や、諸組織の性質については、ラカンは規範的であることができましたし、どうやってそうするかも心得ていました。しかし治療はどうでしょう。ラカンはセッションの持続時間の問題に関して、直ちに、あらゆる方面から攻撃をうけてきました。しかしこれについては「黙れ、そして口を閉じろ（motus et bouche cousue）」ということになっていましたし、治療のプロセスが読み取れるようなものに繋がる、実質的に全ての点についても同様でした。

私の仮説は、精神分析の倫理の場所だと申し上げていた妨げられた《コントラリエ》欲望（le désir contrarié）が、仮にそれについて思考可能な領域の割り当てをするならば、時間についての理論を包含している、というものです。そうなのです。時間の理論というのはつまり、行為の時間の理論ということです。なぜなら、結局のところ、まさにそれが問題であるからです。この点はすでに仄めかしておきました。時間を定着させるものとは、正しい形式化とその袋小路ではなく、もう一方の側であり、つまり不安の適量配合と有機的に結びついた反象徴化なのです。つまり、時間を定着させるのは、情動の次元だということです。もちろん、それは解釈のプロセスと分離できませんし、それと全面的に縺れあってさえいます。しかし時間が規定されるのは、その側面からなのです。まさに論理的時間の理論ではないような、時間の理論ということです。

後期ラカンが、あれほど空間の方面を探索したという事実を大変真剣に受け止めることにしましょう。これはとてもはっきりしています。後期ラカンの思考のすべては、空間の方面に注ぎ込まれていました。これには行為の理論も含まれます。その理論は方向づけられない表面における切断のさまざまな種類のもとに、その空間的な範例《パラダイム》を求めようとするものでした。そして改めて、反哲学的な精神がわずかにその顔をのぞかせます。というのも、任意の反哲学において、行為の前代未聞の性格は、それが時間を免れているということをつねに属性として持っているからです。あるいはより正確には、時間の非時間的な保証のような何かである、ということを属性として持っているということです。まさにそのために、時間を概念の現存在であると考えたヘーゲルは、あらゆる反哲学者の不倶戴天の敵となったのでした。

彼ら反哲学者にとっては、行為とはまさに、時間の非時間的な本質なのです。

ラカンはしばしば彼のトポロジーを、カントの感性論に準《なぞら》えています。自分のトポロジーは、感性論的な修正、改修であり、同時に時間の超越論的感性論の批判、空間と時間に関するカント理論の批判である、と彼は言います。ここにあるのは、反哲学的な感性論であり、私は喜んで、このトポロジーは永遠性の空間的隠喩であり、あるいはそうした何かであると申し上げてもよいでしょう。ラカンは哲学に対立しますし、特に現代哲学に対立しますが、これは〔現代〕哲学が、時間の構成的な次元を支持するものであるとつねに想定されているからです。ラカンのトポロジーを取り上げてみると、結局のところそれはどのようにして行為を提示しているでしょうか。それは行為を、空間の逆説的な布置の、瞬間的、無‐時間的な切断として提示しています。しかしこうした見方からは、いかなる時間の理論も引き出すことはできません。なぜなら、瞬間的な切断は、空間の逆説的形象の時間化ではまったくないからです。それは時間化が解かれたものであり、ただそれだけなのです。最晩年のラカンのトポロジー、トポロジー的到達点は、いかなる領域もその真理が別のところにあるという事態から保護されていないような、逆説的な一般空間の思考――カント的でも、ユークリッド的でもない空間と申し上げましょう――を生み出しています。これが全面的空間化のかたちです。それは、そのなかに創設されたあらゆる領域が、捻れた仕方で他の領域を捉え込み、そこで自らの真理を半‐言《ミ・ディール》しているような空間性がある、ということです。

『ラジオフォニー』中の一節を引用しましょう。その中でラカンは、自分がなぜトポロジーをやっているのか説明を試みています。

真理と知の間に境界を設定するトポロジーを私が分節化してきたのは、ただ次のことを示さんがためです。すなわち、その境界はあらゆるところにあり、「そして彼は付け加えてこう言います」われわれがその彼方を愛するようにするためにのみ領域を定めているのだということです。[*10]

その彼方を愛すること（Aimer son au-delà）……。これが教えです。すなわちあらゆる場所はその場所－外（son hors-lieu）でもあるということです。思考のある領域を主体化するということは、その領域のうちで、あらゆる場所がその場所－外のねじれたものでしか決してありえないということを愛することです。同様に、あらゆる点（point）は、線－外（hors-ligne）です。これは最晩年のラカンの沈黙の倫理とぴったり一致しています。彼がもはや結び目を示すことしかしなくなった時期の沈黙です。つまりその時期にはもはや、全面的で究極的な空間化という、場所－外の空間を示すしかなくなっていたのです。これが一般化されたトポロジーと呼んでもよいようなものであり、時間なき超越論的感性論といったものです。ラカン的反哲学は、そのほとんど沈黙した緊迫のなかで、次のように主張しています。すなわち、空間的ねじれにおける切断があれば、時間のあらゆる規則をなしで済ませることができるだろう、ということです。これが彼の欲望であり、行為の場所に関する彼の欲望です。哲学はこれに遙か昔から、長い迂回（le long détour）の至上命令を対置してきました。それはプラトン的な表現です。

ここには最終的な揺動があります。あと少しお時間をいただいて、結局のところラカンには、「私は創設する（je fonde）」という側面があるのだということを申し上げましょう。私は創設する、「これまでつねにそうであったように、たったひとりで、私は創設する」[*11]と彼は言います。彼の「私は創設する」は哲学的であるように私には思われます。哲学的、と申しますのは、それが一つの時を約束するものであるからです。「私は創設する」は新たな時を告げるものです。それが哲学的であるのは、主題化はしないまでも、創設は長い迂回を容認する時間を創始するものだからです。ただし実際には、ラカンは後になって、すぐにそれを容認しなくなります。そのものとしての創設はいつも、長い時の側にあります。それは哲学の側にあるのです。

それから、「私は解散する（je dissous）」がやってきます。そしてこの「私は解散する」は反哲学的です。その理由はここで申し上げました。「私は解散する」は時間的な沈殿作用をなしですませようとします。それは行為そのものです。解散は、捻れた空間的布置における、瞬間的な切断です。それは、ラカンが公の場で、行為の実例を与えた瞬間です。ここでわれわれはまさに、反哲学的配置の頂点に達します。ただし時間的な沈殿作用をなしですませようという試みがうまく行くかどうか、これも定かではありません。「私は解散する」の背景には、改めて「私は創設する」があるのです。

さて、おそらくこの、あらゆる時間的な感性論をなしですませる瞬間的な切断を伴う、究極的な空間化は、単に反哲学が哲学に近接する瞬間にすぎないのかもしれません。あるいは、反哲学が哲学の試練、哲学の危機のもとにある瞬間にすぎないのかもしれません。先ほど申し上げていた危機、治療の時間──単にセッションが五分か一時間かという時間ではなく、象徴化と反象徴化の合成の時間──を考えるにあたって生じるかもしれない危機です。この治療の時間という問題は結局、時間を考えなくてはならないという一般的な危機です。なぜなら、時間に関する近代反哲学の教義といったものはないからです。おそらく空間についてしか、近代反哲学の教義はないのでしょう。一九八一年一月二六日、ラカンは「フォーラム第一書簡」と呼ばれるテクストで、次のように書き始めていました。「すべてからつながりを断って一ヶ月になる」。そして一九八一年三月一一日、彼が書いたことがはっきりしている最後のものとなったテクストで、彼はこう始めています。「私の強みは、待つということが何を意味しているか知っているということだ」。

「すべてからつながりを断って一ヶ月になる」は反哲学的な書き出しですし、「私の強みは、待つということが何を意味しているか知っているということだ」は哲学のよい定義となっています。フロイトのレーニンとなるかわりに、ラカンはその一方から他方へと向かう途上に留まっているのです。

締め括りとして、何らかの縁効果に基づいた、切断と待機（coupure et attente）があるのだ、と申し上げておきましょう。これが問題です。切断と待機。あるいは切断そして／あるいは待機（coupure et/ou attente）。まさにこの連結――切断そして／あるいは待機――のうちに、われわれは一つの思考がのこした遺言の現状を見出すのです。

有り難うございました……。

訳註

＊1　AE, p. 303.

＊2　*Ornicar ? 20-21*, p. 18.

＊3　フロイトは「想起、反復、反芻処理」（一九一四）で、分析主体には分析の過程において、言葉による想起ではなく行為を通じて再現しようとする衝動があるとし、それは分析セッションの内外で生じうると指摘した。そうした再現は分析主体の従来の行動からすると突発的で、しばしば攻撃性を孕んだ行動として観察されるが、これが一般に精神分析で「アクティング・アウト」ないし「行動化」とよばれる現象である。ラカンは『不安』のセミネールにおいて、そうした行動のうちに更に二種を区別し、〈他者〉に対して示され、解釈されることを求める行動としての「アクティング・アウト（acting out）」に（『不安（上）』前掲、一八六―一九六頁）、自殺をその典型とするような、〈他者〉を前提とせず、むしろそれとの関係から脱落し、「舞台の外へと落ち」あるいは「出奔」（同前、一七七頁）しようとする行動としての「行為への移行（passage à l'acte）」を対置した。後期のセミネールでも同様の対立が維持されているが、そこでは後者について、それが「ディスクールの際《きわ》のところで（aux limites du discours）」時に生ずる現実的なものであるという点が強調されており、その意味でここで定義されつつある「分析的行為」と重なる部分があるといえる（Lacan, *Le Séminaire, Livre XVIII, D'un discours qui ne serait pas du semblant*, Paris, Editions du Seuil, 2007, pp. 32-33）。続く部分でそれらの区別が強調されている理由はここから理解できるだろう。

＊4　「何をなすべきか」はレーニンの一九〇二年の著作のタイトル。以下レーニンの著作のタイトルを踏まえた記述が続く。

＊5　プラトンの対話篇『ゴルギアス』の登場人物。アテナイの政治家で、この対話篇では代表的なソフィストであるゴルギアスのホストとなっている。

＊6　プラトンの『国家』における登場人物の一人で、弁論家・ソフィスト。

＊7　Cf.「[…]精神分析家を客観的に位置づけるには、昔、聖人である（être un saint）、と呼ばれた仕方をもってするのが一番良いでしょう」（ラカン『テレヴィジオン』（藤田博史、片山文保訳、青土社、一九九二年）四二頁（AE, p. 519））。

＊8　Cf. 同前、四二—四五頁（AE, pp. 519-520）。一般にひとは分析家が無意識について何かを知っていると思うからこそ分析家のもとを訪れ、分析を開始する。この分析の最初の局面において、分析家は「知っていると‐想定された‐主体（sujet-supposé-savoir）」の位置に置かれている。「知っていると‐想定された‐主体はわれわれにとって、転移がどのようなものであるかがそこから出発して分節化されるような中心となっている」（「〈学派〉の分析家に関する一九六七年一〇月九日の提言」AE, p. 248）。しかし分析家がこの同じ価値ある位置に留まり続けている限り、転移は続き、分析の終了は訪れない。このことはとりわけ、分析期間の遷延というかたちで、分析家の養成において大きな問題となった。このためラカンは分析をそうした「知っていると想定された主体の機能をまさに抹消することに存する」ものとして理解するようになる（「セミネールXV　精神分析的行為」一九六八年二月七日のセミネール）。そうして成立する主体の「解任（destitution）」において分析家が占めることになるポジションを、ラカンは「脱存在（désêtre）」「対象*a*」「屑」等の用語で記述した。Cf.「対象*a*とは、知っていると想定された主体を襲うそうした種類の脱存在が実現したものです。まさに分析家が、〔たまたまというのでなく〕そうした者として、この地位に到来するということ、このことは疑いを容れません［…］」（「セミネールXV　精神分析的行為」一九六八年一月一七日のセミネール）。

＊9　ラカン「治療の指導とその能力の諸原則」（海老原英彦訳）、『エクリIII』（佐々木孝次、海老原英彦、芦原睿訳、弘文堂、一九八一年）一—八九頁［E, pp. 585-645］）。

＊10　AE, p. 441.

＊11　ラカンの「設立綱領（Acte de fondation）」（一九六四）からのやや自由な引用。Cf. AE, p. 229.

第IX講　一九九五年六月一五日

ジャン＝クロード・ミルネールの著作の重要性については、すでにその重要性を指摘したところですが、この著作の注意深い検討は確かに、今年のわれわれの企ての全体に対する締め括りとして、あるいは――こちらの方がさらによいのですが――増補としてまったく似つかわしいものです。

いまいちど今日の発表の争点を強調するため、私は自分で〔この年の二月に刊行された〕『明晰な作品（*L'Œuvre claire*）』[*1]を読んだ成果を四点に分けて示したいと思います。それに続いて作戦の指揮（la conduite des opérations）は、その著者に委ねられることになります。

第一に、この書物で大変印象的なのは、その身分規定《ステータス》です。ジャン＝クロード・ミルネールは、非常に早い段階から、問題の著作が厳密に言うと、彼の見るところ、ラカンについての書物になっていないという逆説《パラドクス》を述べています。彼はこのことに関して、たいへん注目すべき次のような発言をしています。ラカンについてのあらゆる書物は素晴らしいというのです！　したがってさらに一冊付け加えるにはおよばない、それも素晴らしいものでしかありえないのだから、というわけです。しかしではこの書物は、ラカンについてのものではなく、したがって自動的に素晴らしいものであるわけではないというリスクを背負うことになるわけですが、その狙いとはいったいどんなものなのでしょうか。私の考えでは、それは『明晰《クレール》な作品』というこの書物のタイトルから読み取られなくてはなりません。それはある思考の地点についての、明晰さ《クラルテ》の産出として読み取られなくてはならないのであり、その地点にたまたまラカンというテクスト上のシニフィアンが接ぎ合わされているのです。しかしこうした接続は接続に過ぎないので、この書物で語られているのは、正確にいえばラカンについてではない、ということになるわけです。出発点となるのは、科学をその重力の中心としているような、一つの思考の布置であり、この思考の布置とその運動に対して、更には究極的にはその解消〔＝解散〕に対して、ラカンのテクストのうちで聴き取りあるいはそこから標本を採取することのできるものが――思うにこれはどちらかといえば採取なのですが――どのように機能しうるかという点を示そうとしています。もちろん『明晰な作品』というのは積極的に論争を仕掛けようとするタイトルですが、それはこのタイトルが、ラカンに関して問題になっていることに関しては、難解さ（l'obscur）が支配的である、ということを前提としているからです。そしてこの観点からは、この書物は啓蒙〔＝光〕の書です。そのことがこの書物に、今日までラカンについて企てられてきたあらゆることに対する、例外的な身分規定《ステータス》を付与しているのです。

私の第二のコメントは、科学のとる姿に関わります。ラカンからの標本採取（le prélèvement lacanien）は――こう呼ぶことにしましょう――この姿を、特異な光のうちに置くことを明らかに目指していると言えます。この光は、いわばその放射線撮影を可能にすることになるでしょう。ラカンは撮影技師〔＝操作子〕です。彼を起点として、科学の現代的な姿の、一種のスペクトル分光が実施可能となるのです。さて、科学の布置のこうした放射線撮影図において、ジャン＝クロード・ミルネールに強い印象を与えたのは、偶然性（la contingence）という根元的な主題でした。ジャン＝クロード・ミルネールは偶然性の偉大な哲学者です。ラカンの科学主義（son scientisme）――時流に逆らって、彼はこの語にその失われた高貴さを取り戻させたわけですが――この語で彼が理解しているのは、そこで展開されているのが思考と根元的な偶然性との、一種の対決であるということです。ジャン＝クロード・ミルネールが、ラカンについてのあらゆる書物の素晴らしさを語るとき、彼がいわんとしているのは実は、それらの書物は必然性についてしか語っていないがゆえに、ギリシャ人にとってのみ素晴らしいものであるということなのだと、結局のところ主張することもできるでしょう。しかしわれわれはギリシャ人ではありません。ラカンも同様で、何であれ今日、必然性を標榜しつつ考えられるようなものはないのです。われわれはもはやギリシャ人ではないので、必然性のいかなる形象も、宗教的な形象になるのだ、と申し上げておきましょう。そのためラカンについてのあらゆる書物の持っている素晴らしさは、宗教的献身の持つ怪しげな素晴らしさであるということになるわけですが、これに対してミルネールは、正確さというリスクをあえて冒しているのです。

三番目のコメントは、作品の理論に関わります。ジャン＝クロード・ミルネールの主張では、われわれはラカンのコーパスのうち、『エクリ』だけを読んでいればよいということになります。彼によれば、『セミネール』にしかないもののなかには、ラカンの作品を理解するのに必要不可欠なものは何もない、というのです。そこから私の関心は来ています。さて、私はずっと前から、反哲学者の作品とは何かという問題は、繰り返し現れてくる問題であるということに驚かされてきました。公刊されたものかそうでないものか、死後出版か、口承か、綴じられているのかいないのか、箴言形式かきっちりと構築されているのか、その選択がこの上なく決定的な一連の問題を提起します。反哲学がそれと知れるのは、反哲学の作品の形式が、その行為に全面的に依存しているために、それにとっては本質的ではなくなっているということによってです。ラカンのあらゆるテクストは、特殊な状況と結びついた介入であるように思われます。結局のところ、ラカンの作品ということで何を理解すべきかは、われわれがいつも決めなくてはならないのです。ミルネール的な決定は、彼の一般的な目的と首尾一貫しています。それはラカンの作品とは――その作品のなかで彼にとって重要なものに関する限りは――まさに厳密な意味での書かれたものの総体、ラカン自身によって書かれ、修正され、公刊されたものの総体であると決める、ということです。これとは異なった決定は、その正当化を示さなくてはならないでしょう。この問題に関しては、〔単純に〕受け入れられるようなものは何もありません。全ては定められるのです。

　私の最後のコメントは、ミルネールの提案している時期区分にかかわります。その組み立てはまったく素晴らしいものです。ミルネールが区別するラカンの第一の古典主義《クラシシスム》とは、他でもない、超構造論的な公理論です。次いで登場するのがラカンの第二の古典主義《クラシシスム》ですが、これはマテームを中心に分節化されており、第一の古典主義《クラシシスム》の一種の最終的な脱構築です。文字性（la littéralité）そのものが消え失せる方向に向かうのです。こうした思考の二つのシークェンスの区別を論証する細部は、大変説得力のあるものです。

　時期区分を理解するにあたってミルネールが提案している導きの糸は、数学に関してラカンの教説の置かれている立場です。そしてそれは実を言えば、ラカンがどのような仕方でブルバキ・グループ[*2]が構成しているパラダイムの庇護のもとにあるかという問題です。したがってラカンの反哲学に関して、ジャン＝クロード・ミルネールは彼なりのやり方で、数学がその条件であるということをはっきりと立証しているのですが、ただし彼はまたこの上なく繊細なやり方で、マテームが「数学《マテマティック》」に解消されてしまうことは決してないということを示しています。

要するに、ラカンの作品のうちには、一つの数学《マテマティック》的な条件があるのですが、構成されては解体される一つのパラダイムをなすそうした条件は、定理や証明、〔またそこにもたらされる〕さまざまな革新の総体という意味における、数学《マテマティック》の一状態というわけではありません。それはむしろ、一般的な意義を持った思考のプロジェクトとして捉え直された数学であり、この場合は文字性のもつ潜勢力のシニフィアンとしての、ブルバキ的な数学です。ジャン＝クロード・ミルネールは、彼の本の最後でラカン的脱構築を行うにあたり、おそらく数学の新たな運命は、文字性を超え出てしまい、そうして文字性のパラダイムのうちにはもはやない諸々の切断の様相を呈することになるだろう、と宣言します。このとき彼は、そうした〔数学的な〕条件の変更が、どのようにしてラカン的な思考装置を変質させたのかを教えています。したがって次のような想定を行わなくてはならないでしょう。つまり、数学《マテマティック》のパラダイムが持つある役割といったものがあるのですが、その役割は数学の証明的な流れのうちにあるというよりむしろ、それが活性化する思考の諸布置とでもいえるようなもののうちにある、というわけです。ある時点での、何か文字性の規定のようなものが、別の時点では幾何学的なもの、捻れた形のもとでの、空間性の規定といったものになります。数学は思考にとって、特異的な諸布置に接ぎ木された活性化ポイントの類的〔＝一般的〕な条件として作用し、ラカンはそうした変異の特権的な目撃者であった、なぜならパラダイムの変化をくぐり抜けなくてはならなかったからだ、というわけです。

結局のところ、こうした問題全体のうちで、精神分析とはどのようなものでしょうか。主体と呼べるようなものが考え得るが、そのために閾外に（hors-liminaire）身を置く必要がない、というときに、精神分析は存在しうる、とジャン＝クロード・ミルネールは主張します。閾的なもの（le liminaire）とは、思考のある時点における偶然的な条件のことです。文字性という構造論的な条件のもとで考え得る主体があり、それから空間的な捻れという条件のもとで考え得る主体があった、ということです。「閾外的なものなどない」ということこそが構成的なのです。精神分析は、さまざまに変わる閾の布置を横断して存在しています。そしてまたジャン゠クロード・ミルネールはまさにこの点に、反哲学を帰しています。彼が本の中で示しているのは、自分自身の責任でこのジレンマに取り組んできた哲学が、本質的な仕方で、閾外的なものに、「起源的な」必然性に、偶然的な可変性を免れた歴史の超越論的なものに訴えてきたということです。哲学は自らが偶然性を免れるものであると主張してきましたが、これに対してラカンは、そして彼と共に精神分析は、閾外的なものなどないと主張するのです。そしてそれこそがまさに、集合的無意識の仮説が結局のところ帰着するものです。無意識は言表以外の何ものでもないのであり、その言表は主体の地点から為されています。閾外的なものなどないのです。

それではジャン゠クロード・ミルネールに作戦指揮をとっていただきましょう。

ジャン゠クロード・ミルネール　アラン・バディウに感謝します。彼は、自分がバルバラ・カッサンと共同で運営している叢書「哲学的領界（L'Ordre philosophique）」で、私が書いたものを出版してくれた上に、彼のセミネールでこの『明晰な作品』について話さないかと誘ってくれました。彼からの質問は、次のような仕方で二つに分けてもよいかもしれません。何故なにも書かないのではなく、この本を書いたのか。そして何故ほかの時ではなく、いまこの本を書いたのか。何故いまこの本なのか、という第二の問いにはこうお答えしましょう。それは、フランス語圏の知識人の間で、ラカンに関して、何かフロイトに対して起きたのと同様のことが起きているように私には思われたからです。すなわち、何であれラカンの名に結びつけることのできるような思想＝思考《パンセ》（pensée）の退潮です。私が言っているのはもちろん、精神分析運動の中で起きていることではありません。そこで思考《パンセ》の作業が続いているということは、あまりにも明らかです。とりわけ〈フロイトの大義派《エコール・ド・ラ・コーズ・フロイディエンヌ》〉*3ではそうですね。これ以上は申し上げません。私が申し上げているのは、精神分析運動の外部において、私が気の向くままに、文芸の共和国や知的生活、知の専門家等々と呼んでいるもののうちで起きていることです。

　ラカンはそこで大きな存在感を示していたのですが、その後消えてしまいました。同様に、かつてフロイトも消えてしまったことがありました。周知の通り、ラカンは何か一つの思想《パンセ》という特徴を備えているようなものと、何かフロイトの名を担っているものを、引き続き互いに結びあわせることができるようにしたのでした。とするなら、私の目指すところは容易に理解されます。私の目指す結果とは，さまざまな理由によって、さまざまな道を通ってではありますが、何か一つの思想の特徴を備えているようなものが、あらためて「ラカン」なる名に結びつけられるようにすることだ、ということになるでしょう。換言すれば、私の企図は、一つのモットーによって要約できるでしょう。それはフーコーが〔アンドレ・〕ブルトン、〔ルネ・〕シャール、〔ポール・〕エリュアールから引き継ごうとした「減速せよ　工事あり（ralentir travaux）」とよく似ています*4。「減速せよ　思想あり（ralentir pensée）」、こう私は申し上げましょう。ラカンには思想というべきもの（de la pensée）があるということ、まさにこのことを私は証明したい、あるいは示したいと思っています*5。この目標に比べれば、その思想が何なのかを立証するということは、本当に二の次なのです。二の次、というのは大変正確な意味においてそうです。私はラカンの思想の様々な分節化を一つ一つ挙げてゆこうと思いますが、それはただ、彼のうちに一個の思想があるということを証明せんがためなのです。

というわけで、私の眼には、私の本はラカンについての本のようには見えない、というのが何故か、その理由はおわかりいただけるでしょう。ラカンについての本は——これがそれらの本の定義そのものであるわけですが——何かラカンの思想と呼べるようなものの存在を当然あるものとしています。しかし私が主張しているのは、そのようなやり方をすると、「ラカンにおいて何らかの思想があるということを証明できるだろうか。そしてもしそのことが証明できないとしても、少なくともそれを示すということはできるのだろうか」という問いをやり過ごしてしまいかねない、ということなのです。

こうした問いは、ラカンとは別の人たちに関しては問われています。それが劇的な展開を示すことさえあり得ます。近いところで幾つか例があります。マルクスをとってみましょう。多くの本が相変わらず出版され、彼の思想を解明しようとしていますが、そうした本は、ここ数年すっかり定着してしまった確信、マルクスには思想など影も形もない、という確信に対しては無力です。この場合、その教説を説明しようとして多くの時間を過ごすことはできるでしょうが、しかしあらかじめマルクスには思想というべきものがあるということが証明されていたのでないとするなら、何もしたことにはならないでしょう。さて、その問いを立てなかったとすれば、証明もできません。しかし同時に、別の問いも提起されてきました。思想というべきものがあるということを、そうやれば証明できるのか。その基準はどんなものだろうか、という問いです。

これは、しばしば出会われるがだいたいにおいて解決されないという類いの問題です。ところが、これは本源的な問題なのです。多くの場合、一般に言われているよりもはるかに多くの場合、その解決は純然たる権威の原理に依存しています。ある著述家に思想というべきものがあるということが公理として認められるのは、立派な人たちがそれを認めているからなのです。そうした立派な人たちは、信頼にするに足ると想定されていますが、それはしばしば彼ら自身についても、一つの思想を持っていると認められているからです。換言すれば、われわれは循環のなかに踏み込むことになります。悪循環、とは申しません。それはあらゆる文化的伝統のもつ循環なのです。われわれはプラトンやカントのうちには思想というべきものがあると証明なしに認めるわけですが、それはひとがわれわれにそう言ってきたからです。われわれ自身が証明をやりなおすのはわれわれの勝手なのですが、しかしその試みによってわれわれは、意識しているか否かにかかわらず、基準の問題へと戻ってくることになります。

もう一方の場合は、全く異なっています。長い間、マルクスについての証明は、いってみれば、まさしく感覚的なものでした。さまざまな革命が噴火のようにして出来すること、マルクスを奉ずる国家が存在すること、それだけで一つの思想の存在を示すには十分だったのです。この自明性は、マルクス主義者にとっても反マルクス主義者にとっても有効だったということに注意してください。彼らはマルクスの思想についてどんな判断を下すかという点については意見が分かれるということがあり得たわけですが、彼らの（肯定的あるいは否定的な）評価は感覚的な自明性に依拠していました。これについては効果による証明、といった言い方が可能なところと思います。そうした感覚的な自明性が消え去っている今日、より正確には、そうした自明性がまさに明白に力を失っている今日、と申し上げましょう、そうした今日、マルクスにおける思想の〔存在という〕問題は、あらためて真に重大なものとなっています。

さて、ラカンの場合も、自明性は同じくらい感覚的なものです。煎じ詰めるところ、その自明性は言葉の力の生き証人となる一部の人たちがラカンについて持っている、感動的な記憶と結びついています。そうした証人たちが減ってゆくにつれて、そして彼らの記憶が弱まるにつれて、感覚的な自明性は陰りを見せることでしょう。ただ権威によって受け継がれてゆくことはあるかもしれません。結局のところ、二つの証明が現実においては機能しています。つまり一方では権威であり、他方では感覚的な自明性です。時が経つにつれて、権威がしだいに自明性に置き換わってゆくものだとするならばそうなのです。

どうすればラカンに思想というべきものがあるということを証明できるのでしょうか。権威に訴えることなしにそれを証明するには、どのようにすればよいのでしょうか。この点について、私はいくつかの決断を下しました。これはもちろん方法的な決断です。第一に、あるディスクールの総体のうちに思想というべきものがあるのはただ、一つあるいは複数の命題がある限りにおいてのみである、と想定することにしました。命題が最小要素であり、理想的にはディスクールを構成する原子となります。その言語的な表現という観点からいえば、それは文としばしば共外延的となります〔=重なります〕。この文は、参照されるディスクールの総体のうちに、明示的に現れることもあれば、現れないこともあります。そのために私がコンスタントに用いているのが、シングル・クォーテーション・マーク〔‘ ’〕です。これは、私の装置の中では、命題を括り出すためのものです。こうして命題は、引用から区別されます。引用はダブル・クォーテーション・マークに入れられています。つまり私の方法は、自分に次のようなプログラムを定める、ということでした。すなわち命題に文——できる限り単純な文、と付け加えて申し上げましょう——の形を与えそれによって命題を取り出す、というプログラムです。

第二に、私は単なる観察によって、次のことを確認しました。すなわち命題－文を生み出すもっとも簡便な方法の一つは、幾何学的方法（*more geometrico*）に帰着する、ということです。そこで私は、公理、定理、補助定理《レンマ》といった呈示の仕方をとりました。これによって私が言おうとしているのは、幾何学的な秩序が唯一効果的な証明方法である、といったことではありません。ユークリッド的な規範を守らないながらも決定的な証明といったものはあるのです。決定的ではないようなユークリッド的証明もまたあります。ラカン自身はユークリッドに従ったことは一度もありませんでしたが、それでも私は検討を経て、彼が提示したのは証明である、という結論に至りました。幾何学的方法(*more geometrico*)は明らかに、彼とは無縁です。その彼をそうした方法に従わせることで、私は彼に対して、ある暴力を加えることをあえてしています。ただ、そうした暴力は、私の計画と不可分のものなのです。

実際、そしてこれが私の三番目の点なのですが、文と共外延的であるような〔＝重なるような〕命題を定式化しえたとしますと、さらにそれらの命題は、研究者がそれらを見出したディスクールの領域からは独立している必要があります。還元すれば、それらの命題は——周囲にあるテクストと状況という、二重の意味における——文脈がどんなものであれ、それらの持つ特性を保存するのでなくてはなりません。これが、私が「力づくの運動(mouvement violent)」[*6]の方法と呼んでいるものです。これは、命題を取り上げ、それをその自然的な場所から外に出すという方法です。もしその命題が、命題的な特性を保存したとすれば、それは思想的命題と見なすことができます。幾何学的方法に訴えることで、私はラカンをこうした検証《テスト》にかけたのでした。

そのためには、私は検証が対象とするディスクールの総体を規定しなくてはなりませんでした。ここで一つの仮説が入り込んできます。この仮説を証明することはできません。それ以上でさえあります。私が主張しているのは、この仮説が論理的な証明によって支えられるものではなく、複数の収束する手がかりの組み合わせによって支えられるものであるということです。この反対を主張する仮説にも、論理的に不可能な点があるわけではない、という意味において、この仮説は経験的なものです。ラカンはある時点で、自分が書いて発表したものを、あるいは少なくともそのうちの一部を、作品(œuvre)の形式におさめるという立場を意識的にとるようになった、と私は想定しています。これによって私が申し上げているのは、とりわけフーコーがその歴史をたどり始めたような、ある大変明確な形式のことです。[*7] これわれわれ近代人にとって、作品とは一人の作者と公刊されたテクストの総体を連接させるものです。この総体は、それ自体で一つの統一体をなすものと考えられており、その単一性には、単一の作者が必要であると考えられています。ただしそうした作者がいれば十分であるとみなされているわけでは決してありません。加えてそこには、テクストの総体の内的統一性という原理が必要なのです。公刊されているということもまた必要ですが、これは死後出版であっても構いません。例えば私が指摘したのは、ソシュールの『一般言語学講義』は回顧的に一つの作品となったのだが、はじめはソシュールの三人の学生たちによって執筆された（複数の）講義の寄せ集めであった、ということでした。ヘーゲルの『美学』や他の多くの例を引用することもできたことでしょう。これらの事例は作品という概念を棄却するどころか、作品という形式が、それ自体で否応なく現れてくるに足る強さを持っていることを証明しています。

作品が本と混同されることはありませんが、それでも本は、作品の最も忠実な物質的イメージを提供してくれるものです。表紙には名前と表題があるわけですが、これは墓石にたいへんよく似ており、いわばわれわれのイデオロギーにおいて作品がどんなものであるかを、もっとも近似的に想像のなかで表象するものとなっています。一九世紀の文献学は、作品という形式に、構成時点ではそうした形式をとっていなかったテクスト的総体を対峙させました。『イリアス』や『オデュッセイア』は作品だったのか？　こうした問いは、それらを集成した吟遊詩人らには意味を持ちませんでした。福音書は作品だったのか？　この問いは、それらの執筆者にとっては意味をもちませんでした。校訂（la critique）と呼ばれてきた仕事は、議論と反論を次第に洗練させ、［そうした問いに対する答えを］あるときは然りの方向に、またあるときは否の方向に導くということをしてきたわけですが、しかしその企てをそもそものはじめから無効にしている時代錯誤《アナクロニスム》に気づいていたわけでは必ずしもありませんでした。二〇世紀は逆方向に向かい、作品という形式のほうが問題化されましたが、そこには見たところそうした形式に依拠するように思われたテクスト的総体も含まれていました。『失われた時を求めて』は作品なのか？ これに否という答えを想定してみるのは興味深いことでしょう。では『フィネガンズ・ウェイク』はどうなのか？『狂気の愛』は？『ナジャ』は？ 等々というわけです。

フロイトは、自分がみた〔植物学〕研究書の夢[*8]を解釈し、そこに遅れていた自分自身の本――『夢判断』――についての心配を認めていました。私はこの夢が、一つの決定を告げるものであると思っています。フロイトは大学的《アカデミック》な科学において機能する研究論文ではなく、作品という形式を選んだのです。さて、近代科学が近代の文化＝教養（la *culture* moderne）対立するのはまさに、前者が作品の形式に無関心であるのに対して、後者がそれを自らの基礎にしているという点です。フロイトは科学のうちで生きてゆきたいと願っていたのですが、それに失敗しました。それで彼は戦略的に、文化＝教養を経由する迂回を受け入れることにしたのでした。私は『夢判断』劈頭のアケロンに向けられた召喚の言葉[*9]〔「天上の神々を動かしえざりせば冥界《アケロンタ》を動かさむ」（Flectere si nequeo superos, Acheronta moveo）」〕を、そのように解釈しています。科学のオリンポスの神々が耳を閉ざしたままだったので、フロイトは文化＝教養という死者の王国に語りかけることになったのです。

ラカンは同じように耳を閉ざした、精神分析の制度に関わる人たちに出会うことになりました。彼が一九五六年に、〈至福〉[*10]（les Béatitudes）と呼んだ人たちです。それで彼は迂回して文化＝教養の世界を通ることになりました。彼にそうした世界の陰鬱な性格を教えたのはシュルレアリストたちでしたが――

「甘美な骸は（le cadavre exquis）」というわけです――彼自身はそれをゴミ箱に結びつけていました。〔「ゴミ箱《プーベル》」と「出版《ピュブリカシオン》」を合わせた〕「ゴミ箱出版《プーベリカシオン》（*poubellication*）」なる表現は、彼が一九六六年、『エクリ』を出版することで作品という形式を――計算がなかったわけではないでしょうが――しぶしぶ受け入れたまさにその時に、この作品という形式を解釈したものとして用いられています。

ラカンは作品という形式を選んだわけですが、私はそのことを認めたうえで、彼において作品をなしているものを取り出しました。これは『エクリ』であり、加えてラカンが『エクリ』の明白な存在に結びつけてはじめて公刊することのできた、後のテクストがあります。これは本質的に、雑誌『シリセット（*Scilicet*）』[*11]の諸論文と『セミネールXX』[*12]です。私はその全体を書かれたもの《スクリプタ》（*Scripta*）という名前のもとに改めてまとめ、〔ラカンの〕思想という問題を検討するのに『セミネール』の完全な刊行を待つ必要はないと考えられる、そのさまざまな理由を述べています。そうした〔『セミネール』の〕刊行はたしかに大変な重要性を帯びているでしょうが、われわれはすでに、ラカンが一個の作品として提示しようとしていたものを自由に利用できる立場にいるのです。要するに、私はラカンには思想とよぶべきものがあるということを、物質的な仕方で証明しようとしています。私はそのことを、書かれたもの《スクリプタ》が構成しているディスクール的な物質性に立脚して証明しようとしているのです。

そのために私は、作品という形式を更に解明し、とりわけ執筆の技法とでもいえるようなものを復元しなくてはならないのでしょうか。そうは思いません。そうした探求は正当な理由のあるものですが、しかし私には関係ありません。もちろん、思想が現にあるということを立証するため、テクストを逐一注釈するということが避けられないこともあるでしょう。しかし私は、それを最小限にとどめておくようにしました。

ラカンに思想というべきものがあるということが証明できると、今度はもちろん、それが何であるかを明確にするほうがよいということになるでしょう。そうでなければ、そうしたものがあるという主張が空虚なものになってしまいます。しかしその先に踏み込んで、称賛や留保、あるいは単に差異を垣間見せるというのは、個人的な思想に属する事柄です。私はそうしたことを控えるよう自らに課しました。ラカンに思想というべきものがあると確認してもらうこと、そのことを物質的な証明によって確認してもらうこと、そうしたことは、私が個人的に考えていること、あるいは考えていないこととはまったく独立しています。それで私は、『明晰な作品』の中には個人的な思想の影すらあってはならない——もしあったとすれば、それは欠陥であるということになるだろう——という点を繰り返し強調したのでした。別の言い方をすればこうなります。ラカンに思想というべきものがあると証明するということは、さまざまな人格を手段《モワイヤン》として——今回は私の人格を手段として——為されるわけですが、しかしまさにそれは手段《モワイヤン》の問題なのです。

個人的な思想を控えることで、私はただ、歴史家や解釈者が自らに課している留保に似た留保を自らに課している、と思われるかも知れません。しかしここに賭けられているものはさらに大きいのです。これは私が思想をどのように考えているかに関係しています。私は思想を、非人称的〔=非個人的〕なものである（impersonnelle）と考えているのです。というのも問題となっているのが、非人称性〔=非個人性〕こそが決定的である、という思想であるからです。私はある箇所で、ディクール的唯物論という話をしています。私の頭の中でこれと対立しているのは、ディスクール的人格主義とでも呼べるような、広く見られるたわごとです。私がラカンに関して選んだのは、ディスクール的唯物論の道でした。こうした道が、他の固有名と結びつけられた、他のテクスト的総体についても有効であるという可能性は排除しません。むしろその反対です。しかし、思想の、それもラカンの思想というこの特定の場合については、特別な緊急性が私には感じられたのでした。

思想というべきものが——命題という形で——あるということを立証するために私はさまざまな迂回をすることになったわけですが、その中で私は科学の問題に出会いました。最も重要であると思われたのは次の点です。すなわち科学は、ラカン的な命題システムの中では、偶然性と無限の出会う地点につけられた名前であるということです。換言すれば、科学とは、偶然的述定と無限的述定のあいだの同一性につけられた名前なのです。ラカンの定式を繰り返すとするなら[*13]、偶然的述定がどのようにして主体を無限的述定に対して代表象するのか、そしてまた無限的述定がどのようにして主体を偶然的述定に対して代表象するのか、この点を理解できるようにしてくれるのが科学なのです。主体の排除ということを、ラカンは近代科学について言いますが、それは言葉の二重の意味における「浄化〔＝純化〕(épuration)」です。すなわち排除された主体は科学によって浄化〔＝純化〕されているわけですが、それはその主体が、偶然と無限の間に打ち立てられた「〜に対して代表象する」という関係のうちにのみ、現れてくるようになる限りにおいてそうなのです。

さて、ラカンにおける科学は、二つの源泉を持っています。一方はフロイトで、ラカンは彼の科学主義を絶えず強調していました。そして他方は〔アレクサンドル・〕コイレで、これは〔アレクサンドル・〕コジェーヴによって補完されています。一見したところ、この両方のアプローチ以上に対立したものはないように見えます。コイレは科学史および認識論の専門家として、経験主義と経験‐批判主義をはっきりと拒絶していましたが、フロイトは反対にそうした考え方を拠り所としていました。ガリレオを数学化によって定義することで、コイレはガリレオを実験と結びつけるようなあらゆるアプローチを一蹴したのでした。コイレの言うところによれば、決して実験がアリストテレスからガリレオへの移行を画する革命を成し遂げたわけではなく、そもそもこの実験は、あらゆる実験に先立って下された決断に依拠していたのです。すなわちアリストテレス主義者が永遠なもの、不動のものにのみ適用されるとしていた数学が、腐敗と変化の月下世界についてもあてはまる、とする決断です。ここから帰結するのは、天体の宇宙論的総体と、地上の物体の宇宙論的総体を切り離す必要はない、ということです。唯一の総体しかなく、それが宇宙(l'univers)と呼ばれるのだ、というわけです。ここで立ち止まって、次の点を強調しましょう。すなわち一九世紀の科学主義、そしてそれと共にフロイトは、コイレとはまったく別の仕方で推論していた、ということです。中心的なのは実験です。数学化が付け足しなのです。数学化の役割は、実験結果の正確さと精密さを保証するということでした。バディウと私は、そして他の多くの人もですが、受けてきた教育の結果として、三つのテーゼを自明のものとして受け入れるようになっています。すなわち、(a) あらゆる経験主義的な認識論に対して、あらゆる合理主義的な認識論が本質的に優位に立っていること。(b) 経験主義的な認識論から出発して科学を歴史化しようとするあらゆる試みに対して、合理主義的な認識論から出発して歴史化しようとする試みの方が、記述的にも説明的にも優位に立っていること。(c) そうした優位の統合的な性格。つまり経験主義的な認識論や歴史が主張する正当な事柄は、合理主義的なそれらによって保存され強化されうる、ということ。

われわれは以上の三命題を自明のものとみなすよう、たくみに教育されてきたために、それらが隠している暴力がどれほどのものかわからなくなっています。とりわけわれわれには、ラカンがフロイトに加えた強引な解釈が感知できなくなっています。あらゆる歴史記述的な所与に抗って、ラカンはフロイトの参照している科学が、コイレの語っている科学以外のものではない、と想定したのでした。フロイトとコイレを隔てる溝は無効だということになったのです。ラカンがコイレのうちに、「われわれの案内役《ガイド》」[*14]を認める時には、フロイトに対して加えられた補正措置をそこに見なくてはなりません。これはつまり、コイレは暗い森の中でわれわれを導いてくれるのだが、この暗い森――ラカンはこの寄せ集め（ce foullis）とも言うでしょうが――とはフロイトの語っている諸々なのだ、ということなのです。

この点が認められた上でということでしたら、コイレの細部、数学化された物理学の綿密な歴史、ガリレオからケプラーへの移行、ケプラーからデカルトへの、デカルトからニュートンへの移行、これらの研究はもちろん重要です。ラカンはそれらを知っていますし、時折コメントを加えたりもしています。しかし結局のところ、それらは本質的な点に比べれば、全く重要ではありません。本質的な点とはすなわち、数学化された物理学の宇宙が無限であり、かつ偶然的である、という発見です。偶然的なものと無限なものの相互衝突は実験ではなく、数学化である、という発見。宇宙の偶然性こそがその数学化を可能にしたのであり、まさに宇宙の数学化によって、数学者らが無限の何たるかについて明晰な概念をまだ持たなかったその時期に、宇宙を無限だと言うことができるようになったのだ、という発見です。

科学とは、「Xは偶然的である」という述定と「Xは無限である」という述定の間の同義性に与えられた名前である、とするならば、私はそこから翻って、無限と偶然性の間のあらゆる相互衝突は科学と関係している、という結論を導きました。さてラカンによれば、彼自身の装置は全面的に、彼がニュートンに明示的に言及しつつ自らの仮説と呼ぶものに依拠しています。この仮説を申し上げましょう（『セミネールXX』の一二九頁〔邦訳、二五五頁〕に読まれるものです）。「無意識から影響を受ける個体は、一つのシニフィアンの主体と私が呼ぶものをなしているのと同じもの（le même）です」。展開してこう申し上げましょう。個体とは語る身体である。個体は、その実存、その身体において、偶然性によって住まわれている。無意識はそれに無限を刻印するのだ。「一つのシニフィアンの主体」という表現は、「シニフィアンは主体を他のシニフィアンに対して代表象する」という関係から読み解かれるものです。もしこのように定義された個人が、一つのシニフィアンの主体と同じものであるという仮説をとるならば、私が上で述べたことが得られます。つまり、主体とは偶然的シニフィアンが無限のシニフィアンに対して代表象するものである、ということです。この仮説で転回軸となるのは、「それは同じものだ（c'est le même）」という主張です。さて、この「同じであること（mêmeté）」の理解を可能にしてくれるのは、ただ近代科学だけなのです。

　ラカンの仮説は、精神分析そのものの仮説に他ならないように私には思われます。さてこの仮説は、無限と偶然性を互いに結びあわせるものであることが明らかになります。同時に、それは科学の問題と精神分析の問題を互いに結びつけます。ここでもまた、私の問題は精神分析が何を言っているかではありません――精神分析が何を言っているか、その細部ではないのです。私の問題は、精神分析がある一定数の特徴と共に現実に存在するということです。私は、それが現実に存在すると主張します。より正確には、私が主張しているのは、ラカンの仮説、彼自身が自分の仮説と呼んでいるものが、精神分析が現実に存在《エグジスト》するということの措定に帰着するということです。精神分析の備えているさまざまな特徴のうち、私はそれが、無意識という形式における、無限なものと偶然的なものの連接と関係している、という点を特に取り上げました。より正確には、私が主張しているのは、ラカンの仮説がこの連接の措定に帰着する、ということなのです。無意識といったものがあるのは、身体を備えた語る者である個人が、宇宙の無限によって貫かれているからです。彼はその身体において、宇宙の無限によって貫かれています。彼はその語りにおいて宇宙の無限によって貫かれています。とはいえこれは、フンボルトからチョムスキーに至る洞察を繰り返すことにしかならないかも知れません。言語《ランガージュ》は有限と無限の相互衝突です。屈折結晶としてのララング（*lalangue*）[*15]は、なおいっそう深い仕方でそうした相互衝突なのです。さて、身体は無限によって貫かれることで、その一つの、あるいは複数の場所において、偶然性によっても貫かれるということが起きたのでした。

偶然性が選ぶ場所は、性別化に関わる場所です。性別化は優れて、偶然的なものが個人に施した刻印だからです。主体をいずれかのジェンダーあるいはセックスに――ここではどちらでもかまいません――割り振る骰子一擲、社会的表象の偶然がこれを廃することはかなわないことでしょう。もし無意識が（主体と同じものであるところの）個人に施された無限の刻印であるとするならば、もし性別化が偶然性の刻印であるとするならば、そしてもし近代的なものが、科学のおかげで、無限と偶然性の相互衝突の上に立脚しているとするならば、もしそうであるのなら、すべてが近代的な装置を、個人、主体、無意識、性別化を連接させる一つのディスクールの方へと方向づけているということになります。そしてこのディスクールが、精神分析なのです。

フロイトにおける性（la sexualité）およびラカンにおける性的なもの（le sexuel）の出現は、その上にさまざまな命題の連鎖を集中させています。私はこれらの命題を、そしてそれらの交錯を取り出そうとしたのでした。行程のおしまいに、改めてそれらを互いに畳み込んで、唯一の命題にたどり着くことが可能になります。私はこの命題を、皆さんの前で申し上げましょう。それは、精神分析というべきものがある（il y a de la psychanalyse）、という命題です。

私はこの命題を『明晰な作品』のなかでは言いませんでした。よくできた文字謎《シャレード》[*16]は、その全体を与えることはない、というのと同じです。それは部分によって全体が結論できるようにするのです。「最初の綴りは、二番目の綴りは、等々」というわけですね。『明晰な作品』で私は、部分を与えました。本日皆さんに、その全体が何であったのかを、はっきり申し上げたわけです。

アラン・バディウ：本当に有り難う。ここにある題材は、日の出まで続くような記憶さるべき議論の一つで取り上げられてもおかしくないものかもしれませんが、私はジャン＝クロード・ミルネールに、三つの質問をするだけにとどめたいと思います。これらの問題のつながり方はボロメオ的です。証明はそうはなりませんけれどね。

最初の質問は、あからさまにソフィスト的な質問になります。君が指摘したのは、結局君にとって問題だったのが、「ラカンには思想というべきものがある」という言表の非人称的な証明を試みることであった、ということでした。私のしたい質問は以下のようになります。「思想というべきものがある」――この場合はラカンにおいて、ということですが――ということの非人称的な証明を提示することが可能である、という主張、この主張は思想について（*sur la pensée*）のテーゼなのでしょうか。それともあるについて（*sur il y a*）のテーゼなのでしょうか。というのも、哲学者からみると、これらは二つの異なったオプションだからです。「思想というべきものがある」――この場合はラカンにおいて、ということですが――ということの非人称的な証明がありうるとして、それが「思想」についてのテーゼだとすると、これは思想と非人称的な証明の間に連結を打ち立てることになります。わたくしはこれを、マラルメ的テーゼと呼んでみましょう。これに対してもし、「ある」のほうに強調が置かれなくてはならないが――この場合は思想が、しかもラカンにおいて「ある」ということになるわけですが――しかし真に重要なのは、何かが――この場合はラカンにおける思想が――あるということを、非人称的に証明できるということだとするなら、連結は非人称的証明と「ある」の間に打ち立てられることになります。これを私は、ハイデガー的テーゼと呼んでみましょう。

結局のところ、私の質問はまったく単純です。ラカンにおいて「思想というべきものがある」という点についての非人称的証明が可能であるという仮説は、非人称性と思想の間の連結なのでしょうか。換言すれば、その仮説は、存在の運命から切り離された、思想の運命に関わるものなのでしょうか。あるいはその仮説は、思想の運命を結局包摂すると想定されているような、存在の運命に関わるのでしょうか。

私と同様、君も知っての通り、今日支配的なテーゼは、思想といったものはありはしない、というテーゼです。そしてこの「そうしたものがありはしない」というテーゼの実践的な本質は、思想といったものがあるということは有害である（全体主義的である）ということです。君のラカンに関する企ては、われわれが置かれている状況の偶然性に関してはまったく正当だと思います。思想といったものが、とにかくラカンにはある、というテーゼを主張することで、君はある立場を表明している。そうしたものなどありはしない、という支配的なテーゼとは背馳するテーゼです。しかしこの点の、非人称的な証明を行うということになると、その証明が「思想」にかかわるという場合と、「ある」にかかわるという場合では同じことではなくなるのです。

私の第二の質問は、偶然性と無限との同義性に与えられた名前としての科学に関わります。ここでの質問は、大変限定された、明確な質問です。君の見たところ、それはラカンについてのテーゼなのでしょうか。ラカンにとって、科学とは偶然性と無限との同義性に与えられた名前以外のものではない、と理解するべきなのでしょうか。それともそれは、ラカンが〔誰かと〕共有しているテーゼなのでしょうか。

気づいていると思いますが、私は君が非人称性〔＝非個人性〕のフィールドを離れないように気をつけています。私の質問は、「それは君のテーゼなのか」ではありません。しかしこの点については、何か私のテーゼと呼べるようなものがあります。実際、私の方は偶然性と無限の間の同義性に、たまたま真理という名を与えているということがあります。ですので私は次の点に興味を持っています。すなわち私が真理という名をそれに与えるときに、私は何をしているということになるのだろうか、君がこの同じ連結、同じ同義性を「科学」と名付ける際に行っていることと比較して、私は何をしているということになるのだろうか、という点です。

第三の質問は、アプローチがもっと複雑になります。それは、精神分析に関わる質問、「精神分析というべきものがある」という言表に関わる質問です。この問いは、以下のように立てることができるでしょう。ラカンには思想というべきものがあるが、これは精神分析に思想というべきものがあるということを意味するのだろうか。ここで再び見出されるのは、「ある」であり「思想の『ある』」です。そして「精神分析というべきものがある」は、それ自身のうちに「精神分析には思想というべきものがある」ということを内包している言表ではありません。したがってわれわれはつぎのような仮説を立てることもできるでしょう。すなわち、ラカンには思想というべきものがあって、そのことは、精神分析というべきものがあるということを内包しているが、しかしそこから精神分析には思想というべきものがある、ということを論理的に導き出せるわけではない、という仮説です。

君は君自身の証明と一貫した仕方で、或る箇所で次の点を強調しています。すなわち、無意識によって、すなわち自らにとって偶然的なものの宇宙と共外延的であるということによって変質した個人と、ラカンの命題のいくつかの対象となっている意味における主体とは、全く別物である、という点です。*17 君が暗に言わんとしているのは結局のところ、精神分析のテーゼとは、両者のあいだのまったく偶然的な邂逅が到来する、ということです。この邂逅は、偶然性という意味における個人と、ラカンの諸命題の意味における主体との間の偶然的な邂逅です。ラカンがこの邂逅の偶然性に与えた名前が、精神分析的行為なのです。

そこで私の質問は次のようになります。ラカンの作品とこの行為の間には、関係があるのでしょうか、それともないのでしょうか。というのも、この行為の偶然性の、それ自体偶然的な痕跡としてのみ、ラカンの作品はある、と想定することもできるだろうからです。その場合、作品という形式自体が見直されなくてはなりませんし、その結果彼の作品がコーパスを構成するということは確実ではないということになります。もしそれがコーパスを構成しないとするならば、それについて、「思想というべきものがある」ということの非人称的な証明を企てることができるかどうかも確実ではない、ということになります。君も指摘したように、そうした証明では、そうしたコーパスの範囲が限定されうるということが必要ですからね。しかしもしそのコーパスが、個人と主体の偶然的な邂逅としての精神分析的行為の、偶然的な痕跡であるとするならば、コーパスなどありはせず、厳密に言えば作品などありはしない、ということはつまり、非人称的《アンペルソネル》な証明などありえない、ということになります。これが意味するのはつまり、人称的《ペルソネル》な証明しかあり得ない、ということになるでしょう!

人称的《ペルソネル》な証明しかあり得ない、ということは、何を意味するのでしょうか。それは、ラカンの作品——〔この場合〕そもそも作品ではないわけですが——の守り番としての仕事が、必然的に精神分析の組織の仕事になるということを意味しています。何故でしょうか。それは、作品の不完全性(incomplétude）を、さらにはラカンの作品の癒しがたい非共立性〔＝非一貫性〕（inconsistance）を、身を以て《アン・ペルソンヌ》、行為の諸原則に従って証言することができるのは、ただそうした組織のみであるからです。したがって君の企ては、わたくしのそれと同様に、不適切なものだということになります。

私の質問に、最終的な形を与えるとすれば次のようになります。ラカンに「思想というべきものがある」ということの非人称的な証明は、その純然たる忘我によって、行為なしで、行為への参照なしですませることができるのでしょうか。あるいはその証明は、まさに人称的な解釈にすぎないということになってしまうのでしょうか。というのも〔その場合〕結局、行為の非人称性の守り番となりうるのは、ただ組織だけであるだろうからです。以上です。

ジャン＝クロード・ミルネール：最初の質問には、こうお答えしましょう。もし二つの可能な道だけ、マラルメ的な道とハイデガー的な道だけがあるとすれば、私が選ぶのは前者です。私は思想（la pensée）と非人称性を密接に結びつけています。私はそうした意味において、ラカンの定式「それが考える（ça pense）」を再解釈しています。実際私が「ある（il y a）」が含意したりしなかったりするような存在について直接態度を明らかにしないのは、ここから来ています。ただ、道は二つしかないのでしょうか。「Xというべきものがある《イリヤドゥリクス》（il y a de l'X）」という言い回しは――ラカンはこれを約《つづ》めて「ヤドゥル（y'a d'l'）」という一つの塊《ブロック》にしてしまおうとするのですが――存在というよりむしろ、現実的なものに暗に言及しています。思想《パンセ》というべきものがあると言うこと、それは思考に対して、あるいはむしろ諸々の思考《パンセ》衝迫（des poussées de pensée）に対して、それが現実的なものとして登録される機会の可能性を付与するということです。ラカンにおいて思想《パンセ》というべきものがあると言うということは、ラカンのテクスト組成においては、思考《パンセ》の現実的なものが顔をのぞかせるようなポイントがいくつもあると主張するということなのです。

第二の質問に対しては、簡単な肯定にとどめておくこともできるでしょう。そうです、ラカンにとっていわゆる近代科学とは、偶然的なものと無限なものの間の相互衝突を位置づけるものだ、と私は主張しているのです。つまりこれはラカンについてのテーゼではありません。私は、ラカンの唱えているテーゼを再構成しているつもりなのです。さてその上で、いくつかこれに関連する問いを区別するのが私の義務だろうと思います。

第一の問いは無限に関わります。私の考えでは、ラカンは数学的無限に関心を持ってはいるものの、数学的無限の話をしているのではありません。問題なのはむしろ、哲学的と言えるような無限です。あるいはそれよりももっと捻れてすらいます。私はラカンがガリレオの物理学との間に取り結んでいる関係を強調しました。この物理学は、二つの弁別特徴を持っています。いっぽうでそれは数学化されています。他方でそれは、地上の対象と天上の対象を一つの同質的な宇宙のうちにまとめ上げています。この宇宙は無限ですが、これはただ、かつては月下世界であった有限なものの世界に特別な取り扱いをしなくなったからにすぎません。「無限」という語を用いるに際してのデカルトの慎重さは脇に置いておくことにしますが、ただそうした慎重さはこのうえなく重要なものであり、デカルトがその洞察においてどれほど彼の同時代人たちより勝っていたかを示しています。次のような逆説は依然として残っています。すなわち、ガリレオやデカルト、あるいはニュートンの時代にあっても、いかなる数学者も無限について明晰な概念を持ってはいなかった、という逆説です。反対に、ボルツァーノ[*18]、ワイエルストラス[*19]そしてカントール[*20]のおかげで無限が数学における明確なステータスを受け取ると、無限は哲学的な議論の中で一定の役割を演ずることをやめました。このことはすでに強調しましたが、しかしまた無限は数理物理学にとっての争点でもなくなってしまったのです。二〇世紀のさまざまな宇宙論において確認できるように、数理物理学は有限な宇宙を矛盾なしに受け入れることができるようになりました。ただし問題の有限は、カントール以後の有限であって、コイレの考えていたようなカントール以前の有限とはいかなる関係も有していません。というのも、この点はどれだけ強調してもしすぎにはならないでしょうが、「無限の宇宙」というコイレの表現で問題となっている無限は、数学的無限ではないからです。[*21]

たしかにカントール自身は、自分が然るべく整えた数学的無限と、哲学者の無限とを互いに連接させることを決して諦めませんでした。あるいは、彼にとって遙かにより重要であったのは、神学者たちの無限でした。これに対してカントール以後は、数学的な無限だけが意味を持つということが証明なしに断言されたり、またさまざまな知が漸進的に蓄積されることで、数学的無限がア・ポステリオリにカントール以前的な無限についての議論をすべて吸収することが可能になった、といったことがあまり踏み込んだ議論なしに認められたりで、いずれにせよ数学的無限と非数学的無限の連接の問題は打ち捨てられてしまったように思われます。ラカンは〈全〉の〔複数の〕表記法《エクリチュール》(les écritures du Tout)において、この問題をあらためて明るみに引き出しました。もっともそうした観点からその表記法《エクリチュール》を解読する努力はしなくてはなりませんがね。[*22] ただいずれにしても、〈全〉のラカン的表記法《エクリチュール》が数学に抗して論理学を、カントールに抗してラッセルを選んだということは際だっています。かてて加えて、そこでラッセルから取り入れられたものはごく一部であるということがあります。というのもラカンは量化子による表記だけを取り入れているからです。数学に関するラッセル的な企てが大規模なものであったことを思えば、ラカンはそれをあまり丁寧には扱わなかった、と言ってもよいでしょう。

バディウと私とで、偶然性と無限の間の同義性について議論をするとき、注意しなくてはならないのは、私の側では少なくとも、「偶然性」という実詞は「Xは偶然である」という述語的な使用を要約するものであるということです。同様に「無限」という実詞は「Xは無限である」という述語的な使用を要約するものです。さて、「無限である（être infini）」という述語は、無限の数学的な概念とは別のものを導き入れ得ることがあります。もし無限が基数の数列に回収されるものであれば、論理学者は、「無限の宇宙」という表現や「宇宙は無限である」という命題のうちで無限の概念は述語ではないが、これは「使徒は十二人である」がそうでないのと同様である、と主張することもできるでしょう。この後者の場合では、全体皆無則[*23]（dictum de omni et nullo）を適用して「それぞれの使徒は十二人である」と推論することはできません。同様に「宇宙は無限である」を、厳密に数的なかたちで解釈することもできます。その場合宇宙は、無限の数の存在者によって構成されることになりますが、ただそれぞれの存在者は、それ自体では無限ではありません。それに対して無限を述語としつつ「宇宙は無限である」と言うことは、〔それぞれの存在者を〕数え上げるという以上のことです。それは、宇宙のそれぞれの対象が、宇宙に属するその限りにおいて、無限という述語に影響されており、その刻印を受けていると想定するということなのです。

これが無限に限ってのことだとは申しません。私がしばしば引用するのは、ラカンが集合的な論理と結びつけた、三人の囚人のゲームです。[*24]詳細には立ち入らないまま申し上げるとすれば、このゲームは三という数を三項関係に変容させる操作に立脚しています。三人の囚人は、その各々をとってみれば一人ではありますが、そうしたものとして、他の二人と構成する三に貫かれています。同様に無限の宇宙のそれぞれの存在者は、個体として、それが他の全ての存在者のそれぞれとともに書き込まれている無限によって貫かれています。

しかしもちろん、無限はもっと激しいさまざまな問題を引き起こします。哲学者のなかには、それぞれの存在者が受けた無限の刻印とは自由であると主張する者もありました。またある者にとっては、それは死でした。別の言い方をするなら、彼らは物理的《フィジック》な存在者を超えたところまで進んだわけですが、これはギリシャ語で形而上学《メタフィジック》と呼ばれるものです。フロイトにおいてもラカンにおいても際だっているのは、彼らが各々の存在者のうちなる無限の刻印を位置づけるにあたって、近代科学が構成したような宇宙の方へと向かったということです。換言すれば、物理的《フィジック》な宇宙です。無限の刻印は自由でも死でもなく、無意識だということ、そもそも問題の無限が、所謂近代科学の構成するそれだということ、これら二つの命題は交差しています。だからこそフロイトにおいてもラカンにおいても、彼らが科学について形成した観念は大きく異なっているとはいえ、科学の問題は同じように重要な役割を演じているのです。

私は「無限である」という述語について主張していることを、「偶然である」という述語についても主張しています。科学の宇宙の根元的な偶然性は、宇宙の存在者のそれぞれに、その刻印を刻み込んでいます。語る存在〔たる人間〕にのみ話を限るとするならば、その偶然的存在のさまざまな現れは、存在しないこともできただろうし、別様にも存在し得ただろうという動物学の種という水準（ダーウィンをご覧ください）、またその〔本来の〕場所にないことがありうるような個体の水準、全く性化されないこともありえただろうし、いまとは別の性でもあり得ただろう、さらには複性化（polysexuation）（ドゥルーズのテーゼです）に従うこともあり得ただろう、といった性化された身体の水準、最後に絶えず点滅している主体の水準において見られます。ただし、別様にもあり得るかもしれないものとは、まさに別様ではないものです。偶然と無限が「偶然である」と「無限である」という動詞的表現の実詞化であるということが認められるとするならば、ラカンがどのような点において、コイレについて、彼が自らの道案内《ガイド》をつとめてくれたと述べることができたのかを理解することができます。というのもコイレは「無限の宇宙（univers infini）」という、一見したところ述定的な語法を到来させたからです。もっともラカンは、残存する多くの曖昧さを一掃しなくてはなりませんでした。われわれはなぜラカンがコジェーヴについて、彼が自分の師であると述べることができたのかわかります。というのもコジェーヴは、古代のエピステーメーのコスモスの必然的な性格と対比する形で、近代科学の宇宙の偶然的な性格を強調したからです。[*25] ここでもまた、コジェーヴが決定的なことを言っているわけではない、と認めた上でのことではありますが。

こうして私は三番目の問題にたどり着きました。精神分析の問題です。バディウの発言から私が理解したのは、（作品という言葉をわたしはありとあらゆる慎重さで取り巻いたのですが、それが認められたとして）ラカンの作品と精神分析的行為の関係づけに関わる問いかけです。ただ私の分節化には、第三の項があります。「精神分析というべきものがある」という命題です。私がこれに演じさせた役割は、文字謎《シャレード》の「全体」の役割でした。これはまさに、文字謎《シャレード》には現れてこないものです。

もしこの命題が『明晰な作品』のなかに出てこなくてはならないとするなら、それは出発点でなくてはならないところです。ただ、そうした出発点は事実確認といった体のものになるでしょうが、私が意図していたのは、諸命題の連鎖を構築しようということで、事態を確認するということではありませんでしたし、そうした事態の可能性の条件を展開するためであれ、そうした確認を行う意図はありませんでした。衒学的なひけらかしを敢えてするならば、私が参照しようとしているのはカント的な類《タイプ》の批判であるよりむしろ、デカルト的な諸理由の秩序である、とでも言うところです。諸理由の秩序において、第一の命題が主体に関わるものであるということは、たいへん重要です。したがって論弁《ディスクール》的な装置のなかで、「精神分析というべきものがある」という命題が後のほうの命題として現れてくるように諸命題を連鎖させるということには、大きなメリットがあります。事実この命題は、出発点としてではなく、到達点として機能しています。

これによって私は、「ラカンには思想というべきものがある」「精神分析というべきものがある」「精神分析には思想というべきものがある」といった諸命題の間の差異を明らかにすることができます。フロイトとラカンが、作品という形式を通過するよう導いた運動を、真面目に取ることにしましょう。「ラカン（あるいはフロイト）には思想というべきものがある」という命題によって、われわれは前者あるいは後者の作品を分節化している、諸命題の連鎖の再構築に着手することができます。私が再構成したような、そうした連鎖のなかで、「精神分析とよぶべきものがある」という命題は、最終審級において出現します。

ただわれわれは、文字謎《シャレード》のアナロジーによって、もうすこし先まで進むことができます。文字謎《シャレード》の「全体」が、「私の第一」「私の第二」「私の第三」等を単に足し合わせたものではないのと同様に、私は『明晰な作品』と「精神分析というべきものがある」の間には踏み出されるべき一歩があるということを認めます。私はラカンを構築して作品にしました。その過程で私は、精神分析の存在の肯定に行き当たったのですが、しかしそれは覆われた仕方においてでした。それこそがラカン自身が自らの仮説と呼んだものですが、そのなかでまさに精神分析の名は直接に現れてはこず、ただその換喩的代理者のみが現れています。すなわち無意識です。明示的な肯定は現れてきません。これは諸命題の総体と存在の肯定の間には、〔自然な〕移行といったものはないからなのです。

これと同様に、「ラカンにおいては思想というべきものがある」という命題から「精神分析には思想というべきものがある」といった類《タイプ》の命題に移るということは、私はできないと思います。そうした〔後者のような〕命題は、「物理学には思想というべきものがある」とか「詩には思想というべきものがある」と主張することに意味がないのと同様に、無意味なものであるように思われます。こうした空虚な命題を、「ボードレールには思想というべきものがある」とか「アインシュタインには思想というべきものがある」といった類の命題と混同しないようにしましょう。結局のところ、私が敢えて主張しようとしているのは次のような逆説です。思想の内在的な非人称性を具象化することは、それを固有名に結びつけることによってはじめて可能になるのです。これは全く単純に、固有名は人格《ペルソーヌ》とはまったく関係を持たないことができるからです。クリプキが偉大だったのは、それを証明しようとしたからでした。別な仕方で私の考えを表現しようとするならこうなるでしょう、固有名の人称化はひょっとすると生じるかも知れませんが、しかしそれが「ラカンにおいて思想というべきものがある」という命題における思想を変質させるどころか、むしろ思想の非人称性のほうが固有名を変質させ、そこから反人称《アンチペルソネル》的な側面を浮き出させるのです。カントが考えるとき、かれは人称的に考えてはいませんでした。思想がカントを手段として考えていたのです。カントが人称的に考えていたときには、彼は考えてはいませんでした。彼はみずからの人格《ペルソーヌ》の手段となっていたのです。それも受動《パッシフ》的な手段であって、そこにはデカルトと『情念《パッシオン》論』があらためて見出されます。もし時間があったなら、両義的に「人称」代名詞と呼ばれている代名詞について、類似のお話をするところです。それらの代名詞は、それが主体を含意しているまさにその限りにおいて、「反人称的」でもありうるのです。

残るは精神分析的行為の問題です。その可能性を受け入れる、という以上のことは、私としては控えたいと思います。「精神分析というべきものがある」という命題と、精神分析的行為の間にある一歩は、精神分析の中に踏み込んでいない者にとっては踏み出すことができません。実際、この一歩とはどのようなものでしょうか。それは多数性から唯一性へと向かう一歩です。ひとがあらゆる精神分析的行為の可能性を拒むということは、十分考えられます。これに対して、キリスト教徒にとってはキリストによって成し遂げられた唯一の復活しか存在しないのと同じようにして、人間の歴史において唯一であるような精神分析的行為の可能性を受け入れるということは、私には考えられません。精神分析的行為が稀なもので、散発的であると認めることすら、私には難しいのです。したがって、精神分析的行為の可能性を受け入れるということは、そうした行為の無際限な多数性の可能性を受け入れるということです。ここからどのようにして、「精神分析というべきものがある」という唯一的な肯定へと移りゆくことができるのでしょうか。私にはわかりません。

それを知っているのはただ、精神分析家と分析主体《アナリザン》だけです。ただそれでも私にわかっていると思うのは、「精神分析というべきものがある」という肯定は、精神分析的行為の可能性を否定することをめざすものではないということです。見かけとは異なって、私はここでトートロジーを述べているわけではありません。私のいわんとするところをよりよくわかっていただくために、バディウが自身の著作の中で展開した主題を参照することにしましょう。すなわち、多くの歴史的事例の中で、「政治というべきものがある」という肯定は、政治的行為はないということを立証するのに役立つことになっていたのです。また逆に、一つの、あるいは複数の政治的行為が可能である、という肯定は、政治はないと否定的な定立をするのに役立つことになっていたのでした。*26 思うに精神分析の場合には、こうした矛盾した関係は生ずる理由がありません。こうしてわれわれは、精神分析的制度のことを、より正確に位置づけることができるのです。それらの制度の根本的な、おそらくは唯一の正当化は、それらがひょっとして起きるかも知れない災厄を限定するということです。この災厄とはすなわち、精神分析と精神分析的行為が矛盾するようになり、その結果相互に、お互いに妨害しあうようになるという事態です。政治とのあいだで私が試みたアナロジーに力を得て、私はバディウに彼の質問を返したいと思います。政治的制度は――私は意図的にサン＝ジュストの表題の一つを繰り返しているわけですが――政治と政治的行為が相互に、お互いに確証しあうという結果を得るということを目的としているのではないのでしょうか。あるはすくなくとも相互に、お互いに妨げない、という結果を得るということを目的としているのではないでしょうか。「精神分析というべきものがある」という肯定に関していえば、いかなる点も曖昧にしないために、最後にもう一度この点に戻ってこう申し上げます。私は、ラカンにおいて、一つないしは複数の思想的命題が存在するということの、具体的な証明を提示したと思っていますし、これらの命題の連鎖が、「精神分析というべきものがある」という命題にわれわれを導いてゆくものであると主張しています。ただ、あらゆる本質的な点について私が正しいとしても、実際に精神分析というべきものがあるかどうかという問題は、全く触れられないままにとどまっています。存在、あるいは非存在の主張は、演繹されるものではないのです。

アラン・バディウ：その点に関してはまったく同意します。「精神分析というべきものがある」という命題がある限りにおいてのみ、ラカンには思想というべきものがあります。ただ、精神分析というべきものがあるという――思考《パンセ》における――命題は、一般に、思考《パンセ》というべきものがあるということの部分をなしていいます。精神分析というべきものがあるかどうかという問題は、私もまったく開かれたままにしていますが、これは、思考における「ある（il y a）」の証明が、「ある」の問題に決着をつけるわけではない、という原則に従ってのことです。別な言い方をするなら、〔思考において証明された〕「ある」が〔実際に〕「ある」ということは、思考の管轄には属さないのです。

さて、いずれにしてもわれわれはこの、一九九四‐一九九五年度の最終回に際して、「思想《パンセ》というべきものがある」ということの真の証明を得たわけです。交響曲で、最終楽章の終結部が、その音楽をなす可能性の基礎となる調性のシステムが確かにあるということを証明しようとして、そのために可能な限り巧みに、そして断固として、諸テーマの最後の出現を増幅して編成する際と同様ですね。

私は今年で反哲学についてはきっぱりと終わりにできると思っていました。これは主要な現代の反哲学者、つまりニーチェ、ウィトゲンシュタイン、ラカンのトリオについてはそのとおりです。ただ私は、反哲学者たちの王者《プリンス》にまで遡ろうかと思いつきました。アテネの広場で、当時の哲学者たちに直接対峙し、そして彼が行った主観的な宣教と論証的な思考に対する手厳しい論争によって、彼らを大いに笑わせた、反哲学者たちの王者《プリンス》。私が申し上げているのは、使徒パウロのことです。彼のことを、来年は取り扱うことになるでしょう。

皆さん、よい夏を。

訳註

＊1　Jean-Claude Milner, *L'Œuvre claire: Lacan, la science, la philosophie*, Paris, Editions du Seuil, 1995.

＊2　「ニコラ・ブルバキ」は一九三四年頃に設立されたフランスの若い数学者のグループが用いた筆名。このグループは集合論を出発点として数学の基礎的諸部門を公理論的・体系的に記述した『数学原論』を執筆・公刊した。

＊3　一九八〇年二月にラカンが設立を宣言した〈フロイトの大義〉（La Cause freudienne）は、ラカンの病いよいよ篤く後継問題が具体化するにつれ路線対立から脱退者が続出したため、一九八一年一月に〈フロイトの大義〉執行部は新たに〈フロイトの大義派〉（Ecole de la Cause freudienne）の創立を決めた（Roudinesco, *Histoire de la psychanalyse en France. 2, op. cit.*, p. 671）。

＊4　「減速せよ　工事あり（Ralentir travaux）」は道路標識の文句だが、ここで言及されている三人のシュルレアリストは共著で同名の著作を一九三〇年に公刊した。

＊5　フランス語の「pensée」は「思考」とも「思想」とも訳しうるが、『明晰な作品』でミルネールは、この語を「それが現実に存在するということが、それを考えたことのなかった者には否応なくわかるような何か」を指して用い、その現実存在を証明する基体は「諸命題」であると述べていることから（Milner, *op. cit.*, p. 8）、原則としてここでは一般的な知的プロセスを意味する「思考」のかわりに、思想家の特異的な構築を含意する「思想」の訳語をとった。ただここでミルネールが立てている、ラカンにおいて「思想《パンセ》」というべきものがあるかどうかという問いは、前講でバディウの提起した、ラカンにおいて「理論と実践を、能動的なプロセスのうちで統一するもの」としての「思考《パンセ》」があるかどうかという問題との間に、少なくとも用語上の連続性をもっているという点に注意されたい。

＊6　アリストテレスは『自然学』で、運動に物体がその本来の場所に戻ろうとする「自然によっての運動」と、自然に反し、他の物体から動かされる「強制によっての運動」を区別した（アリストテレス『アリストテレス全集3　自然学』（出隆、岩崎允胤訳、岩波書店、一九六八年）一五一頁［215a1］）。ここでミルネールが言及している呼称は、この後者に由来する表現と理解できるだろう。

＊7　『知の考古学』（慎改康之訳、河出文庫、二〇一二年）第一章や「作者とは何か」（清水徹、根本美作子訳、『ミ

シェル・フーコー思考集成Ⅲ』、筑摩書房、一九九九年）二二三―二六六頁）における議論が可能な参照先として挙げられるだろう。

＊8　フロイト『夢判断（上）』（高橋義孝訳、新潮文庫）三六三―三六七頁。

＊9　同前、六頁。

＊10　「至福（les Béatitudes）」はキリストが山上の垂訓において、人間の真の幸福を八つ短くまとめたいわゆる「真福八瑞」を言う言い方ともなるが（『マタイ福音書』第五章第三―一〇節）、論文「一九五六年における精神分析の状況と分析家の養成」でラカンはこの名を「充足による満足に到達することを目的としていたストア派およびエピクロス派の分派から借り」たと述べている（E, p. 478）。

＊11　パリ・フロイト派の雑誌。一九六八年に創刊され、一九七六年の六／七合併号まで六巻が刊行された。掲載される論文は原則的に匿名とされたが、ラカンの論文については彼の名が明記されていた。

＊12　Jacques Lacan, *Le Séminaire, Livre XX, Encore*, Paris, Editions du Seuil, 1975（ジャック・ラカン『アンコール』（藤田博史、片山文保訳、講談社選書メチエ、二〇一九年））。

＊13　ラカンが主体とシニフィアンの関係を規定する際の定式「一つのシニフィアンは主体をもう一つのシニフィアンに対して代表象する」が踏まえられている。

＊14　ラカン「科学と真理」（佐々木孝次訳）、『エクリⅢ』（佐々木孝次、海老原英彦、芦原眷訳、弘文堂、一九八一年）、三九〇頁［E, p. 856］）。

＊15　「ララング（lalangue）」はラカンの造語。乳児の喃語《ララシオン》にみられるような、母性的〈他者〉との間で問題になる身体的な享楽と密接に関わる言語のあり方を指す。

＊16　文字謎《シャレード》（la charade）は文字謎あそびの一種で、単語の綴りをいくつかの部分に分けてヒントを示し、最後に「全体」として本来の語へのヒントを示す。「私の第一は家で飼う動物、私の第二は液体、私の全体は領主の住まい」で答えは「猫（chat）」と「水（eau）」をあわせて「城（château）」など。

＊17　Milner, *op. cit.*, p. 143. なおこの文は、英語版に倣って訳した。

＊18　Bernhard Bolzano (1781-1848) オーストリアの哲学者・数学者。著書に『無限の逆説』がある。

＊19　Karl Weierstrass (1815-1897) ドイツの数学者。

＊20　Georg Cantor（1845-1918）ドイツの哲学的数学者。デーデキントと共に集合論の創始者とされる。晩年は哲学や神学に接近した。

＊21　アレクサンドル・コイレは『閉じた世界から無限宇宙へ』（横山雅彦訳、みすず書房、一九七三年）で、一七世紀の物理学における、中世以来の閉じた階層的な宇宙観から近代の均質的で無限な宇宙観への移行を論じた。

＊22　『明晰な作品』では、ラカンが量化記号を使って「〈全〉（Tout）」を二通りの仕方で書くことにより男性的あるいは女性的なポジションを定義しようとした、いわゆる「性別化（la sexuation）」の教説が、「〈全〉のパラドクス（les paradoxes du Tout）」に基づいて書かれていると指摘されていた（Milner, *op. cit.*, pp. 130-131）。

＊23　全体皆無則（dictum de omni et nullo）とは、あるクラスの全体について肯定ないし否定された述語は、その下位クラスないし要素においても肯定ないし否定される、とする論理規則を指す。

＊24　Cf. ラカン「論理的時間と予期される確実性の断言——新しいソフィスム」（佐々木孝次訳）、『エクリ I』（宮本忠雄、竹内迪也、高橋徹、佐々木孝次訳、弘文堂、一九七二年）二六一—二八五頁［E, pp. 197-213］）。

＊25　『明晰な作品』でコジェーヴに関して参照されているのは、Alexandre Kojève, « L'origine chrétienne de la science moderne », in *L'Aventure de l'esprit [mélanges Alexandre Koryé], II*, Paris, Hermann, 1964, pp. 295-306. である。

＊26　『存在と出来事』の「第三一省察 ルソー」を参照。Cf. Badiou, *l'Etre et l'événement*, *op. cit.*, pp. 379-389.

謝辞

資料の提供によってこのテクストの校訂を可能にしてくださった皆さんに感謝します。第一に、われわれが利用した書き起こしを作成したフランソワ・デュヴェール、それからその書き起こしの元になったカセットテープによる録音を行ったオルガ・ロデル。そしてアニック・ラヴォーはその書き起こしを補完するのを手伝ってくれました。

訳者あとがき

本書は Alain Badiou, *Le Séminaire. Lacan. L'antiphilosophie 3. 1994-1995*, texte établi par Véronique Pineau, Fayard, 2013 の全訳である。

現代フランス哲学を代表する哲学者アラン・バディウについては、多くの邦訳が刊行されている現在、もはや贅言を尽くす必要もないものと思われるが、本書の位置づけと関係する限りで彼の半生と仕事を簡単に振り返っておこう。

＊

一九三七年、モロッコの首都ラバトで生まれたアラン・バディウは、ルイ・ル＝グラン高校を経て一九五六年にパリ高等師範学校に入学。そこでレヴィ＝ストロースやフロイト、マルクスらを熱心に読む中で構造主義へ傾倒し、少年時代に心酔していたサルトルにつづく第二の師ルイ・アルチュセールと出会う。ほかにも創作活動の開始や、アルジェリア戦争に反対する政治闘争への参加など、さまざまな出来事に彩られたこの修業時代に、ラカンのいわゆる「ローマ報告」をたまたま読んで「文字通り驚嘆し」、「テクスト的な幻惑を感じた」ことがきっかけとなって、バディウはラカンのとりわけ「書き物（l'écrit）」に関心をもつようになった（Alain Badiou, Elisabeth Roudinesco, *Jacques Lacan, passé présent*, Paris, Editions du Seuil, 2012, p. 15）。

一九六〇年には哲学の高等教授資格試験《アグレガシオン》に首席で合格するが、この頃彼が課題の小論文などでラカンを引用するようになっていたのに気を引かれたアルチュセールに連れられて、「一九六〇－一九六一年の年度」ラカンのセミネールに一度出席したという本人の証言がある（*ibid.*）。このセミネールが愛を主題としたプラトンの対話篇『饗宴』を詳細に論じた、いわゆる『転移』のセミネールであったことは、のちにバディウがラカンに与えた「愛の理論家」（アラン・バディウ『哲学宣言』（黒田昭信、遠藤健太訳、藤原書店、二〇〇四年）九七頁）としての位置づけから見て興味深い符合というべきだろう。

　バディウはその後ランスの高校の哲学教師を経て、一九六六年秋には同じくランスで大学への予備教育のために新設された大学コレージュ（Collège universitaire）の哲学の教員に任命される。そこで一年間の教育を受け最終試験に合格した者が大学一年次を始めることを許されるという制度だが、この組織の系列上位に位置するナンシー大学が哲学教育を手放すことに難色を示し、予備教育プログラムから哲学選択をなくしてしまったために、バディウには教えるべき授業がなくなってしまった。「それで私は、存在しない科目の教員となってしまった。こうした状況の下では、公開セミネールを行うぐらいしかすることがなかったのだ」（Alain Badiou, "The Seminars of Alain Badiou (1983-2016) : General Preface", in Alain Badiou, *Lacan. The Anti-philosophy 3*, New York, Columbia University Press, 2018, p.xii）。

　こうした経緯で制度的な試験や単位取得とは無関係に一九六六－一九六七年度に始まった公開セミネールだが、これがランス、ヴァンセンヌ実験大学、パリ第八大学、国際哲学コレージュ、パリ高等師範学校、オーベルヴィリエのコミューヌ劇場と場所を変えながら、二〇一七年まで連綿と続けられてきた。バディウはその形式の変遷について、当初あった聴衆との活発でしばしば不規則なやりとりが、徐々に講義形式に落ち着いていったと述べているが、ゲストスピーカーを招くこともあり、本書でも最終回にラカンについての研究書『明晰な作品（*L'Œuvre claire*）』を上梓したばかりだったジャン＝クロード・ミルネールを招いている。ファイヤール社からはこの五〇年にわたるセミネールのうち、一九八三年から二〇一三年までが順次刊行される予定であり、ラカンを取り上げた一九九四－一九九五年のセミネールは、その嚆矢として二〇一三年に刊行されたものである。

*

ラカンがバディウの『セミネール』のなかでこのような位置を与えられた背景には、彼の思想にラカンが与えたインパクトの大きさがある。一九六六年にフランソワ・ルニョーのなかだちで、彼より少し若い世代の高等師範学校生ら（ルニョーの他、ジャック＝アラン・ミレール、ジャン＝クロード・ミルネール、イヴ・デュルー、アラン・グロリシャール）のはじめたラカン＝マルクス主義的な雑誌『分析手帖（*Cahier pour l'analyse*）』の編集に関わるようになったバディウは、一九六九年にはラカン本人と直接の面会を果たす。ただバディウにとって重要だったのが精神分析家ではなく、あくまで思想家としてのラカンであり、書き手としてのラカンであったことは、二〇一二年に刊行されたE・ルディネスコとの対談での、次の発言にも伺うことができる。

> ［…］私はパリ・フロイト派（EFP）には参加しませんでしたし、精神分析家になったことも分析主体《アナリザン》になったこともありません。寝椅子〔分析の臨床〕のことは分からないのです。ラカンは私にとって徹頭徹尾、一線級の思想家でありつづけてきたのであって、精神分析家の師ではないのです。つねに書き物《エクリ》の優位があったということですよ！　そうした資格において、ラカンは私の哲学的な仕事の中で、無視できない地位を占

めていますし、これは私の最初の総合的な著作、『主体の理論』（一九八二年）からすでにそうです。ラカンは私の知的な地平の中で常に存在感を示してきましたし，現在でもそうなのです。（*Jacques Lacan, passé présent, op.cit.*, pp. 18-19）

ここで回顧的に述べられているラカンの哲学的な存在感《プレゼンス》は、一九八九年の『哲学宣言』においてすでに明確に定式化されているのを確認することができる。バディウによれば哲学は、そもそも真理を生み出すことのできる諸過程に対応する、数学素《マテーム》、詩、政治的創意、愛の四つを「類生成的条件」としてはじめて可能になるが（アラン・バディウ『哲学宣言』（前掲、二〇―二二頁）、ラカンはそのうち「愛の次元、真理に関して愛がもたらすものの思考の次元」（同前、九五頁）において出来事となるような仕事を行った「哲学者」（同前、九六頁）としての位置を与えられる。バディウはラカンのセミネール『アンコール』の最終回に現れる一節「そのものとしての存在に、邂逅において偶《たま》さか接近《アボルデ》するのは、まさに愛なのです」（Jacques Lacan, *Le Séminaire, Livre XX, Encore*, Paris, Editions du Seuil, p. 133［『アンコール』（藤田博史、片山文保訳、講談社選書メチエ、二〇一九年）］）に言及しつつ、ラカンの仕事の意義を、彼が愛に厳密な意味で存在論的な機能をあてがったことが、さまざまに形成される哲学のかたちのうちに果たした「挿入（incise）」のうちに求めている。すなわち存在の思考における〈一〉の支配に抗って、そこに性差ないしは両性の「非-関係、脱-絆」というかたちで経験されるような〈二〉を導き入れたという点に求めているのであって、これをバディウは次のように述べていた。

愛は、そのものとしての〈二〉の「接近《アボール》」である。一つの邂逅という出来事（この「突然さ」については、すでにプラトンが力強く語っている）において発生する愛は、この〈二〉のうちで、〈一〉の法に対して取り返しのつかない過剰をすでに構成しているものの経験、この無限のあるいは完成しがたい経験を織りなす。私の言い方で言えば、愛は、無名のないしは類生成的な多様性として、性差についての真理を到来させる。この真理は明らかに知から、とりわけ愛し合うものたちの知から逃れるものである。愛とは、〈二〉についての一つの真理を、出来事‐邂逅に忠実に産出することである。（『哲学宣言』、前掲、九八頁）

愛をとおして、〈一〉におさまりきらない〈二〉の経験をとおしてはじめて、そのものとしての存在は近づきうるとするこの構想が、バディウにとってのラカンの哲学的なポジションの独自性を規定する。これを踏まえてバディウはこう宣言するだろう。

まさにそれゆえにこそ、反‐哲学者ラカンは哲学の再生の一条件である。今日、一つの哲学が可能なのだが、それはラカンと共可能的たらんとすることによって可能になるのである。（同前、九九頁。訳文を改めた）

＊

ここで哲学に対するラカンのポジションを際立たせるべく導入された「反哲学（antiphilosophie）」ないし「反哲学者（antiphilosophe）」という用語は、ラカン自身一九七五年の「おそらくヴァンセンヌでは…（Peut-être à Vincennes...）」や（本文中でも言及されている）一九八〇年のいわゆる「解散」のテクスト中の一つ「A氏（Monsieur *A*）」で用いている用語だが、一見するとラカンがフロイトに見られたような哲学への批判的距離を踏襲しているということを述べているにすぎないように思われるかも知れない。フロイトは哲学が、自ら科学のように振る舞い、ある程度までは科学と同じ方法を用いるが、「隙間のない首尾一貫した世界像を提示できるという錯覚を手放そうとしないために」科学と袂を分かつのだとしていたが（『続・精神分析入門講義』道籏泰三訳、『フロイト全集21』岩波書店、二〇一一年、二一〇頁）、同じように哲学を「一意的に想像界に属するものとしたうえで」これを軽蔑する「ラカンの信奉者たち」について、バディウは彼らが「自分たちのことを勇敢な反哲学者だといって自慢している」と批判していた（*La théorie du sujet*, Paris, Editions du Seuil, 1982 , p. 250）。

しかし「反哲学」のこうした一面的な批判は、ラカン自身のそれが問題になると影を潜める。上で見た一九八九年の『哲学宣言』での肯定的な言及につづき、一九九〇年に国際哲学コレージュが開催したラカンについての大規模なコロック「ラカンと哲学者たち（Lacan avec les philosophes）」での発表「ラカンとプラトン――数学素《マテーム》は一つのイデアなのか?」を、「反哲学というテーマの重要性に鑑みて」一九九二年の著書『諸条件（*Conditions*）』に再録するにあたり、バディウはこれを「反哲学――ラカンとプラトン」と改題するだろう（*Conditions*, Paris, Editions du Seuil, 1992, p. 306）。

この論文の中でバディウはラカンの「反哲学」を、「二襞性の装置（un dispositif de duplicité）」として規定する（*ibid.*, p. 325）。「精神分析は、それが思考と行為の独立したかたちとして構成されねばならない限りにおいて、政治や詩、また愛や科学と同様に、哲学から明示的に距離をとらなくてはならない。精神分析は、それが主体や存在、真理や倫理に関わる限りにおいて、哲学を横断し、これを毀《こぼ》たなければならない」（*loc.cit.*）。「反哲学」を特徴づけている、「距離」をとると同時に「横断」するというこうした関係の「曖昧さ」（*ibid.*, p. 325）は、ラカンのプラトンへの言及においてはプラトンをソクラテスからあらかじめ区別し（*ibid.*, p. 316）、そのプラトンをパルメニデスのほうに寄せて理解しつつ非難した上で（*ibid.*, pp. 319-320）、ソクラテスに分析的なディスクールの先駆を認め称揚するという仕方で現れている。

ソクラテスとプラトン、隠し立てするプラトンと率直なプラトンは、交替する称賛と非難のうちに、反哲学に内在的な二つの機能を分配するものである。これらの機能は互いに引き立てあっているのだが、そのことは「反（anti）」すなわち距離をとるという機能が、「哲学（philosophie）」を主張するということ、すなわち横断するという機能を支えてもいるという点に読み取ることができる。（*ibid.*, p. 325）

この意味で「二襞性の装置」としての反哲学は、そのまま哲学の再生の駆動装置となっているということができるだろう。

そして同じ一九九二年秋からは、四年間にわたる「反哲学」セミネールがスタートする。そこでは「反哲学」は、もはや単に哲学に対する精神分析の特異なポジションを指す用語ではなく、哲学をその信用を失墜させるような仕方で同定した上で（本書第Ⅲ講、一〇二―一〇九頁）、その代替となる、全く異なった思考の布置の到来であるような「行為」を引き受ける（本書第Ⅱ講、六九頁）思考のスタイルを指す一般的な呼称として用いられるようになった。これと相関して、バディウが「反哲学者」として名指す思想家には哲学の外に位置する者（ラカンや聖パウロ）のみならず、通例は哲学者に数えられる者（パスカルやルソー、ニーチェ、キルケゴールやウィトゲンシュタイン）も含まれることになり、このうち「反哲学」セミネールでは、現代の反哲学を代表する思想家としてニーチェ（一九九二―一九九三年度）、ウィトゲンシュタイン（一九九三―一九九四年度）がまず取り上げられ、ラカン（一九九四―一九九五年度）には現代の反哲学を「締め括る」者という名誉ある位置が与えられることになった。

このセミネールの最終回での発言を見る限り、当初「反哲学」セミネールはこの三年で完結が予定されていたようだが、実際にはこのあともう一年、反哲学者の最初の一人、聖パウロについてのセミネールが行われる。この四年間のセミネールのうち、ニーチェについてのセミネールは同じくファイヤール社からその記録がすでに公刊されているほか（Alain Badiou, *Le Séminaire. Nietzsche. L'antiphilosophie 1. 1992-1993*, Paris, Fayard, 2015）、ウィトゲンシュタインと聖パウロについては書籍化されていることから（Alain Badiou, *L'antiphilosophie de Wittgenstein*, Paris, Nous, 2009 および Alain Badiou, *Saint Paul. La fondation de l'universalisme*, Paris, PUF, 1997［アラン・バディウ『聖パウロ――普遍主義の基礎』（長原豊、松本潤一郎訳、河出書房新社、二〇〇四年）］）、この四部作についてはひととおり出版されアクセスが可能になっていることを指摘しておこう（なお書籍化された二点については内容がセミネールにごく近いことから、当面セミネールとしての出版は考えられていないとのことである。Cf. Alain Badiou, *Lacan. The Anti-philosophy 3*, *op.cit*, p. xx）。

＊

以上見てきたようなバディウのラカンとその「反哲学」を巡る議論がどのように本書に流れ込み、そこでいかなる展開を与えられているかという点については読者の発見に委ねることにして、最後に翻訳に際して採った方針に関して一言述べておこう。

四部作のうちの三巻目という性格上、本書の中では先立つ二巻での議論への言及もあるが、これに関してはバディウ自身によるまとめが冒頭で試みられていることもあり、必要な範囲で上述の文献やインターネット上で公開されている聴講者による講義ノート（http://www.entretemps.asso.fr/Badiou/seminaire.htm. 最終参照日二〇一九年三月三一日）を参照し、訳註によってこれを補完するにとどめた。全般に訳註は参照されている文献等の出典を示し、あるいは用いられている用語や概念、また言及されている人名についての情報を明らかにすることで、本文の理解に資することを目的としたものに限って付している。また本文中で参照されている文献については、既訳が存在しているものについてはこれを参照したが、用語の統一等の必要から訳文を改変したところがあることをお断りしておく。なお二〇一八年に刊行された本書の英訳 Alain Badiou, *Lacan. The Anti-philosophy 3*, translated by Kenneth Reinhard and Susan Spitzer, New York, Columbia University Press, 2018 は、バディウ自身による英訳版『セミネール』全体への序文、訳者による序論（ケネス・ラインハード著）および訳註を含むもので、教えられるところが多かった。

本書は口頭によるセミネールの記録ということもあって全体に平易なフランス語で綴られており、翻訳にあたってはその語り口をできる限り再現するよう心がけた。なお個人的な想い出となるが、当該のセミネールは留学中の訳者も出席したことがあり、晩の遅い時間にはじまる授業にもかかわらず教室がいっぱいで床に座る人も出るほどの盛況ぶりであったのが懐かしく思い出された。ただ訳者の不十分な理解から、思わぬ間違い等がまぎれこんでいないかと恐れている。読者諸賢のご叱正を乞う次第である。

最後になったが、本書の翻訳については、その企画段階から法政大学出版局の前田晃一氏にたいへんお世話になった。氏の変わらぬご支援に、あらためて心よりの感謝を申し上げたい。

原　和之

著　者

アラン・バディウ（Alain Badiou）

1937年、モロッコの首都ラバトで生まれる。1956年にパリ高等師範学校に入学。1960年に哲学の高等教授資格試験に首席で合格。ランスの高校の哲学教師を経て、1966年秋には同じくランスで大学への予備教育のために新設された大学コレージュの哲学の教員に任命される。その後、パリ第八大学教授、高等師範学校哲学科教授などを経て、現在は高等師範学校の名誉教授。1966–1967年度に始まった公開セミネールは、ランス、ヴァンセンヌ実験大学、パリ第八大学、国際哲学コレージュ、パリ高等師範学校、オーベルヴィリエのコミューヌ劇場と場所を変えながら、2017年まで続けられてきた。邦訳された主な著書に、『推移的存在論』（近藤和敬、松井久訳、水声社、2018年）、『哲学宣言』（黒田昭信、遠藤健太訳、藤原書店、2004年）、『聖パウロ——普遍主義の基礎』（長原豊、松本潤一郎訳、河出書房新社、2004年）、『ドゥルーズ——存在の喧騒』（鈴木創士訳、河出書房新社、1998年）などがある。

訳　者

原 和之（はら・かずゆき）

1967年生まれ。パリ第四大学博士（哲学史）。東京大学大学院総合文化研究科教授。専攻は、精神分析を中心とした20世紀以降のフランス思想。著書に、『ラカン——哲学空間のエクソダス』（講談社選書メチエ、2002年）、訳書に、ジャン・ウリ『精神医学と制度精神療法』（共訳、春秋社、2016年）、ジャック・ラカン『無意識の形成物（上・下）』（共訳、岩波書店、2006年）、ミシェル・フーコー『主体の解釈学』（共訳、筑摩書房、2004年）などがある。

《叢書・ウニベルシタス　1100》
ラカン
反哲学 3　セミネール 1994-1995

2019 年 8 月 5 日　初版第 1 刷発行

アラン・バディウ
ヴェロニク・ピノー　校訂
原 和之　訳
発行所　一般財団法人　法政大学出版局
〒102-0071 東京都千代田区富士見 2-17-1
電話03(5214)5540 振替00160-6-95814
組版: HUP　印刷: ディグテクノプリント　製本: 積信堂

Printed in Japan

ISBN978-4-588-01100-9

人名索引

ア行

アイスキュロス Eschyle　140
アインシュタイン、アルベルト Einstein, Albert　322
アリストテレス Aristote　1, 47, 73, 74, 88, 90, 307, 326*n*
アリストファネス Aristophane　94
アルキビアデス Alcibiade　195
ヴァレリー、ポール Valéry, Paul　23, 25, 27, 60*n*
ウィトゲンシュタイン、ルートヴィヒ Wittgenstein, Ludwig　3, 7, 10, 12, 13, 15, 32, 33, 34, 35, 45, 46, 47, 49, 50, 55, 57*n*, 58*n*, 60*n*, 69, 92, 107, 111, 112, 113, 124, 127, 129, 140, 141, 142, 146, 147, 204, 210, 220, 325
ヴォルテール Voltaire, François Marie Arouet, dit　108
エリュアール、ポール Éluard, Paul　297

カ行

カッサン、バルバラ Cassin, Barbara　296
ガリーグ、フランソワ Garrigue, François　19
カリクレス Calliclès　276, 277
ガリレオ Galilée　88, 113, 306, 307, 308, 316
カント、イマヌエル Kant, Emmanuel　1, 67, 68, 69, 91, 139, 140, 220, 221, 285, 299, 320, 322
カントール、ゲオルク Cantor, Georg　140, 316, 317
キルケゴール、ゼーレン Kierkegaard, Søren　1, 3, 94, 107, 108, 109, 130, 223, 227, 228, 230, 231, 232, 233, 235*n*, 241, 242, 243, 244, 245, 246, 247, 251, 252, 253, 254, 255, 260
クセノポン Xénophon　94
クリプキ、ソール Kripke, Saul　322
クローデル、ポール Claudel, Paul　25, 26, 30
クロソウスキー、ピエール Klossowski, Pierre　34
ケプラー、ヨハネス Kepler, Johannes　308
コイレ、アレクサンドル Koyré, Alexandre　306, 307, 308, 317, 320, 328*n*
コジェーヴ、アレクサンドル Kojève, Alexandre　306, 320, 328*n*

サ行

ザイドリツ、ラインハルト Seydlitz, Reinhart　11
サン＝ジュスト、ルイ・アントワー

ヌ・ド Saint-Just, Louis Antoine Léon de　324
シェーンベルク、アルノルト Schoenberg, Arnold　140
シャール、ルネ Char, René　297
シュミット、カール Schmitt, Carl　181
聖パウロ／使徒パウロ Saint Paul　3, 137, 138, 173*n*, 325
ゼノン Zénon　25, 60*n*
ソクラテス Socrate　94, 95, 148, 149, 161, 183, 186, 195, 276, 277
ソシュール、フェルディナン・ド Saussure, Ferdinand de　69, 302
ソフォクレス Sophocle　63

タ行

ダーウィン、チャールズ Darwin, Charles　319
タレス Thalès　139
チョムスキー、ノーム Chomsky, Noam　310
ツァラ、トリタン　Tzara, Tristan　144
ツェラン、パウル Celan, Paul　18, 59*n*
デカルト、ルネ Descartes, René　1, 2, 47, 76, 91, 104, 105, 147, 149, 150, 154, 155, 156, 157, 160, 174*n*, 176, 206, 224, 229, 230, 308, 316, 321, 322
ドゥルーズ、ジル Deleuze, Gilles　90, 104, 161, 171, 172, 319
トラシュマコス Thrasymaque　277

ナ行

ニーチェ、フリードリヒ Nietzsche, Friedrich　3, 7, 8, 9, 10, 11, 12, 13, 14, 16, 17, 18, 27, 30, 31, 33, 34, 40, 57*n*, 58*n*, 69, 76, 91, 94, 95, 107, 110, 111, 112, 113, 129, 132, 134*n*, 140, 141, 142, 146, 147, 210, 325
ニュートン、アイザック Newton, Isaac　308, 316

ハ行

ハイデガー、マルティン Heidegger, Martin　1, 16, 23, 53, 54, 58*n*, 59*n*, 60*n*, 61*n*, 63, 64, 65, 66, 67, 68, 69, 75, 76, 77, 78, 79, 81, 83, 84, 85, 86, 87, 88, 89, 90, 91, 95, 96, 97, 106, 117, 118, 119, 120, 160, 177, 312, 315
パスカル、ブーレーズ Pascal, Blaise　3, 33, 45, 60*n*, 103, 104, 105, 106, 107, 124, 130, 136*n*, 138, 146, 173*n*, 223, 224, 226, 227, 233, 273, 274, 275, 276, 277, 282
バディウ、アラン Baiou, Alain　4, 5*n*, 57*n*, 58*n*, 60*n*, 61*n*, 87, 101*n*, 134*n*, 173*n*, 174*n*, 235*n*, 296, 307, 311, 317, 320, 323, 324, 326*n*
バリバール、エティエンヌ Balibar, Étienne　35
バルメス、フランソワ Balmès, François　37
パルメニデス Parménide　25, 60*n*, 88, 95, 96, 97, 152, 205, 206
ヒューム、ディヴィッド Hume, David　108

フーコー、ミシェル Foucault, Michel 297, 302
フッサール、エドムント Husserl, Edmund 205
プラトン Platon 1, 17, 34, 45, 47, 55, 56, 58*n*, 77, 88, 90, 91, 94, 95, 140, 147, 148, 149, 151, 152, 153, 154, 157, 158, 160, 161, 176, 181, 182, 183, 184, 185, 186, 190, 195, 200*n*, 208, 263, 276, 286, 289*n*, 299
ブルトン、アンドレ Breton, André 297
ブルバキ、ニコラ Bourbaki, Nicolas 294, 295, 326*n*
フロイト、ジークムント Freud, Sigmund 14, 15, 38, 39, 69, 97, 115, 121, 128, 129, 130, 131, 132, 136*n*, 137, 139, 140, 148, 163, 167, 174*n*, 185, 187, 188, 195, 200*n*, 207, 214, 260*n*, 266, 270, 271, 272, 274, 280, 281, 283, 288, 289*n*, 296, 297, 303, 306, 307, 308, 310, 319, 321, 326*n*, 327*n*
フンボルト、アレクサンダー・フォン Humboldt, Alexander von 309
ヘーゲル、ゲオルク・ヴィルヘルム・フリードリヒ Hegel, Georg Wilhelm Friedrich 1, 22, 30, 44, 47, 55, 91, 94, 108, 147, 150, 156, 157, 158, 159, 160, 176, 227, 284, 302
ヘラクレイトス Héraclite 66, 96, 97, 101*n*
ヘルダーリン、フリードリヒ Hölderlin, Friedrich 19, 20
ボードレール、シャルル Baudelaire, Charles 322
ボフレ、ジャン Beaufret, Jean 23, 59*n*, 60*n*
ボルツァーノ、ベルナルト Bolzano, Bernard 316

マ行

マラルメ、ステファヌ Mallarmé, Stéphane 19, 20, 41, 311, 315
ミルネール、ジャン＝クロード Milner, Jean-Claude 5*n*, 262, 291, 292, 293, 294, 295, 296, 311, 315, 326*n*
ミレール、ジャック＝アラン Miller, Jacques-Alain 5*n*, 37, 200*n*

ヤ行

ユークリッド Euclide 285, 300, 301

ラ行

ラクー＝ラバルト、フィリップ Lacoue-Labarthe, Philippe 63, 64
ラッセル、バートランド Russell, Bertrand 44, 55, 157, 317
ラブレー、フランソワ Rabelais, François 42, 61*n*
ランボー、アルチュール Rimbaud, Arthur 52
ルクレチウス Lucrèce 188
ルソー、ジャン＝ジャック Rousseau, Jean-Jacques 3, 107, 108, 130, 146, 223, 224, 225, 226, 227, 233, 251, 273
ルディネスコ、エリザベト Roudinesco, Élisabeth 53

ワ行

参考文献

Badiou, A., *L'être et l'événement,* Seuil, Paris, 1988.

Beaufret, J., « Héraclite et Parménide », *Dialogue avec Heidegger, I,* Minuit, Paris, 1973, p. 38-51.

Claudel, P., *Partage de midi* (1948-1949), dans *Théâtre,* tome II, collection « Bibliothèque de la Pléiade », nouvelle éd. publiée sous la direction de D. Alexandre et M. Autrand, Gallimard, Paris, 2011.

Deleuze, G. et Guattari, F., *Qu'est-ce que la philosophie ?,* collection dirigée par J. Piel, Minuit, Paris, 2012.〔『哲学とは何か』財津理訳、河出書房新社、1997年〕

Descartes, R., *Méditations métaphysiques. Objections et réponses,* présentation de J.-M. et M. Beyssade, Flammarion, Paris, 2011.〔『省察』山田弘明訳、ちくま学芸文庫、2006年〕

—, *Règles pour la direction de l'esprit,* trad. fr. et notes J. Sirven, Vrin, Paris, 2012.〔『精神指導の規則』野田又夫訳、岩波文庫、1950年〕

Heidegger, M., « Logos-Héraclite, fragment 50 », dans *Essais et conférences* (1954), chap. III, trad. fr. A. Préau, Gallimard, Paris, 2011, p. 249-278.〔「ロゴス――ヘラクレイトス・断片五〇」、『ロゴス・モイラ・アレーテイア』宇都宮芳明訳、理想社、1983年〕

—, « Moira. Parménide VIII, 34-41 », dans *Essais et conférences* (1954), chap. IV, trad. fr. A. Préau, Gallimard, Paris, 2011, p. 279-310.〔「モイラ――パルメニデス・八・三四－四一」、『ロゴス・モイラ・アレーテイア』宇都宮芳明訳、理想社、1983年〕

—, « Ce qu'est et comment se détermine la Phusis », *Questions II* (1968), trad. fr. F. Fédier, Gallimard, Paris, 2010, p. 265-276.〔「ピュシスの本質と概念について。アリストテレス、自然学B、1」『ハイデッガー全集　第9巻 道標』辻村公一・ハルトムート・ブフナー訳、創文社、1985年、293–382頁〕

—, « Projets pour l'histoire de l'être en tant que métaphysique », dans *Nietzsche,* tome II, chap. IX, trad. fr. P. Klossowski, Paris, Gallimard, 2006, p. 367.〔「第九項　形而上学としての存在の歴史――草案」、『ニーチェⅢ』（新装版）薗田宗人訳、白水社、1986年〕

Hegel G. F. W., « La logique objective », 1er livre et « La doctrine de l'être », dans *Science de la logique,* tome I, version de 1832, trad. fr. G. Jarczyk et P.-J. Labarrière, Kimé, Paris, 2010.〔第一巻「客観的論理学」「有論」『大論理学』上巻の一、上巻の二、武市健人訳、岩波書店、2002年〕

Hölderlin F., « Le Pain et le Vin », dans *Œuvre poétique complète*, texte établi par M. Knaupp, trad. fr. F. Garrigue, éd. bilingue, La Différence, Paris, 2005, p. 693.〔「パンと葡萄酒」手塚富雄訳、『ヘルダーリン全集 2』河出書房新社、1967 年〕

Kierkegaard, S., *Le concept d'angoisse,* trad. fr. Knud Ferlov et J.-J. Gateau, Gallimard, Paris, 2013, p. 162.〔『キルケゴール著作集 10　不安の概念・序文ばかり』氷上英広ほか訳、白水社、1964 年〕

—, « Diapsalmata », dans *Œuvres complètes,* éd. établie par R. Boyer, Robert Laffont, Paris, 1993.〔「ディアプサルマータ」、『キルケゴール著作集 1　あれかこれか　第一部（上）』浅井真男訳、白水社、1963 年〕

—, « L'équilibre entre l'esthétique et l'éthique dans l'élaboration de la personnalité », dans *Ou bien… ou bien,* trad. fr. F. et O. Prior et M.-H. Guignot, introd. F. Brandt, Gallimard, Paris, 2013.〔「人格形成における美学的なものと倫理的なものの均衡」、『キルケゴール著作集 4　あれかこれか　第二部（下）』浅井真男、志波一富、棗田光行訳、白水社、1965 年〕

—, *Post-scriptum aux Miettes philosophiques,* chap. III de la 2e section, trad. fr. P. Petit, Gallimard, Paris, 2002 (1949).〔「『キルケゴール著作集 8　哲学的断片への結びとしての非学問的あとがき（中）』杉山好、小川圭治訳、1969 年〕

Lacan, J.,

著作：

— *Écrits,* Le Champ freudien, collection dirigée par J. Lacan, Seuil, Paris, 1966.〔『エクリ I』宮本忠雄、竹内迪也、高橋徹、佐々木孝次訳、弘文堂、1972 年；『エクリ II』佐々木孝次、三好暁光、早水洋太郎訳、弘文堂、1977 年；『エクリ III』佐々木孝次、海老原英彦、芦原眷訳、弘文堂、1981 年〕

— *Séminaires,*

Le Séminaire, livre II, *Le moi dans la théorie de Freud et dans la technique de la psychanalyse, 1954-1955,* Seuil, Paris, 1978.〔『フロイト理論と精神分析技法における自我（上・下）』小出浩之、鈴木國文、南淳二、小川豊昭訳、岩波書店、1998 年〕

Le Séminaire, livre VIII, *Le transfert, 1960-1961,* « Un commentaire du Banquet de Platon », Seuil, Paris, 1991, p. 28-195.〔「愛の源——プラトンの『饗宴』の注釈」、『転移（上）』小出浩之、鈴木國文、菅原誠一訳、岩波書店、2015 年〕

Le Séminaire, livre XI, *Les quatre concepts fondamentaux de la psychanalyse, 1964,* Seuil, Paris, 1973.〔『精神分析の四基本概念』小出浩之、鈴木國文、新宮一成、小川豊昭訳　岩波書店、2000 年〕

Le Séminaire, livre XVII, *L'envers de la psychanalyse, 1969-1970*, texte établi par J.-A. Miller, Seuil, Paris, 1991.

Le Séminaire, livre XX, *Encore, 1972-1973,* texte établi par J.-A. Miller, Seuil, Paris, 1975.〔『アンコール』藤田博史、片山文保訳、講談社選書メチエ、2019 年〕

論文、書簡、テクスト：

« L'Acte de fondation », dans *Autres écrits,* Seuil, Paris, 2001, p. 229.

« L'Allocution prononcée pour la clôture du Congrès de l'École freudienne de Paris le 19 août 1970 par son directeur », dans *Scilicet,* 1970, nº 2/3, p. 361-369, または *Autres écrits,* p. 297.

Clôture du congrès, *Lettre de l'École freudienne de Paris,* 1975, nº 16, p. 360-376.

« Dialogue avec les philosophes français », dans *Ornicar ?,* 1985, nº 32, p. 7-22.

« L'Étourdit », dans *Scilicet,* 1973, nº 4, p. 5-52, または *Autres écrits,* Seuil, Paris, 2001, p. 449-495.

« Sur l'expérience de la passe. À propos de l'expérience de la passe, et de sa transmission », dans *Ornicar ?,* 1977, nº 12/13, p. 117.

« L'Introduction à l'édition allemande » d'un premier volume des « Écrits », Walter Verlag, dans *Scilicet,* 1975, nº 5, p. 11-22〔または *Autres écrits,* Seuil, Paris, 2001, p. 553-559〕.

« Lettre de dissolution », dans *Ornicar ?,* 1980, nº 20/21, p. 9.

« Lettre du 26 janvier 1981 », publiée et référencée comme « Première lettre du Forum », dans *Courrier de l'École de la Cause freudienne,* 1981.

« Lettre du 11 mars 1981 », publiée et référencée comme « Seconde lettre du Forum », dans *Courrier de l'École de la Cause freudienne,* 1981.

« Logos » de Heidegger, trad. fr. de J. Lacan du Fragment 50 d'Héraclite dans la revue *La Psychanalyse,* 1956, nº 1〔p. 59-79〕. ハイデガー〔の翻訳〕からなされたラカンによる翻訳は以下の通り。« Non de moi, mais du lais où se lit ce qui s'élit, en entente : cela même le mettre à place : et que ce qui est mandaté soit : l'Un en tant qu'unissant toutes choses. »〔*ibid.,* p. 79.〕

« …Ou pire » : compte-rendu du séminaire 1971-1972 pour l'Annuaire de l'École pratique des Hautes Études du séminaire 1971-1972 dans *Scilicet,* 1970, nº 2/3, p. 36-369, または *Autres écrits,* Seuil, Paris, 2001, p. 547-559.

« Radiophonie : Réponses à 7 questions posées par M. Robert Georgin pour la radiodiffusion belge, 1970 », dans *Autres écrits* , Seuil, Paris, 2001, p. 403-447.〔「ラジオフォニー」『ディスクール』佐々木孝次、市村卓彦訳、弘文堂、1985 年、43–177 頁〕

« *Monsieur A* », du 18 mars 1980, dans *Ornicar ?,* nº 20/21, 1980, p. 17.

« Texte du 24 janvier 1980 » : 解散を取り扱った 1 月 15 日のセミネールが、1980 年 1 月 26 日付『ル・モンド』紙に掲載されるにあたり付されたラカンによる前文〔ラカンの『ル・モンド』紙宛書簡（1 月 24 日付）の文面にあたる〕。

Lacoue-Labarthe, P., « De l'éthique : à propos d'Antigone », dans *Lacan avec les philosophes,* Albin Michel, Paris, 1991, p. 19.

Lénine, « La crise est mûre », dans *Œuvres complètes* (en français), éditions Paris-Moscou, tome XXVI, p. 68-79.〔「危機は熟した」『新版レーニン選集 3』レーニン全集刊行委員会訳、大月書店、1969 年〕

Mallarmé, S., « Un coup de dés », et « Igitur », dans *Poésies,* préface d'Yves Bonnefoy, éd. établie par B. Marchal, Gallimard, Paris, 1998.〔「賽の一振り」清水徹訳、「イジチュール　エルベーノンの狂気」渡辺守章訳、『マラルメ全集 I　詩・イジチュール』筑摩書房、2010 年〕

Milner, J.-C., L'*Œuvre claire. Lacan, la science, la philosophie,* Seuil, Paris, 1995.

Nietzsche, F., *Le Crépuscule des idoles, Ecce homo, Zarathoustra,* dans *Œuvres philosophiques complètes,* tomes VIII et VI, trad. fr. J.-C. Hémery, Gallimard, Paris, 2010.〔『偶像の黄昏・反キリスト者　ニーチェ全集 14』原佑訳、ちくま学芸文庫、1994 年；『この人を見よ 自伝集　ニーチェ全集 15』川原栄峰訳、ちくま学芸文庫、1994 年；『ツァラトゥストラ（上・下）　ニーチェ全集 9・10』吉沢伝三郎訳、ちくま学芸文庫、1993 年〕

—, « De la volonté de puissance à l'Antéchrist », lettre du 12 février 1888 à Reinhart Seydlitz, dans *Dernières lettres,* trad. fr. C. Perret, Rivages-poche, Paris, 1989, p. 60-62.〔『ニーチェ書簡集 II　詩集（ニーチェ全集別巻 2）』塚越敏、中島義生訳、ちくま学芸文庫、1994 年、136–139 頁〕

Platon, Le *Ménon,* dans *Œuvres complètes,* sous la direction de Luc Brisson, trad. fr. M. Canto-Sperber, Flammarion, Paris, 2011, p. 1051.〔『メノン』藤沢令夫訳、岩波文庫、1994 年〕

—, *La République,* dans *Œuvres complètes,* sous la direction de Luc Brisson, trad. fr. G. Leroux, Paris, Flammarion, 2011, p. 1481.〔『国家（上・下）』藤沢令夫訳、岩波文庫、1979 年〕

Rousseau, J.-J., « La profession de foi du vicaire savoyard », dans livre IV de l'*Émile ou De l'éducation,* introd. et notes A. Charak, Flammarion, Paris, 2009, p. 382.〔「サヴォワの助任司祭の信仰告白」『エミール（中）』今野一雄訳、岩波文庫、1963 年〕

Valéry, P., « Ébauche d'un serpent » (1926), et « Le Cimetière marin » (1920), dans *Charmes,* nouvelle édition, Gallimard, Paris, 1966.〔「蛇の素描」、「海辺の墓地」、『魅惑』鈴木信太郎訳、『ヴァレリー全集 1　詩集』（増補版）、筑摩書房、1977 年〕

Wittgenstein, L., *Tractatus logico-philosophicus,* trad. fr., préambule et notes G.-G. Granger, introd. B. Russell, Gallimard, Paris, 2012.〔『ウィトゲンシュタイン全集 1　論理哲学論考　草稿 1914–1916　論理形式について』奥雅博訳、大修館書店、1975 年〕

セミネール一覧

年代順

1983–1984	L'Un. Descartes, Platon, Kant. 〈一〉. デカルト，プラトン，カント
1984–1985	L'Infini. Aristote, Spinoza, Hegel. 〈無限〉. アリストテレス，スピノザ，ヘーゲル
1985 第 4 学期	L'être 1. Figure ontologique : Parménide. 存在 1．存在論的フィギュール——パルメニデス
1986 第 1 学期	L'être 2. Figure théologique : Malebranche. 存在 2．神学的フィギュール——マルブランシュ
1986–1987	L'être 3. Figure du retrait : Heidegger. 存在 3．退隠のフィギュール——ハイデガー
1987–1988	Vérité et Sujet. 〈真理〉と〈主体〉
1988–1989	Beckett et Mallarmé. ベケットとマラルメ
1989–1990	Platon : La République. プラトン——『国家』
1990–1991	Théorie du Mal, théorie de l'amour. 〈悪〉の理論，愛の理論
1991–1992	L'essence de la politique. 政治の本質
1992–1993	L'antiphilosophie 1. Nietzsche. 反哲学 1．ニーチェ
1993–1994	L'antiphilosophie 2. Wittgenstein. 反哲学 2．ウィトゲンシュタイン
1994–1995	L'antiphilosophie 3. Lacan. 反哲学 3．ラカン
1995–1996	L'antiphilosophie 4. Saint Paul. 反哲学 4．聖パウロ

1996–1998	Théorie axiomatique du Sujet. 〈主体〉の公理的理論
1998–2001	Le XXe siècle. 20 世紀
2001–2004	Images du temps présent : qu'est-ce que vivre ? 現在時の諸相——生きるとはどういうことか？
2004–2007	S'orienter dans la pensée, s'orienter dans l'existence. 思考のうちで方向を定めること、実存のうちで方向を定めること
2007-2010	Pour aujourd'hui : Platon ! 今日のために——プラトン！
2010-2012	Que signifie « changer le monde » ? 「世界を変える」とはどういう意味か？